Kohlhammer

Mit Kindern lernen
Bildung von Anfang an

Die Bände der Reihe »Mit Kindern lernen« stellen, bezogen auf die grundlegenden Bildungsbereiche, Lehr-Lern-Projekte vor, die ohne großen Aufwand in KiTa und Grundschule umgesetzt werden können.

Eine Übersicht aller lieferbaren und im Buchhandel angekündigten Bände der Reihe finden Sie unter:

https://shop.kohlhammer.de/mit-kindern-lernen.html

Die Autorinnen

Dr. Christine Streit ist Professorin für Mathematikdidaktik und mathematisches Denken im Kindesalter am Institut Kindergarten- und Unterstufe der Pädagogischen Hochschule der Fachhochschule Nordwestschweiz. Ihre Arbeits- und Forschungsschwerpunkte sind das frühe Lernen von Mathematik, fachliche Lernbegleitung in materialbasierten Settings sowie Diagnose und Förderung. Kontakt: christine.streit@fhnw.ch

Dr. Stephanie Schuler ist Professorin für Didaktik der Grundschulmathematik am Institut für Mathematik an der Universität Koblenz-Landau, Campus Landau. Sie forscht zur Entwicklung, Erprobung und Evaluation mathematischer Lernumgebungen für die Altersstufe fünf bis zehn und zum Mathematiklernen im Übergang vom Kindergarten in die Grundschule. Kontakt: stephanie_schuler@uni-landau.de

Christine Streit
Stephanie Schuler

Mathe lernen in KiTa und Grundschule

Spielerisch und materialbasiert

Verlag W. Kohlhammer

Dieses Werk einschließlich aller seiner Teile ist urheberrechtlich geschützt. Jede Verwendung außerhalb der engen Grenzen des Urheberrechts ist ohne Zustimmung des Verlags unzulässig und strafbar. Das gilt insbesondere für Vervielfältigungen, Übersetzungen, Mikroverfilmungen und für die Einspeicherung und Verarbeitung in elektronischen Systemen.

Die Wiedergabe von Warenbezeichnungen, Handelsnamen und sonstigen Kennzeichen in diesem Buch berechtigt nicht zu der Annahme, dass diese von jedermann frei benutzt werden dürfen. Vielmehr kann es sich auch dann um eingetragene Warenzeichen oder sonstige geschützte Kennzeichen handeln, wenn sie nicht eigens als solche gekennzeichnet sind.

Es konnten nicht alle Rechtsinhaber von Abbildungen ermittelt werden. Sollte dem Verlag gegenüber der Nachweis der Rechtsinhaberschaft geführt werden, wird das branchenübliche Honorar nachträglich gezahlt.

Dieses Werk enthält Hinweise/Links zu externen Websites Dritter, auf deren Inhalt der Verlag keinen Einfluss hat und die der Haftung der jeweiligen Seitenanbieter oder -betreiber unterliegen. Zum Zeitpunkt der Verlinkung wurden die externen Websites auf mögliche Rechtsverstöße überprüft und dabei keine Rechtsverletzung festgestellt. Ohne konkrete Hinweise auf eine solche Rechtsverletzung ist eine permanente inhaltliche Kontrolle der verlinkten Seiten nicht zumutbar. Sollten jedoch Rechtsverletzungen bekannt werden, werden die betroffenen externen Links soweit möglich unverzüglich entfernt.

1. Auflage 2023

Alle Rechte vorbehalten
© W. Kohlhammer GmbH, Stuttgart
Gesamtherstellung: W. Kohlhammer GmbH, Stuttgart

Print:
ISBN 978-3-17-035693-1

E-Book-Formate:
pdf: ISBN 978-3-17-035694-8
epub: ISBN 978-3-17-035695-5

Inhalt

1	Einleitung		9
2	Mathematik lernen in KiTa und schulischem Anfangsunterricht – kindgerecht und anschlussfähig...		12
	2.1	Zugänge zur Mathematik	13
		2.1.1 Orientierung am Kind und am Fach	13
		2.1.2 Situative Unterstützung und adaptive Instruktionen	16
		2.1.3 Spielbasierte Zugänge	17
	2.2	Leitideen für anschlussfähiges Lernen	18
		2.2.1 Erfahrungen mit Mengen und Zahlen	19
		2.2.2 Erfahrungen mit Raum und Form	21
	2.3	Die Rolle der Lernbegleitung beim (frühen) Mathematiklernen	24
		2.3.1 Ein Prozessmodell der Lernbegleitung	26
		2.3.2 Situative Lernbegleitung in offenen Settings	29
		2.3.3 Das Modell in der Praxis: Freies Tätigsein mit Patternblocks	33
		2.3.4 Das Modell in der Praxis: Das Spiel »Stechen«	37
3	Materialbasierte mathematische Lernsettings		44
	3.1	Patternblocks	47
		3.1.1 Das Potential des Materials	48
		3.1.2 Typische Produkte, die im freien Tätigsein mit den Patternblocks entstehen	53
		3.1.3 »Viele verschiedene Sechsecke«	56

	3.1.4	»Spieglein, Spieglein«	63
	3.1.5	»Schöne Bordüren«...........................	71
	3.1.6	»Muster ohne Lücken«	74
3.2	Muggelsteine		80
	3.2.1	Das Potential des Materials...................	80
	3.2.2	Typische Produkte, die im freien Tätigsein mit den Muggelsteinen entstehen............	83
	3.2.3	»Bunte Schmetterlinge«	86
	3.2.4	»Fehlerteufel – wiederkehrende und wachsende Muster«..........................	90
	3.2.5	»Die Blumenzahl 7«	93
	3.2.6	»Anzahlen schätzen und visualisieren«	98
3.3	(Spiel-)Würfel		103
	3.3.1	Das Potential des Materials...................	104
	3.3.2	Typische Produkte, die im freien Tätigsein mit den Spielwürfeln entstehen..............	106
	3.3.3	»Bauen nach Bildern«	110
	3.3.4	»Wie geht es weiter?«........................	115
	3.3.5	»Viele – mehr – am meisten«	118
3.4	Polydrone		123
	3.4.1	Das Potential des Materials...................	124
	3.4.2	Typische Produkte, die im freien Tätigsein mit dem Polydronmaterial entstehen	127
	3.4.3	»Viele unterschiedliche Verpackungen«	129
	3.4.4	»Netze und Körper«	132
	3.4.5	»Welcher Körper rollt gut«?	135

4	**Spielbasierte mathematische Lernsettings: Mathematiklernen durch Regelspiele**.....................			**140**
4.1	Spiele zur Förderung des Zahlverständnisses		142
	4.1.1	Muggelsteine sammeln......................	145
	4.1.2	Muggelsteinspiel............................	158
	4.1.3	Stechen	172
	4.1.4	Fünfer raus & Co	186
	4.1.5	Hamstern....................................	194
	4.1.6	Siebenfresser & Co...........................	203
	4.1.7	Häuser füllen................................	214
4.2	Spiele zur Förderung räumlicher Fähigkeiten		222

4.2.1	Dobble	227
4.2.2	Make ›n‹ Break	235
4.2.3	Ubongo	248

Literatur 257

Material- und Spieleliste 265

1 Einleitung

Elementar- und Primarbereich werden oft als »zwei getrennte Welten« (Kreid & Knoke 2011) beschrieben, die sich durch eigene Traditionen und eine unterschiedliche institutionelle Verankerung auszeichnen. Unter Berücksichtigung und Akzeptanz dieser Verschiedenheit stehen Kindergarten wie Schule in der Verantwortung, ihre Bildungsaktivitäten anschlussfähig zu gestalten, um möglichst allen Kindern die Bewältigung des Übergangs und damit eine kontinuierliche Bildungsbiografie zu ermöglichen (z. B. Roßbach 2006; Schuler et al. 2016).

Dies gilt auch und gerade für das frühe Lernen von Mathematik. Denn das beginnt nicht erst mit Schuleintritt, sondern ebenso wie das sprachliche Lernen schon lange davor. Entsprechend wird zunehmend die Bedeutung mathematischer Bildungsanlässe bereits im Kindergarten erkannt. Dabei ist aber wichtig zu betonen, dass sich solche Bildungsanlässe zwar häufig im Alltag ergeben können, dies aber noch nicht automatisch dazu führt, dass daraus tatsächlich auch Lerngelegenheiten für die Kinder entstehen (z. B. Stern 1998; Schuler 2013). Dazu benötigt es eine professionelle Lernbegleitung, die durch geeignete Impulse, Fragen und Gesprächsangebote die Kinder beim Aufbau wichtiger mathematischer Basiskompetenzen unterstützt.

Das vorliegende Buch will pädagogische Fachkräfte und Lehrpersonen im Anfangsunterricht für mathematikhaltige Situationen sensibilisieren und konkrete Vorschläge für eine kognitiv anregende, fachliche Lernbegleitung in spiel- und materialbasierten Settings liefern. Der Einsatz sog. »konstruktiver« Materialien wie auch Regelspielsituationen eignen sich hervorragend, um mathematische Lernprozesse gezielt anzuregen und zu unterstützen. Dabei ist zu beachten, dass die materialbasierten Settings gerade im freien Tätigsein ein sehr breites fachliches

Potential aufweisen (was zugleich eine große Herausforderung für die Lernbegleitung darstellt), während die mathematischen Regelspiele festgelegte Abläufe und eine Fokussierung auf bestimmte Inhalte erlauben. Die Lernbegleitung kann entsprechend bei den Regelspielen zielgerichteter vorbereitet werden als bei den materialbasierten Settings. Dies wird auch in den Umsetzungsvorschlägen im vorliegenden Buch deutlich.

Die im Buch präsentierten Materialien und Spiele wurden aufgrund ihres Potentials für das mathematische Lernen ausgewählt, die didaktischen Anregungen sind aber grundsätzlich auch auf ähnliche Situationen bzw. weitere Materialien und Spiele übertragbar. Ein solcher Transfer ist auch deshalb sinnvoll, weil so subjektiv bedeutsame Erfahrungen von Kindern in aktuellen Spiel- und Lernanlässen gezielt aufgegriffen und für weiterführende mathematische Lernsituationen genutzt werden können.

Das Buch umfasst einen Theorie- und einen Praxisteil: Der Theorieteil (▶ Kap. 2) beinhaltet Überlegungen zu kindgerechten und anschlussfähigen Zugängen zum frühen Lernen von Mathematik, stellt zentrale mathematische Kompetenzbereiche vor und begründet die Notwendigkeit einer fachlichen Lernbegleitung. Im Praxisteil stellt Christine Streit zunächst materialbasierte Settings am Beispiel von vier ausgewählten Materialien vor, die allesamt ein hohes Potential für das mathematische Lernen haben (▶ Kap. 3). Anhand von ausgewählten arithmetischen und geometrischen Regelspielen wird in Kapitel 4 von Stephanie Schuler aufgezeigt, wie in solchen Spielsettings eine fachliche Lernbegleitung gelingen kann (▶ Kap. 4).

Die in Kapitel 3 und 4 vorgestellten Spiel- und materialbasierten Lernsettings wurden im Kindergarten sowie im Anfangsunterricht (erstes und zweites Schuljahr) erprobt. Die meisten Settings sind sowohl im Kindergarten als auch in der Schule einsetzbar (und natürlich auch in institutionenübergreifenden Gruppen), haben aber ggf. eine Priorisierung. Einige Settings sind ausschließlich für den Kindergarten oder für die Schule ausgewiesen.

1 Einleitung

Die Einteilung ist durch entsprechende Symbole gekennzeichnet:

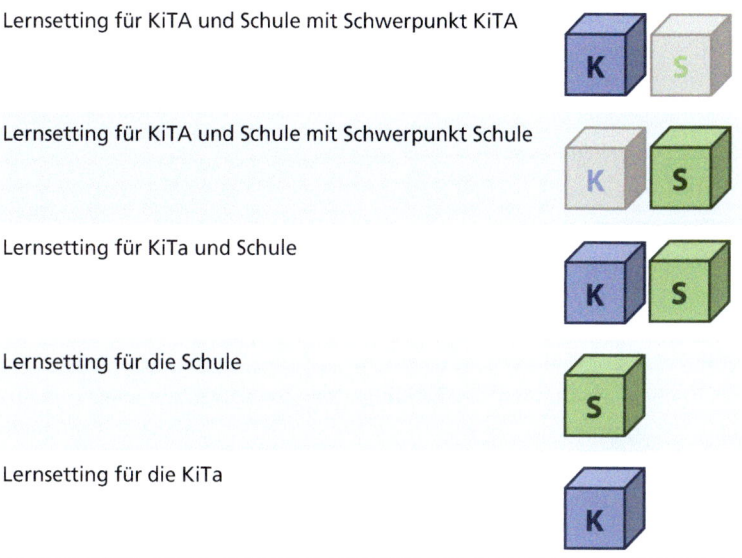

Lernsetting für KiTA und Schule mit Schwerpunkt KiTA	
Lernsetting für KiTA und Schule mit Schwerpunkt Schule	
Lernsetting für KiTa und Schule	
Lernsetting für die Schule	
Lernsetting für die KiTa	

Onlinematerial

Online werden verschiedene Dokumente wie Kopiervorlagen, Skripte zur Lernbegleitung und Spielvarianten zu den hier beschriebenen Materialien und Spielen zur Verfügung gestellt. Im Text wird jeweils auf das Onlinematerial (OM) verwiesen. Das Material finden Sie hier: https://dl.kohlhammer.de/978-3-17-035693-1.

Die Autorin Stephanie Schuler stellt Skripte zur Lernbegleitung (▶ Kap. 4) gerne zur Verfügung (stephanie_schuler@uni-landau.de).

2 Mathematik lernen in KiTa und schulischem Anfangsunterricht – kindgerecht und anschlussfähig

Mathematisches Lernen im Übergang vom Kindergarten zur Schule zeichnet sich aus durch das Spannungsfeld zwischen Anschlussfähigkeit in Bezug auf das fachliche Lernen und der Orientierung an der Lebenswelt sowie den individuellen Vorerfahrungen bzw. Interessen der Kinder. Dabei besitzt das vorschulische Lernen eine eigene Bedeutung, weshalb die spezifischen Traditionen des Kindergartens im deutschsprachigen Raum nicht ignoriert werden, sondern durchaus auch im Hinblick auf mögliche Impulse für das schulische Lernen positiv eingebracht und weiterentwickelt werden sollen (van Oers 2004, 2010). Während im Kindergarten die Lernangebote oftmals an fachübergreifenden Themen orientiert sind oder situativ von konkreten Aktivitäten der Kinder ausgehen, spielt mit Schuleintritt zunehmend der klassische Fächerkanon im Lernalltag der Kinder eine wichtige Rolle. Allerdings bieten sich auch im mathematischen Anfangsunterricht der Grundschule vielfältige Möglichkeiten, offene spiel- und materialbasierte Lernsettings für das fachliche Lernen produktiv zu nutzen.

Die Gestaltung und Begleitung solch offener Lernarrangements ist allerdings nicht banal, sondern erfordert vielfältige Fähigkeiten: So muss die pädagogische Fach- bzw. Lehrperson einerseits die mathematischen Ideen ›hinter‹ den Materialien bzw. das mathematische Potential eines Spiels erkennen. Andererseits müssen die Vorkenntnisse und Voraussetzungen der einzelnen Kinder mit dem Wissen über den Aufbau mathematischer Konzepte abgeglichen werden, um schließlich – darauf basierend – durch adäquate Impulse, Frage- oder Aufgabenstellungen echte mathematische Lerngelegenheiten für die Kinder entstehen zu lassen (Streit 2017a).

2.1 Zugänge zur Mathematik

Frühes Mathematiklernen gilt inzwischen als ein Glied einer lebenslangen Bildungskette (Heinze & Grüßing 2009). Entsprechend herrscht weitgehend Konsens, dass auch bereits der Kindergarten in altersgemäßer Form einen mathematischen Bildungsauftrag hat. Der Austausch zwischen den Institutionen erleichtert den Kindern den Übergang vom Kindergarten in die Grundschule und schafft die Voraussetzung für eine kontinuierliche (mathematische) Lernbiografie ohne Brüche (Gasteiger & Benz 2012; Meyer-Siever, Schuler & Wittmann 2015).

Die Zugänge zur Mathematik werden daher nicht unter dem Aspekt der Unterschiede zwischen Kindergarten und Schule beleuchtet, sondern die Ausführungen berücksichtigen v. a. die Gemeinsamkeiten beim Lernen von Mathematik in der Altersgruppe der 4- bis 8-Jährigen.

2.1.1 Orientierung am Kind und am Fach

Man geht heute davon aus, dass erfolgreiches Mathematiklernen entscheidend davon abhängt, inwiefern fachliche Angebote und Herausforderungen den jeweiligen Entwicklungs- und Lernstand, aber auch die individuellen Voraussetzungen und subjektiven Bedeutsamkeiten der Kinder berücksichtigen. Mathematische Lernangebote im Kindergarten und im Anfangsunterricht der Grundschule sollten also so gestaltet werden, dass Kinder dazu angeregt werden, sich auf ihrem Niveau mit grundlegenden Ideen und Prinzipien der Mathematik auseinanderzusetzen (Wittmann 2005; Gasteiger 2017). Doch was sind eigentlich grundlegende Ideen der Mathematik? Dazu ist es hilfreich, zunächst zu klären, was Mathematik eigentlich ausmacht, bevor in Kapitel 2.2 auf konkrete Inhalte und Leitideen eingegangen wird.

Mathematik ist eine Fähigkeit des menschlichen Geistes, Konkretes zu abstrahieren und mit Symbolen zu arbeiten. So gesehen ist Mathematik eine Sprache, die der Erschließung bzw. Ordnung, Beschreibung und Vereinfachung realer Zustände und Beziehungen dient: *Wie verteilen wir zehn Äpfel (gerecht) auf 20 Kinder?* So ist es nicht nötig, die Äpfel tatsächlich in Stücke zu schneiden und auszuprobieren, wie viel jedes Kind erhält. Wir wenden (vielleicht intuitiv) die Division 10 : 20 = 0,5 an – wir *mathematisieren* also die Sachsituation mithilfe der mathematischen Sprache – um zu erkennen, dass wir die Äpfel halbieren müssen, also jedes Kind einen halben Apfel erhält. In diesem Beispiel kommt der Anwendungsbezug der Mathematik zum Tragen. Dieser lässt sich didaktisch nutzen, indem mathematische Inhalte mit für Kinder bedeutsamen Alltagssituationen und -kontexten verbunden werden. Dabei werden einerseits konkrete Objekte eingesetzt, um mathematische Ideen zu verstehen, anderseits dient die Mathematik dazu, Alltagsprobleme zu lösen. Nicht jede für Kinder bedeutsame Situation muss aber einen Anwendungsbezug aufweisen. Wenn Kinder geometrische Muster legen oder Zahlenfolgen erforschen, dann kommt der innermathematische Aspekt zum Tragen: Es geht primär um das (intuitive) Finden und Beschreiben von Gesetzmäßigkeiten und Beziehungen, die über die konkreten Phänomene hinausweisen, also auf die mathematische Struktur. Für das Lernen von Mathematik bedeutet dies, dass Mathematik als geistiges Konstrukt auch gerade darauf beruht, sich von der Anwendung zu lösen und in sich selbst sinnstiftend sein zu können.

Mathematik wird auch als eine Wissenschaft beschrieben, die Muster hinsichtlich ihrer Eigenschaften und Strukturen untersucht (Wittmann 2005). Entsprechend geht es beim mathematischen Denken u. a. um die Fähigkeit, Muster zu erkennen, fortzusetzen, zu verändern und zu erzeugen. Mithilfe von Mustern lassen sich Beziehungen zwischen mathematischen Objekten beschreiben. Das Erforschen von Mustern ist eine Tätigkeit, die Kinder schon früh und mit natürlicher Begeisterung vollziehen. Darin wird zugleich der explorative und prozesshafte Charakter der Mathematik deutlich: Mathematik ist kein Fertigprodukt, keine bloße Ansammlung von Wissen und Können, sondern eine menschliche Aktivität, eine Tätigkeit, eine Geisteshaltung (Freudenthal 1982).

Die Objekte der Mathematik sind abstrakte Ideen bzw. gedankliche Konstrukte, die vom sinnlich Wahrgenommen gelöst sind. Mathematische Ideen können reale Sachverhalte beschreiben, aber reale Objekte können immer nur näherungsweise *quadratisch*, *symmetrisch* oder *gleich lang* sein, sie stellen Modelle bzw. Repräsentanten mathematischer Objekte dar. Die Verständigung über mathematische Objekte geschieht über vereinbarte

Symbole. So bestehen in Bezug auf die mathematische Idee *Zahl* die zugehörigen symbolischen Zeichen aus den *Ziffern* 0 bis 9. Die Begriffe Zahl und Ziffer bedeuten dabei etwas völlig Unterschiedliches: Das mathematische *Symbol* – in diesem Fall die Ziffer – stellt noch keine Mathematik dar. Mathematik betreiben wir erst, wenn wir die Symbole lesen können und mit einer Vorstellung von dem abstrakten Begriff *Zahl* verbinden. Bspw. gehört zur Ziffer 8 die Vorstellung, was eine Menge von acht Elementen bedeutet, inwiefern die Acht als Ordnungszahl das *achte* Auto in einer Reihe beschreibt, aber auch dass die Zahl Acht der Nachfolger von sieben und der Vorgänger von neun ist oder sie sich in verschiedene Teile wie z. B. vier und vier oder fünf und drei zerlegen lässt.

Ebenso wie die Fähigkeit, eine Sprache zu erwerben, ist uns eine grundlegende Fähigkeit zum mathematischen Denken angeboren, die sich in der aktiven Auseinandersetzung mit der Umwelt entwickelt. Es handelt sich dabei um einen kontinuierlichen Prozess, der aber nicht linear abläuft. Zwar folgt er grundlegenden Entwicklungslinien, erfährt aber äußerst unterschiedliche Ausprägungen und erfolgt in unterschiedlichen Geschwindigkeiten, was die bestehende Heterogenität erklärt.

Der Prozess beginnt im Prinzip mit der Geburt – auf jeden Fall schon lange vor Schuleintritt. Solche frühen Fähigkeiten müssen nicht aktiv erlernt werden – man spricht auch von *intuitiver* Mathematik (Stern 1998). So zeigen wir eine gewisse Leichtigkeit und Beweglichkeit im Umgang mit Mustern und Strukturen, weshalb oft betont wird, dass wir über eine Art von *Mustersinn* verfügen. Forschungsarbeiten geben Hinweise darauf, dass diese Fähigkeit zum Umgehen mit Mustern eine wichtige Voraussetzung für erfolgreiches Mathematiklernen darstellt (Lüken 2012). Intuitive Konzepte zeigen sich auch im Umgang mit Mengen bzw. Anzahlen. Der sog. *Zahlensinn* (Dehaene 1999) meint eine wahrscheinlich angeborene numerische Fähigkeit, kleine Anzahlen und deren Beziehungen wahrnehmen und verstehen zu können, sowie eine Fähigkeit zur ungefähren Mengenpräsentation bei größeren Anzahlen. So sind wahrscheinlich bereits Säuglinge in der Lage, die Anzahl von Objekten im Rahmen kleiner Zahlenräume zu erfassen. Nun ist es aber leider nicht so, dass wir diese Fähigkeiten automatisch auf größere Anzahlen übertragen können, also dass sich aus solch einem intuitiven Wissen automatisch komplexere mathematische Vorstellungen entwickeln. Die angeborenen Fähigkeiten sind eine notwendige, aber keine hinreichende Voraussetzung zum Erlernen der *kulturellen* Mathematik (Stern 1998). Dazu sind spezifische Erfahrungen und gezielte Lernangebote nötig. Viele Alltagssituationen sind potentiell *mathematikhaltig*, aber sie müssen als Lernanlass entdeckt werden. Gerade der mathematische Aspekt einer Situation ist nicht immer der naheliegende, was wiederum auch damit zusammenhängt, dass mathematische Objekte und Begriffe immer theoretischer Art sind und die Mathematik in eine konkrete Situation und einen realen Gegenstand erst *hineininterpretiert* werden muss. Es braucht daher Materialien und Lernarrangements, die potentiell mathematikhaltig sind, aber auch eine professionelle Unterstützung, um den mathematischen Gehalt einer Situation bewusst erfahren und so für Lernerfahrungen nutzbar machen zu können. Dies ist eine wichtige Voraussetzung dafür, dass der Übergang von intuitiven mathematischen Präkonzepten zur *kulturellen* Mathematik problemlos gelingt.

2.1.2 Situative Unterstützung und adaptive Instruktionen

Nach heutigem Kenntnisstand ist Lernen ein Prozess, bei dem das Individuum – ausgehend von bedeutungstragenden Kontexten und in Auseinandersetzung mit seiner Umwelt – aktiv Wissen konstruiert. Aus mathematikdidaktischer Perspektive herrscht weitgehend Konsens darüber, dass frühe mathematische Bildung v. a. als alltagsintegrierte und situative Förderung mathematischer Basiskompetenzen gestaltet werden sollte, die dem Kind durch geeignete Lernanlässe vielfältige und individuelle Zugänge zur Mathematik ermöglicht (z. B. Gasteiger 2012). Für den Mathematikunterricht der Grundschule wurden verschiedene Ansätze entwickelt, die individuelle Denk- und Lernwege in der Auseinandersetzung mit mathematischen Fragestellungen als Voraussetzung für vertieftes Verständnis ansehen – Beispiele dafür sind sog. *mathematischen Lernumgebungen* (z. B. Hengartner 2006) oder *Eigenproduktionen* (z. B. Selter 1995). Die Betonung der Eigenaktivität der Lernenden bedeutet allerdings nicht, dass eine Unterstützung durch die Lehrenden nicht wichtig sei. Man geht heute davon aus, dass *Instruktionen* im weiteren Sinn in passenden Momenten sehr bedeutsam für erfolgreiches Lernen sind. Für die Altersstufe der 4- bis 8-Jährigen gibt es allerdings nur wenige Forschungsergebnisse. Bekannt ist aber, dass jüngere Kinder über ein geringeres Vorwissen verfügen, an das sie anknüpfen können, und die Kapazität des Arbeitsgedächtnisses beschränkt ist. Aus diesem Grund ist davon auszugehen, dass Instruktionen im Sinne von Belehrungen bzw. Erklärungen bei Kindern dieser Altersstufe weniger erfolgreich sind als bei älteren Kindern und Jugendlichen (Roßbach et al. 2010). Bei jüngeren Kindern wird daher die *Passung* der Instruktion besonders betont. Solch eine *adaptive Instruktion* (Beck et al. 2008) berücksichtigt die individuellen Lernvoraussetzungen des Kindes und ist wesentlicher Bestandteil einer professionellen Lernbegleitung (▶ Kap. 2.3.2).

2.1.3 Spielbasierte Zugänge

Im Übergang vom Kindergarten in die Grundschule stellt sich die Frage, wie Mathematiklernen konkret gestaltet werden soll. Für den Kindergarten können im Wesentlichen zwei Ansätze frühen Mathematiklernens unterschieden werden (Gasteiger 2010; Schuler 2013): (1) Spielbasierte und integrative Ansätze, die auf eine Förderung aller Kinder im Kindergartenalltag in Bezug auf verschiedene mathematische Leitideen zielen, sowie (2) Lehrgänge und (Förder-)Programme, die nur bestimmte Kinder (häufig sog. Risikokinder) in ausgewählten Bereichen (insbesondere numerische Kompetenzen) in alters- oder leistungshomogenen Settings gezielt fördern. Im Hinblick auf die Wirksamkeit der beiden Ansätze gibt die aktuelle Befundlage noch wenige Hinweise. In Bezug auf den Vergleich *Einsatz von Lernspielen* und *Einsatz von Programmen zur Förderung numerischer Kompetenzen* lässt sich folgende Aussage treffen: Beide Ansätze sind mit Blick auf zentrale numerische Vorerfahrungen vergleichbar wirksam (Hauser et al. 2014). Dieser Befund macht deutlich, dass Spielen und Lernen insbesondere bei jungen Kindern keine Gegensätze darstellen, sondern auch im Spiel gelernt wird. Für das Lernen von Mathematik ist dabei das mathematische Potential des Spiels entscheidend, da es die mathematischen Lerngelegenheiten bestimmt (z. B. Gasteiger, Obersteiner & Reiss 2015; Jörns et al. 2014; Ramani & Siegler 2008). Entsprechend werden in Kapitel 4 Spiele mit mathematischem Potential vorgestellt. Für spielbasierte Ansätze spricht darüber hinaus, dass sich diese Art des Lernens langfristig positiv auf die schulischen Kompetenzen und die spätere schulische Motivation auswirkt (Marcon 2002; Stipek et al. 1995). Des Weiteren wissen wir, dass in spielbasierten Zugängen mathematisches Kommunizieren und Argumentieren durch eine entsprechende Lernbegleitung angeregt werden kann (Schuler 2013; Schuler & Sturm 2019) und die Lernentwicklungen in Spielsettings günstiger verlaufen als in anderen mathematischen vorschulischen Ansätzen (Hertling 2020). Aber auch zu Schulbeginn haben spielbasierte Zugänge durchaus ihre Berechtigung. So zeigen sich beim Einsatz von Spielen zu Schulbeginn vergleichbare Lernzuwächse wie in unterrichtlichen Settings (Floer & Schipper 1975; Sturm & Schuler 2019).

2.2   Leitideen für anschlussfähiges Lernen

Ein Blick in nationale wie internationale Curricula (also Orientierungs-, Lehr- oder Bildungspläne bzw. -standards) für den Kindergarten und den Anfangsunterricht der Grundschule zeigt eine große Übereinstimmung zwischen den Ländern: Die Beschäftigung mit Zahlen, Operationen, geometrischen Formen, räumlichen Beziehungen sowie der Umgang mit Daten und Größen werden als zentrale Leitideen angesehen, die einerseits einen kindgerechten Zugang ermöglichen, zugleich aber anschlussfähig sind für das fachlichen Lernen auch in höheren Klassenstufen (Benz et al. 2015). Für die frühe mathematische Bildung wird teilweise eine Fokussierung auf die arithmetischen und geometrischen Basiskompetenzen empfohlen (Wittmann & Müller 2010; Schuler & Wittmann 2020). Da die Potentiale der in diesem Buch vorgestellten spiel- und materialbasierten Lernsettings v. a. in diesen beiden Bereichen liegen, beschränken wir uns im Folgenden auf *Zahlen und Mengen* sowie *Raum und Form*, was nicht heißt, dass dem Umgang mit Daten und Größen keine Bedeutung zugemessen wird.

Zugänge zur Mathematik erfahren die Kinder auch über (schöne) Muster: Mit Blick auf die Mathematik als Wissenschaft von den *Mustern und*

Strukturen werden diese in den KMK-Bildungsstandards als eigene Leitidee ausgewiesen, und auch in verschiedenen Bildungsplänen und Handreichungen für den Kindergartenbereich finden sich solche Überlegungen. Dabei wird der Musterbegriff nicht als etwas Statisches gesehen, sondern als etwas, dass Kinder erforschen, weiterführen und selbst generieren sollen und dürfen (Wittmann 2003). Die Struktur kann verstanden werden als die Gesamtheit der Beziehungen eines Musters, anhand der Struktur kann das Muster beschrieben oder auch fortgesetzt werden (Franke & Reinhold 2016). Lüken (2012) beschreibt als zentrale Tätigkeiten in dieser Altersstufe *Muster beschreiben, erfinden, nachlegen* bzw. *nachbauen* und *fortsetzen*. Der Umgang mit Mustern und Strukturen lässt sich als eine zentrale mathematische Tätigkeit beschreiben und ist zudem inhaltsübergreifend zu betrachten – entsprechend spielen beim Umgang mit Zahlen und Mengen arithmetische Muster und beim Umgang mit ebenen Figuren und räumlichen Objekten geometrische Muster eine wichtige Rolle. Beides wird im Praxisteil (▶ Kap. 3; ▶ Kap. 4) angemessen berücksichtigt.

Die folgenden beiden Abschnitte zeigen auf, welche Entwicklungen und Lernerfahrungen Kinder ab den ersten Lebensjahren im Umgang mit Zahlen und Mengen bzw. ebenen und räumlichen Figuren durchlaufen und skizzieren Möglichkeiten, wie sie im Kompetenzaufbau unterstützt werden können. Zu beachten ist, dass solche Prozesse i. d. R. nicht linear verlaufen und die Heterogenität zudem sehr groß ist. Umso wichtiger sind ein frühes und genaues Beobachten sowie ein intensives Begleiten der Lernerfahrungen der Kinder.

2.2.1 Erfahrungen mit Mengen und Zahlen

Kinder zeigen bereits ein Verständnis für Mengen, bevor sie Anzahlen korrekt bestimmen können. Sie sind in der Lage, (kleine) Mengen zu vergleichen und erkennen Mengenveränderungen *(Vergleichs- und Zunahme-Abnahme-Schema, Resnick 1983)*. Intuitiv haben sie auch eine Vorstellung davon, dass sich eine Menge auf verschiedene Weisen in zwei Teilmengen zerlegen lässt, ohne dass sich die Gesamtmenge selbst ändert. Mengen bis vier Elemente können Kinder i. d. R. auf einen Blick, ohne zu zählen, erfassen (*Simultanerfassung*).

Eine exakte Anzahlbestimmung wird im weiteren Entwicklungsverlauf durch das Zählen von Objekten möglich. Dazu muss das Kind die Zahlwortreihe beherrschen, aber auch eine Eins-zu-Eins-Zuordnung von Zahlwort und Objekt vornehmen können und zugleich verstehen, dass das zuletzt genannte Zahlwort nicht nur die Position des Objekts in der Reihe (*ordinale Deutung*), sondern zugleich die Anzahl der Objekte angibt (*kardinale Deutung*). Kinder verfügen flexibel über die Zahlwortreihe, wenn sie von beliebigen Zahlen aus weiter, rückwärts und in Schritten zählen können. Dies bedingt eine verinnerlichte Zahlwortreihe, d. h., der Vorgänger und der Nachfolger beliebiger Zahlen müssen bekannt und zentrale Zahlbeziehungen verfügbar sein (z. B. »Vier kommt vor fünf, drei ist die Hälfte von sechs« etc.) (Fuson 1988).

Eine wichtige Voraussetzung für ein umfassendes Zahlverständnis (s. Infokasten Zahlverständnis ► Kap. 3.2.5) und für ein späteres flexibles Umgehen mit unserem dezimalen Stellenwertsystem sowie den Rechenoperationen ist die strukturierte Mengenvorstellung. Kinder sammeln beim Erzeugen, Darstellen, Betrachten, Beschreiben und Vergleichen von Mengenbildern diesbezüglich wichtige Erfahrungen (z. B. »*Stelle Anzahlen so dar, dass du sie auf einen Blick erkennst. Auf welchem Bild erkennst du die Anzahl leichter? Warum?*«, Rathgeb-Schnierer & Rechtsteiner 2018).

Die Struktur der Finger bildet unser Zehnersystem ab. Schon früh wissen Kinder, dass ihre beiden Hände jeweils fünf Finger haben – eine Hand ist also ein »halber Zehner«. Dieses Wissen können sie nutzen, um durch Zerlegen auch Zahlen zwischen sechs und zehn mit den Fingern zu erkennen und zu zeigen, ohne stets von eins an ›durchzählen‹ zu müssen.

Sog. »Blitzblickübungen« tragen zu einer strukturierten Mengenerfassung bei, weil die kurz dargebotenen Punktmuster eine rasche Anzahlerfassung herausfordern bzw. die Zeit nicht ausreicht für Zählprozedere. Die *simultane Anzahlerfassung* ist – bei zufälliger Anordnung – auf Anzahlen bis vier oder fünf begrenzt. Die Bestimmung größerer Mengen ist durch (schnelles) Zählen, das Zerlegen in *auf einen Blick* erfassbare Teilmengen (z. B. *quasi-simultan* in zweier) oder die Orientierung an visuell erkennbaren Mustern – z. B. an strukturierten Punktebildern – möglich. Die Grundidee des Strukturierens und Bündelns (»immer zehn«) liegt auch unserem Zahlsystem zu Grunde. Das Stellenwertsystem mit Positionen für Einer, Zehner und Hunderter etc. basiert darauf.

Hier kommt das sog. *Teile-Ganze-Konzept* zum Tragen (Resnick 1983; Gerster & Schultz, 2000). Dies bezeichnet das Wissen um Zusammensetzungen von Zahlen aus anderen Zahlen. Aufgrund verschiedener Forschungsergebnisse geht man heute davon aus, dass das Teile-Ganzes-Konzept zusammen mit dem Anzahlkonzept die beiden zentralen Konzepte auf dem Weg zum Rechnen-Lernen sind. »Werden sie nicht erfolgreich erworben, bleiben die Kinder bei früheren ineffektiveren zumeist zählenden Strategien des Rechnens stehen« (Peucker & Weißhaupt 2008, S. 52). Die beiden Konzepte bilden die Grundlage für eine flexible Nutzung von Zahlbeziehungen sowie für ein solides Operations- und Stellenwertverständnis.

2.2.2 Erfahrungen mit Raum und Form

Im Gegensatz zur Arithmetik liegen für die Geometrie verhältnismäßig wenig empirische Forschungsbefunde und Entwicklungsmodelle vor. Ältere Arbeiten wie das Modell der geometrischen Begriffsentwicklung des Ehepaars van Hiele (1984) können eine Orientierung für die Begleitung von Lernprozessen darstellen. Neuere Studien liefern v. a. Erkenntnisse darüber, was Kinder im Kindergarten oder zu Beginn der Schulzeit bereits können, oder stellen Überlegungen dazu an, wie der Kompetenzaufbau angelegt werden kann (Benz et al. 2015).

Unser Handlungs- und Anschauungsraum ist die dreidimensionale Welt unserer Wahrnehmung. Alle realen Gegenstände und Lebewesen besitzen ein Volumen und damit eine Ausdehnung in drei Dimensionen. Unsere Fortbewegung orientiert sich allerdings eher entlang von zwei Dimensionen, also in der Ebene. Man spricht auch vom »Laufraum«. Frühe Erfahrungen mit Raum und Ebene helfen uns beim Orientieren in der Welt und leisten einen wichtigen Beitrag zur Umwelterschließung (Schipper 2009).

Geometrische Grunderfahrungen umfassen die visuelle Wahrnehmung sowie Handlungen mit ebenen Figuren und räumlichen Objekten, sog. »geometrischen Körpern«, mit dem Ziel der Schulung des räumlichen Vorstellungsvermögens sowie der geometrischen Begriffsbildung: Zu den räumlichen Fähigkeiten zählen u. a. die Orientierung im Raum, das Wahrnehmen und Erkennen von geometrischen Objekten sowie die

Fähigkeit mentale Bilder von diesen Objekten aufzubauen und in der Vorstellung Veränderungen an diesen Bildern vorzunehmen (Maier 1999, s. Infokasten Räumliches Vorstellungsvermögen ▶ Kap. 3.3.3).

Verschiedene Studien zeigen, dass die Raumvorstellung nicht nur für geometrische Kompetenzen bedeutsam ist, sondern einen Zusammenhang mit Mathematikleistungen in anderen Inhaltsbereichen aufweist (Grüßing 2012). Auch zeichnerische Fähigkeiten (inkl. der zugehörigen motorischen Kompetenzen wie die Handhabung von Stiften) spielen in diesem Kontext eine Rolle – z. B. um ebene Figuren darzustellen oder dreidimensionale Gebilde auf dem Papier abbilden zu können (Wollring 1998). Im Verlaufe der (mathematischen) Denkentwicklung erweitern die Kinder die eigene Perspektive, sie können sich zunehmend in die Perspektive anderer hineinversetzen und Beziehungen zwischen Objekten beschreiben und herstellen.

Die geometrische Begriffsbildung bezieht sich v. a. auf das Wissen über *Formen* und deren Eigenschaften, wobei mit Formen ebene und räumliche Figuren gemeint sind. Eine Vorstellung von geometrischen Begriffen aufzubauen, ist recht komplex, umfasst der Begriff »Raute« doch nicht nur die Kenntnis des Wortes, sondern stellt eine Klasse oder Kategorie dar, die sich durch ganz spezifische Eigenschaften auszeichnet. Bei der *Raute* handelt es sich um ein Viereck mit zwei Paar gleichgroßen, sich gegenüberliegenden Winkeln und vier gleichlangen Seiten. Dabei kann jede einzelne Raute unterschiedlich aussehen, durch die genannten Eigenschaften ist die Figur jedoch eindeutig als Raute zu klassifizieren. Wesentlich sind auch die Beziehungen zu anderen Vierecken: Hier gelten hierarchische Klassifizierungen – so ist ein Quadrat immer auch eine (besondere) Raute, denn ein Quadrat erfüllt die o. g. Eigenschaften. Umgekehrt ist aber nicht jede Raute ein Quadrat, sondern nur dann, wenn alle vier Winkel gleich groß sind.

Das Ehepaar van Hiele hat in den 1980er Jahren ein Modell vorgelegt, das auf der Basis von systematischer Beobachtung von Kindern und Jugendlichen im Geometrieunterricht vom Kindergarten bis zur Oberstufe fünf verschiedene Niveaustufen des geometrischen Begriffserwerbs beschreibt (van Hiele 1984). Danach erfassen Kinder geometrische Objekte zunächst v. a. über deren visuelle Gestalt sowie über typische Repräsentanten – sog. Prototypen (Stufe 1). Erst nach und nach werden die besonderen

Eigenschaften der Objekte erkannt (Stufe 2) und erste Klassifizierungen (Stufe 3) vorgenommen.[1] In den ersten Bildungsjahren liegt der Schwerpunkt entsprechend nicht auf dem Erfassen und Verbalisieren von Detaileigenschaften, sondern auf vielfältigen Handlungs- und Wahrnehmungserfahrungen. Beim handelnden Umgang mit unterschiedlichen Materialien, wie z. B. Bauklötzen in Form von Würfeln, Quadern oder Pyramiden, erfahren die Kinder intuitiv bereits viel über die Eigenschaften der Körper. Es ergeben sich dabei vielfältige Kommunikationsanlässe wie z. B.: »Welche Bauwerke haben eine Spitze?«, »Welcher Körper rollt besonders gut?« usw.

Dabei ist es durchaus sinnvoll, wenn die pädagogische Fachkraft oder die Lehrperson Fachbegriffe verwendet. Man weiß nämlich, dass Kinder bereits über bestimmte Vorstellungen von Klassen geometrischer Objekte verfügen, ohne dass sie den zugehörigen Fachbegriff kennen und verwenden (z. B. Maier & Benz 2014). Umgekehrt unterstützt eine Verbalisierung mithilfe von Fachbegriffen die Kinder dabei, ihre Vorstellungen von geometrischen Objekten, die zunächst noch stark an Prototypen oder dominierende Eigenschaften (z. B. rollender Körper = Ball) geknüpft sind, laufend zu adaptieren. Wenig hilfreich für den Vorstellungsaufbau ist es, den Kindern ausschließlich Prototypen von geometrischen Objekten zu präsentieren: Ein Dreieck oder ein Quadrat darf auch auf der Spitze darstellt sein, ein Quader muss nicht immer horizontal präsentiert werden und ein Rechteck kann – eher untypisch – zwei sehr lange und zwei sehr kurze Seiten aufweisen.

Beim Begriffserwerb spielen nicht nur die Objekte selbst, sondern auch die Eigenschaften derselben eine wesentliche Rolle, durch die sich Beziehungen zwischen den Objekten beschreiben lassen. So können z. B. zwei Linien parallel zueinander sein oder sie können senkrecht aufeinander stehen. Geometrische Objekte lassen sich durch ihre Eigenschaften klassifizieren, so z. B. aufgrund ihrer Symmetrieeigenschaften. Bedeutsame Handlungserfahrungen dazu machen Kinder durch die Herstellung symmetrischer Figuren: Durch Papierfaltungen lassen sich symmetrische

---

1 Die Stufen 4 und 5 beziehen sich auf die Sekundarstufe und werden daher in diesem Kontext nicht erwähnt.

Bandornamente oder Sterne erzeugen, das Spiegeln mit dem Spiegel ermöglicht Zugänge zur Achsensymmetrie (Spiegelsymmetrie) und das Basteln von Windrädern führt zu drehsymmetrischen Figuren.

Auch Teile-Ganze-Beziehungen zwischen geometrischen Objekten lassen sich handelnd erfahren: Zwei gleichseitige Holzdreiecke aneinandergelegt ergeben eine Raute, durch das diagonale Falten eines Papierquadrats entstehen zwei (gleichschenklig rechtwinklige) Dreiecke. Solche Handlungserfahrungen erscheinen umso bedeutsamer, wenn man berücksichtigt, dass sich in der Studie von Beutler (2013) ein Zusammenhang zwischen räumlichen Strukturierungsfähigkeiten und Strategien der Anzahlbestimmung bzw. der Nutzung arithmetischer Teil-Ganzes-Beziehungen bei Vorschulkindern zeigt. Dass räumlich-geometrische Fähigkeiten für den Aufbau von Zahlvorstellungen und das Verständnis von Rechenoperationen von Bedeutung sind, betont auch Radatz (2007) mit dem Verweis, dass Veranschaulichungen von Zahlen und Rechenoperationen zumeist räumliche Strukturierungen aufweisen.

2.3 Die Rolle der Lernbegleitung beim (frühen) Mathematiklernen

Mathematisches Lernen bedarf subjektiv bedeutsamer Anlässe, die nicht unbedingt immer allein bewältigt werden müssen und können. Auch wenn das mathematische Lernen im Menschen angelegt ist, setzt es neben geeigneten Lernanlässen auch die Begleitung durch ein kompetent(er)es Gegenüber voraus, das mit Fragen oder Impulsen herausfordert, konfrontiert, ermuntert und wertschätzt (Hess 2005; Krammer 2017; Schuler 2017; Tournier 2017).

Viele Alltagssituationen sind potentiell mathematikhaltig. Es bedarf allerdings einer ›Entschlüsselung‹ des mathematischen Gehalts im Rahmen einer angemessenen Begleitung, damit das Potential für das mathematische Lernen zum Tragen kommt. Dann kann aus einem *Lernanlass* – z. B. die Beschäftigung mit Bauklötzen – eine echte *mathematische*

Lerngelegenheit für das Kind entstehen. Dabei müssen die individuellen Voraussetzungen des Kindes berücksichtigt werden, was bedeutet, in der *Zone der aktuellen Entwicklung* die Motive, Vorkenntnisse und Ideen des Kindes aufzugreifen und mit passenden Impulsen in die *Zone der nächsten Entwicklung* zu führen (Wygotski 1978). Erstere entspricht den momentanen Kompetenzen und dem Lernstand des Kindes und die *nächste Zone* bedeutet, dass das Kind z. B. weiterführende Probleme mit behutsamer Unterstützung lösen kann (Escher & Messner 2009; Wood, Bruner & Ross 1976).

Kindliche Ideen aufzunehmen bedeutet allerdings nicht, dass Beliebigkeit die Gestaltung der Lernarrangements prägt. Vielmehr meint es, dass die pädagogische Fachkraft oder die Lehrperson zwischen subjektiv Verfügbarem und fachdidaktisch Notwendigem vermittelt und den Blick auf die Zone der nächsten Entwicklung richtet, denn Lernen soll zu Neuem führen (Müller & Wittmann 2002). Produkte und Ideen der Kinder müssen entsprechend aufgegriffen und aus der mathematischen Perspektive betrachtet bzw. expliziert werden (z. B. Royar & Streit 2010).

Dabei ist die Sprache das zentrale Medium zum Denken und Kommunizieren. Aber auch ›handgreifliches‹ und anschauliches Material leistet diesbezüglich wertvolle Dienste, gerade dann, wenn für Beschreibungen (noch) keine Worte verfügbar sind. Im aktiven Tun mit Material erkennen die Kinder mathematische Beziehungen, Muster und Strukturen. Im besten Fall wird aus dem äußeren Handeln – im Sinne Aeblis (1980) – ein inneres und kann so zum Aufbau mathematischer Vorstellungen beitragen. Auch beim Spielen trägt die Verbalisierung von Spielzügen und Spielhandlungen dazu bei, zentrale Begriffe und Konzepte zu verinnerlichen (Schuler & Sturm 2019).

Um mathematische Ideen bewusst zu machen bzw. zum Ausdruck zu bringen sowie Vorstellungen, Konzepte und Begriffe aufzubauen, bedarf es also einer professionellen Lernbegleitung. Verschiedene Untersuchungen zeigen allerdings, dass sich Interaktionen in der Praxis oft auf disziplinarische, organisatorische oder enge inhaltliche Anweisungen beschränken (König 2009). So bleibt im Kindergartenalltag meist wenig Zeit für gemeinsames Nachdenken und Reflektieren (Siraj-Blatchford 2007; Siraj-Blatchford & Manni 2008). Eine individuelle Unterstützung durch kognitiv anregende Maßnahmen oder fachliche Impulse findet eher selten statt (Herger 2013; Streit 2017b). Auch in der Schule trägt die tatsächlich praktizierte Lernbegleitung nur bedingt zur kognitiven Aktivierung der Schülerinnen und Schüler bei (Krammer 2009). Das ist nicht verwunderlich, denn die fachliche Lernbegleitung ist gerade in offenen Settings höchst anspruchsvoll, sie erfordert vielfältige Kompetenzen der pädagogischen Fachkraft oder der Lehrperson, aber auch Organisationsformen, die es erlauben, Kinder beim mathematischen Tätigsein zu beobachten und individuell zu unterstützen bzw. herauszufordern.

2.3.1 Ein Prozessmodell der Lernbegleitung

Für die fachliche Lernbegleitung wurde ein Prozessmodell (▶ Abb. 2.1) entwickelt, das auf das Handeln der pädagogischen Fachkraft oder der Lehrperson in offenen spiel- und materialbasierten Settings fokussiert. Es soll Lehrpersonen einerseits dabei unterstützen, den Prozess der Lernbegleitung bewusst wahrzunehmen, zu steuern und zu reflektieren. Andererseits dient es als Orientierungsrahmen, wie sich die in solchen Settings entstehenden Produkte und Ideen der Kinder aufgreifen und für weiterführende Lernaktivitäten nutzen lassen (Streit & Royar 2014; Streit 2015b).

Das Modell umfasst die Phasen Anbieten, Beobachten, Unterstützen, Moderieren und Anknüpfen. Die Phasen sind idealtypisch zu verstehen, d. h., in der praktischen Umsetzung kann es auch Abweichungen geben. Das Anknüpfen erfolgt oft zeitlich versetzt, schon deshalb, weil (weitere) planerische Aktivitäten erforderlich werden. Dem Beobachten und Unterstützen kommt eine zentrale Bedeutung zu. Dabei wird das gezielte Beobachten als Voraussetzung für die individuelle Unterstützung des Kindes betrachtet. Diese beiden Phasen hängen daher eng zusammen und werden auch mehrmals durchlaufen. In Abbildung 2.1 wird dies durch den inneren Kreislauf deutlich gemacht. Wir sprechen im Folgenden von der *situativen Lernbegleitung* und meinen damit ausschließlich den inneren Kreislauf – also das Beobachten und Unterstützen (▶ Abb. 2.1).

2.3 Die Rolle der Lernbegleitung beim (frühen) Mathematiklernen

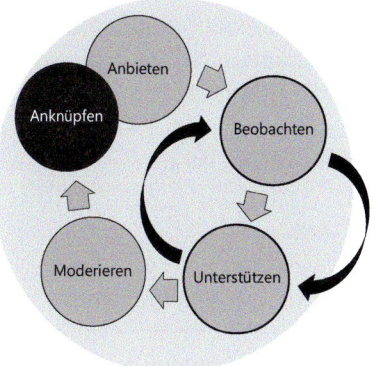

Abb. 2.1: Prozessmodell der Lernbegleitung

Prozessmodell der Lernbegleitung
Phase 1: Anbieten

Ein ausgewähltes Material wird den Kindern präsentiert und zum freien Tätigsein oder zur Auseinandersetzung im Rahmen einer offenen Aufgaben- bzw. Fragestellung zur Verfügung gestellt.
Beim Regelspiel besteht das Anbieten in der Darbietung der jeweiligen Spielmaterialien und der sukzessiven Einführung der Regeln innerhalb der ersten Spielrunden. Dabei können bereits Beobachtungen gemacht werden.

Phase 2: Beobachten

Die Beobachtung der kindlichen Aktivitäten im Umgang mit dem Material ermöglicht es, Kenntnisse über die unterschiedlichen Vorgehensweisen sowie Einblicke in Fähigkeiten und mögliche Denkweisen der Kinder zu gewinnen. Zugleich dient diese Phase dazu, das mathematische Potential der Schüleraktivitäten, -äußerungen und -produkte zu erfassen und ggf. zu dokumentieren.

Beim Regelspiel können sowohl bei der Einführung der Regeln als auch im Spielverlauf Beobachtungen zu Vorgehensweisen, zu Vorkenntnissen ggf. auch zu Schwierigkeiten der Kinder gemacht werden. Die Beobachtungen stellen immer die Voraussetzung für die unterstützenden Maßnahmen in Phase 3 dar.

Phase 3: Unterstützen

In dieser Phase steht eine behutsame Lernunterstützung durch die Lehrperson – ausgehend von ihren Beobachtungen – im Mittelpunkt. Den Beobachtungen im Umgang mit den Materialien bzw. im Spielverlauf folgt das Modellieren der eigenen (Spiel-)Handlungen und Denkprozesse mit Unterstützung der pädagogischen Fachkraft oder die Lehrperson. Impulse, Fragen und Hinweise sollen die Kinder kognitiv herausfordern und in ihrem mathematischen Tätigsein unterstützen.

Ein wesentliches Ziel dieser unterstützenden Maßnahmen ist es, bei den Kindern das Bewusstsein für das eigene (mathematische) Tun zu fördern und sie zur Verbalisierung ihrer Ideen anzuregen. Im Regelspiel werden dadurch Spielhandlungen und Auffälligkeiten im Spielverlauf bewusst gemacht.

Phase 4: Moderieren

In der sich anschließenden Vorstellungsrunde moderiert die pädagogische Fachkraft bzw. die Lehrperson die Präsentation der aus den Materialien entstandenen Produkte und Ideen. So erfahren die kindlichen Produkte einerseits eine Würdigung, andererseits können mathematische Ideen, Vorgehensweisen und Strategien verbalisiert und explizit gemacht werden. Auch kann die pädagogische Fachkraft oder die Lehrperson auf bestimmte Aspekte fokussieren, die sie dann in der Phase des Anknüpfens aufgreift.

Beim Regelspiel werden keine Produkte vorgestellt. Stattdessen kann die pädagogische Fach- bzw. Lehrperson anhand typischer und/oder herausfordernder Spielsituationen den Austausch der Kinder zu Spielständen, Strategien und Gewinnchancen anregen.

> **Phase 5: Anknüpfen**
>
> Die Ideen wie auch die Produkte der Kinder im Umgang mit den Materialien sind Anknüpfungspunkte für weitere Frage- und Aufgabenstellungen mit spezifischen Zielsetzungen. Damit schließt sich der Kreislauf: Die pädagogische Fachkraft oder die Lehrperson knüpft an Produkte, Ideen, Erkenntnisse an und generiert daraus eine neue bzw. eine vertiefende Aufgaben- und Fragestellung, was wiederum in ein erneutes Anbieten mündet.
> Beim Regelspiel besteht das Anknüpfen in der Variation des Spielmaterials und der Spielregeln. In einer neuen Spielrunde oder in einer späteren Spielsequenz sollen so neue Herausforderungen geschaffen und damit weitere Lernprozesse angeregt werden.

2.3.2 Situative Lernbegleitung in offenen Settings

Die situative Lernbegleitung (▶ Abb. 2.1) in offenen Lern- oder Spielsettings erfordert vielfältige Kompetenzen. So muss die pädagogische Fach- bzw. Lehrperson die kindlichen Aktivitäten mit Blick auf die mathematischen Denk- und Lernprozesse einordnen, um im passenden Moment durch Fragen oder Impulse lernunterstützend intervenieren zu können. Je offener eine solche Lehr-Lernsituation ist, desto vielfältiger sind auch die Ideen und Produkte der Kinder. Entsprechend muss das mathematische Potential in den Tätigkeiten der Kinder in seiner Vielfalt erkannt und eine curriculare Einordnung vorgenommen werden. Diesen Herausforderungen kann besser begegnet werden, wenn die pädagogischen Fachkräfte oder die Lehrpersonen die eingesetzten Materialien und Spiele gut kennen und deren mathematikdidaktisches Potential erfahrungsbasiert und theoretisch durchdrungen haben.

In offenen Settings scheinen Maßnahmen der Lernbegleitung besonders dann ihre Wirkung entfalten zu können, wenn folgende Aspekte berücksichtigt werden (Krammer 2017; Wullschleger & Stebler 2017):

- Das Vorwissen des Kindes wird aktiviert bzw. es wird daran angeknüpft.

- Die Lernbegleitung konfrontiert das Kind mit einer problemhaltigen Fragestellung und gibt zugleich Anregungen, damit das Kind einen nächsten Schritt findet und diesen auch selbst durchführen und bestenfalls sogar erklären kann.
- Die pädagogische Fachkraft oder die Lehrperson beobachtet zunächst die Aktivitäten des Kindes und nutzt eine produktive Gelegenheit für eine inhaltlich anregende Intervention.

Die Möglichkeiten der Unterstützung sind vielfältig: Eine aufmunternde Geste oder ein anerkennendes Feedback zählt zu den *emotionalen* bzw. *motivationalen* Formen der Lernbegleitung. *Strategische* bzw. *metakognitive* Unterstützungsmaßnahmen umfassen Nachfragen (*»Du hast gesagt, dass ...«*, *»Kannst du das ausführlicher/genauer beschreiben?«*) oder die Aufforderung, das eigene Vorgehen zu erklären *(»Wie bist du vorgegangen?«*, *»Wie bist du darauf gekommen?«*, *»Wie hast du das herausgefunden?«)*. Um fachliches Lernen anzuregen, reichen diese beiden Formen der Unterstützung allerdings nicht aus. Dazu bedarf es *inhaltlicher* Unterstützungsmaßnahmen wie Vormachen, Modellieren, Zeigen, Hinweisen, Fragen und das Geben von Impulsen. Inhaltliche Unterstützungsmaßnahmen lassen sich wie folgt kategorisieren (Streit 2017b; 2018):

- Geschlossen – offen
  Die Interventionen der Lehrperson lassen sich nach dem Grad der Offenheit einteilen: Geschlossene Fragen und direkte Anweisungen sind eher mit einer gelenkten Gesprächsführung, offene Fragen hingegen eher mit einer ko-konstruktiven Gesprächsführung verbunden (▶ Tab. 2.1).
- Prozedural – konzeptuell
  Die inhaltlichen Unterstützungsmaßnahmen können eher auf den Aufbau von mathematischen Fertigkeiten bzw. prozeduralem Wissen[2]

---

2 Prozedurales mathematisches Wissen meint die Kenntnis von Symbolen und Verfahren, die für die Lösungsfindung nötig sind und ohne tieferes Verständnis angewandt werden können.

2.3 Die Rolle der Lernbegleitung beim (frühen) Mathematiklernen

und die Kenntnis von Begriffen bzw. Fakten oder aber auf den Aufbau von mathematischen Fähigkeiten bzw. konzeptuellem Wissen[3] zielen (▶ Tab. 2.2).

Tab. 2.1: Beispiele für inhaltliche Unterstützungsmaßnahmen: geschlossen – offen

Geschlossene inhaltliche Unterstützungsmaßnahmen	Offene inhaltliche Unterstützungsmaßnahmen
• Geschlossene Fragen: »*Der wievielte Stein in der Reihe ist rot?*«, »*Wie viele Punkte siehst du hier?*« • Direkte Anweisungen bzw. Instruktionen: »*Nimm zehn Steine.*«, »*Zeig mir das Quadrat.*«, »*Sortiere die Würfel nach Farben.*«	• Offene Fragen: »*Wie hast du so schnell erkannt, dass es sieben Plättchen sind?*«, »*Mit welchen Formen lässt sich das Dreieck noch auslegen?*« • Offene Aufgabenstellungen: »*Lege die Plättchen so hin, dass man auf einen Blick erkennt, dass es sieben sind.*« • Stille Impulse: Die Fach- bzw. Lehrperson beginnt die Vorlage mit einer passenden Figur auszulegen oder sie ordnet die Muggelsteine paarweise an, um dem Kind die nicht-zählende Anzahlerfassung zu erleichtern.

---

[3] Konzeptuelles mathematisches Wissen umfasst Aspekte des Verstehens und ist reich an Beziehungen. Nach Gerster und Schultz (2000) sind beide Wissensarten für das Lernen von Mathematik wichtig. Problematisch ist es aber, wenn nur prozedurales Wissen aufgebaut wird, denn dieses ist fehleranfällig und wird schnell wieder vergessen, z. B. wenn Verfahren, Fakten etc. nur auswendig gelernt und nicht verstanden wurden. Prozedurales Wissen ist einerseits eine wichtige Voraussetzung, um neues Wissen aufbauen und komplexe Probleme lösen zu können, es darf aber anderseits nicht losgelöst von konzeptuellen Wissensaspekten sein. So lässt sich bspw. das Verfahren der schriftlichen Multiplikation als Prozedur auswendig lernen. Das Vorgehen ist aber äußerst fehleranfällig, wenn vorausgehende Konzepte wie das der Multiplikation als Operation oder das Konzept des Stellenwerts nicht ausgebildet sind.

Tab. 2.2: Beispiele für inhaltliche Unterstützungsmaßnahmen: prozedural – konzeptuell

Inhaltliche Unterstützungsmaßnahmen, die auf den Aufbau von Fertigkeiten und prozeduralem Wissen zielen	Inhaltliche Unterstützungsmaßnahmen, die auf den Aufbau von konzeptuellem Wissen zielen
• Interventionen, die auf Fertigkeiten, Automatismen, Prozeduren zielen: »*Zähl mal ...*« • Die pädagogische Fach- bzw. Lehrperson fordert Begriffs- bzw. Faktenwissen ein: »*Wie heißt diese Figur?*«	• Die pädagogische Fach- bzw. Lehrperson regt zum Problemlösen an, erzeugt einen kognitiven Konflikt, regt Kinder an, Strategien anzuwenden: »*Du meinst, dass hier mehr Steine drin sind, aber die andere Box ist doch schwerer ...*« • Sie fordert Begründungen ein, regt Vergleiche an, kontrastiert: »*Warum passt diese Figur nicht in die Lücke?*«, »*Worin unterscheiden sich die beiden Körper?*« • Sie gibt Impulse und Anregungen, die auf das Erkennen von Strukturen und Beziehungen zwischen mathematischen Objekten zielen: »*Welche Körper passen zusammen? Warum?*«, »*Kannst du das Punktebild für die Sechs auch anders legen?*«

Alle Formen der Unterstützung sind wichtig. Grundsätzlich gilt, dass die Interventionen der pädagogischen Fachkraft oder der Lehrperson der Situation angemessen sein und der jeweiligen Zielperspektive entsprechen sollten. In der Praxis neigen Fachkräfte mitunter dazu, bestimmte Formen der Unterstützung zu bevorzugen. Eine bewusste Auseinandersetzung mit dem eigenen Fragestil, der Art und Weise Rückmeldung zu geben bzw. mit dem Kind ins Gespräch zu kommen, kann hilfreich sein, um das eigene Repertoire zu erweitern.

2.3.3 Das Modell in der Praxis: Freies Tätigsein mit Patternblocks

Das folgende Praxisbeispiel entstammt einer ersten Klasse aus dem Modellprojekt »Guter Mathestart«.[4] Es macht einerseits deutlich, welches Potential ein solches Setting hat: So liefert die Vielfalt der entstandenen Produkte und Ideen der Lehrperson viele Anknüpfungs- und Vertiefungsmöglichkeiten für das fachliche Lernen. Andererseits ist es genau diese Vielfalt, die die pädagogische Fachkraft oder die Lehrperson vor besondere Herausforderungen bezüglich der Lernbegleitung stellt. Dies gilt v. a. dann, wenn das Lernangebot so gestaltet ist, dass die Kinder keine inhaltlichen Vorgaben oder Aufträge im Umgang mit dem Material erhalten.

Bei einem Einsatz im Kindergarten muss die Lernbegleitung mit Blick auf die unterschiedlichen Altersgruppen und der damit verbundenen Heterogenität stärker individualisieren als in der ersten Klasse. Unterschiede zeigen sich auch im Anknüpfen: Während die im Modellprojekt beteiligten Lehrpersonen v. a. den curricularen Bezug hergestellt und die Angebote oft mit aktuell im Unterricht behandelten Themen verbunden haben, wurden im Kindergarten die weiterführenden Angebote stärker an die Ideen der Kinder angebunden.

Anbieten

Die Lehrperson präsentiert die Patternblocks (▶ Kap. 3.1) in großer Anzahl auf mehreren Tischgruppen, an denen jeweils vier bis sechs Kinder sitzen. Das Material ist den Kindern bereits bekannt, so dass die meisten gleich beginnen, mit den bunten Holzformen zu legen bzw. zu bauen. Einige Kinder erfahren das Material zunächst taktil: Sie wühlen mit ihren Händen durch den Haufen, breiten die Holzformen auf dem ganzen Tisch aus und schieben sie dann wieder zusammen.

---

4 In den Schuljahren 2015/16 und 2016/17 erprobten und evaluierten mehrere Kindergartengruppen sowie Schulklassen in der Nordwestschweiz im Rahmen des Projektes »Guter Mathestart« das Material und die Umsetzung des Modells in der Praxis – teilweise auch in institutionenübergreifenden Kooperationsgruppen.

Beobachten und Unterstützen

Die Lehrperson beobachtet das Tun und ermuntert nach einer gewissen Zeit all diejenigen Kinder, die noch unschlüssig erscheinen, ebenfalls mit dem Legen oder Bauen zu beginnen. Dazu verweist sie z. B. auf bereits bestehende Produkte an Nachbartischen.

Die Kinder an Tisch 1 legen zweidimensionale gegenständliche Bilder oder Muster: Leonard erzeugt nach eigenen Angaben einen »Roboter« (▶ Abb. 2.2, links), Marie legt aus den blauen Rauten sternförmige Rosetten (Mitte) und Lisa legt mehrere »schöne Muster« (rechts). Betrachtet man die Produkte durch die mathematische Brille, zeigt sich eine Gemeinsamkeit: In allen Figuren wird die Idee der Symmetrie sichtbar: Der Roboter weist eine vertikale Achsensymmetrie auf, die Rosetten sind mehrzählig achsen- und drehsymmetrisch, Lisas Produkte sind vertikal und horizontal achsensymmetrisch.

Abb. 2.2: Verschiedene Produkte aus dem freien Tätigsein mit Patternblocks

Die Lehrperson bittet Marie, ihr Vorgehen zu beschreiben, worauf diese erläutert, dass sie mit den blauen Steinen in der Mitte begonnen und dann mit weiteren Steinen »*immer weiter drum rum*« gelegt habe. Die Lehrperson fotografiert die Produkte und gibt den Kindern den Auftrag, ihre gelegten Muster oder Bilder aufzuzeichnen. Dazu stellt sie Papier und bunte Holzstifte zur Verfügung.

In der Zwischenzeit hat Raffael von Tisch 2 einen Turm aus den gelben Sechsecken gebaut. Er baut nicht auf dem Tisch, sondern auf dem Fußboden, damit er höher bauen kann. Als ihm keine Sechsecke mehr zur

Verfügung stehen, sucht er nach Alternativen und entdeckt dabei, dass er aus zwei roten symmetrischen Trapezen wieder ein deckungsgleiches regelmäßiges Sechseck erzeugen kann. Die Lehrperson greift die Idee auf und fragt Raffael, ob es noch weitere Plättchen gibt, aus denen sich ein Sechseck erzeugen lässt. Raffael experimentiert mit verschiedenen Formen, zwei andere Kinder beginnen ihn zu unterstützen und schließlich präsentieren die drei stolz Sechsecke aus sechs grünen gleichseitigen Dreiecken bzw. drei blauen Rauten (▶ Abb. 3.2).

Die Idee des Turms wird von den Kindern des dritten Tisches übernommen. Tom möchte einen Turm bauen, der so groß ist wie er selbst. Auch er nutzt zum Bauen den freien Platz neben der Tischgruppe. Leider stürzt der Turm immer wieder ein, bevor er die entsprechende Höhe erreicht. Die Lehrperson setzt einen verbalen Impuls: »*Vielleicht könnt ihr auch eine Reihe von Figuren legen, die genauso lang ist wie Tom.*« Der Vorschlag findet Gehör, und einige Zeit später liegen verschieden lange Reihen von Patternblocks auf dem Fußboden: eine so lang wie Tom, eine so lang wie Luisa usw. Dabei haben die Kinder unterschiedliche Formen verwendet: Tom verwendet die gelben Sechsecke, Luisa die grünen Dreiecke und Rebeccas Reihe enthält ganz unterschiedliche Figuren.

Moderieren

In der sich anschließenden Vorstellungsrunde haben die Kinder die Gelegenheit, die Produkte auf den anderen Tischen zu betrachten. Die Lehrperson lenkt die Aufmerksamkeit der Gruppe auf die unterschiedlichen Reihen von Patternblocks. Welche ist nun die längste? Zwei Reihen lassen sich gut vergleichen, weil sie fast nebeneinander liegen, aber die dritte befindet sich abseits. Sven schlägt vor zu zählen, wie viele Figuren da liegen, aber Luisa widerspricht und sagt: »*Das geht doch nicht, die sind doch ganz unterschiedlich groß*«. Die Lehrperson mischt sich in die Diskussion ein und erörtert an konkreten Beispielen gemeinsam mit den Kindern die Problematik der Vergleichbarkeit, wenn man Figuren, die unterschiedlich lang sind, als Maßeinheit verwendet.

Leonard und Lisa möchten nun auch ihre Produkte zeigen. Die Lehrperson geht darauf ein und bittet die beiden zu erklären, warum man diese spiegelsymmetrisch nennt. Lisa zeigt dies mit einem Spiegel: Sie hält den Spiegel entlang der Achse und sagt: »*Auf der Seite sieht's genauso aus wie hier, nur verkehrt herum.*«

Zum Schluss präsentiert Raffael seine Entdeckung: Er zeigt mit den Patternblocks, dass sich das gelbe Sechseck aus ganz unterschiedlichen Figuren zusammensetzen lässt.

Anknüpfen

Am nächsten Tag wird das Thema *Symmetrie* behandelt und so an die Produkte verschiedener Kinder angeknüpft. Der Einstieg erfolgt über die Kinderzeichnungen und Fotografien vom Vortag sowie über weitere Bilder und Gegenstände, die die Lehrperson mitgebracht hat. Im Gespräch werden die Bezeichnungen der Kinder wie »*spiegelverkehrt*« und »*das Gleiche auf der anderen Seite nochmal*« aufgegriffen und ausgehend davon die Eigenschaften achsensymmetrischer Figuren besprochen. Anschließend erhalten die Kinder den Auftrag, in Partnerarbeit verschiedene achsensymmetrische Figuren mit den Patternblocks zu erzeugen und mithilfe des Spiegels zu überprüfen, ob die Figur tatsächlich achsensymmetrisch ist und wenn ja, wie viele Spiegelachsen sie besitzt.

Didaktischer Kommentar

Die Lehrperson bietet das Material zum freien Tätigsein an (Phase 1) und beobachtet zunächst das Tun der Kinder (Phase 2), bevor sie Impulse setzt und die Kinder in ihrem Tun unterstützt (Phase 3). Sie setzt dabei unterschiedliche Formen der Lernbegleitung ein: Die Ermunterung der Kinder ist eine *emotionale* Art der Unterstützung, die Aufforderung an Marie, ihr Vorgehen zu beschreiben, eine *metakognitive*. Die Frage an Raffael und die Aufforderung an Tom zielen auf das Teil-Ganze-Verständnis bzw. auf erste Erfahrungen zum Messen, genauer zum indirekten Vergleichen mit willkürlichen Einheiten. Es handelt sich damit um *inhaltliche* Unterstützungsmaßnahmen. Die Lehrperson setzt v. a. offene Fragen und Impulse ein, die die Kinder zum Weiterdenken anregen und sie in ihrem Problemlöseprozess unterstützen. In der sich anschließenden Vorstellungsrunde werden die entstandenen Produkte präsentiert und besprochen, die Lehrperson moderiert und lenkt das Gespräch. Diese Phase (4) stellt zugleich einen vorläufigen Abschluss dar.

Die in Phase 3 erfolgte Aufforderung an einzelne Kinder, die entstandenen Produkte abzuzeichnen, zielt bereits auf Phase 5, nämlich das Anknüpfen. Ausgehend von den Ideen und Produkten der Kinder entscheidet die Lehrperson, im Weiteren das Thema Achsensymmetrie zu vertiefen. Es könnten aber auch andere Themen vertieft werden. So bietet die Idee von Raffael ein spannendes Erkundungsfeld: Welche Figuren lassen sich aus anderen erzeugen?

Nicht immer ist es aber angebracht, mit dem gleichen Material weiterzuarbeiten. Hätte sich die Lehrperson z. B. entschieden, die Idee des Messens im Kontext des Größenbereichs *Längen* aufzugreifen, wäre es günstiger, mit anderen Materialien weiterzuarbeiten, nämlich solchen, die sich besser als die Patternblocks als nichtstandardisierte Maßeinheit eignen, z. B. Holzstäbe oder Schnüre in gleicher Länge.

2.3.4 Das Modell in der Praxis: Das Spiel »Stechen«

Das folgende Praxisbeispiel entstammt einer Spielsituation mit Kindergartenkindern ein halbes Jahr vor Schulbeginn. Die Fachkraft führt das Spiel *Stechen* in einer Kleingruppe ein, woraus sich anschließend ein Spiel zu dritt – Fachkraft mit zwei Kindern – ergibt. Weitere Kinder verfolgen das Spielgeschehen zunächst als Zuschauerinnen und Zuschauer, bevor sie nach der ersten Spielrunde ein eigenes Spiel am Nachbartisch beginnen. Als Mitspielerin hat die Fachkraft viele Möglichkeiten, die Kinder inhaltlich zu unterstützen und herauszufordern. Insbesondere hat sie das gesamte Spielgeschehen der Gruppe im Blick, kann entsprechende Fragen stellen und Impulse setzen und ihre eigenen Spielhandlungen sowie ihre Überlegungen dazu verbalisieren. Da die Fachkraft aber nicht mit allen Gruppen spielen kann, ist die anfängliche Zuschauerrolle weiterer Kinder ein wichtiges Element der Spieleinführung. So lernen die zuschauenden Kinder nicht nur die Regeln des neuen Spiels, sondern auch Möglichkeiten der Verbalisierung kennen. Es hat sich gezeigt, dass Kinder Elemente aus dem beobachteten Spiel in ihr eigenes Spiel übernehmen. Als Fachkraft ist es wichtig, bei verschiedenen Gruppen mitzuspielen, aber auch aus der Rolle der Beobachterin mehrerer Spielgruppen, Impulse zu setzen und Fragen zu stellen.

Bei einem Einsatz in der Schule kann die Lehrperson z. B. mit den Kindern spielen, wenn das Spiel im Rahmen der Freiarbeit, Wochenplanarbeit oder in Förderstunden eingesetzt wird. Wird das Spiel im Klassenverband gespielt, erfolgt die Lernbegleitung stets aus der Beobachtung eines kurzen Spielausschnitts heraus, was an die Lehrperson hohe Anforderungen stellt. Spielprotokolle, die die Schülerinnen und Schüler führen, können der Lehrperson einen breiteren Einblick in der Spielverlauf geben, und ein weiterer Ausgangspunkt für Nachfragen und Impulse sein (genauere Informationen zum Spiel »*Stechen*« und seinen Regeln: ▶ Kap. 4.1.3).

Anbieten

Die Fachkraft hat Max und Felix ein neues Spiel mitgebracht, das sie gemeinsam spielen wollen. Sie sitzt mit beiden Kindern am Tisch. Drei weitere Kinder gesellen sich dazu und wollen das neue Spiel auch kennenlernen. Die Fachkraft hat einen Kartensatz mit ca. 60 Spielkarten, auf denen Punktebilder der Anzahlen eins bis sechs in unterschiedlichen Anordnungen und Farben aufgedruckt sind. Die Fachkraft stellt das Spielmaterial vor, indem sie eine Auswahl an Karten auf den Tisch legt (▶ Abb. 2.3). Sie verwendet dabei nur Karten mit den Anzahlen von drei bis sechs, da die Kinder bei Karten mit ein oder zwei Elementen i. d. R. keine Schwierigkeiten haben und diese zum Erfassen nicht in Teilmengen zerlegt werden müssen.

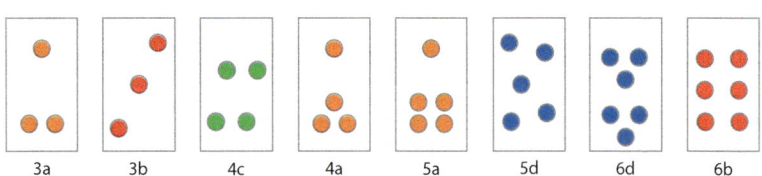

Abb. 2.3: Auswahl an Punktekarten mit drei bis sechs Punkten

2.3 Die Rolle der Lernbegleitung beim (frühen) Mathematiklernen

Die Fachkraft stellt den Kindern die (geschlossene) Frage, ob sie schon wissen, wie viele Punkte auf den Karten sind. Die Kinder benennen die Anzahl der Punkte, auch die zuschauenden Kinder beteiligen sich. Die Fachkraft schließt eine offene Frage an: »*Mhm, wie habt ihr denn das jetzt so schnell erkannt, wie viele das sind?*«

Dies ist der Ausgangspunkt für eine längere Passage, in der Felix seine Vorgehensweise zu unterschiedlichen Karten (▶ Abb. 2.3) erläutert, indem er sie in Teilmengen zerlegt oder auf bekannte Würfelbilder verweist. Max beteiligt sich, indem er die Gesamtanzahl nennt (Gesprächsausschnitt s. Kasten).

Felix: (nimmt sich die Karte 5a mit den fünf orangen Punkten) »*Also, ich habe hier geguckt, hab bemerkt, hier sind vier Punkte und da ist einer, fünf. Dann habe ich die hier gezogen…*« (nimmt sich die Karte 5d mit den fünf blauen Punkten)
Max: »*Fünf!*«
Felix: (zeigt mit dem Finger auf die Karte mit den fünf blauen Punkten) »*Da waren da zwei, da zwei, das sind vier und vier plus eins ist fünf. Und dann sieht man ja hier* (nimmt sich die Karte 3b mit den drei roten Punkten), *das sind ganz deutlich drei. Und hier* (nimmt Karte 4a mit den vier orangen Punkten) *sind drei. Hier sind drei plus eins…*«
Max: (unterbricht Felix) »*Macht vier! Und hier ist nochmal sechs.*« (legt die Karte 6b mit den sechs roten Punkten in die Mitte)

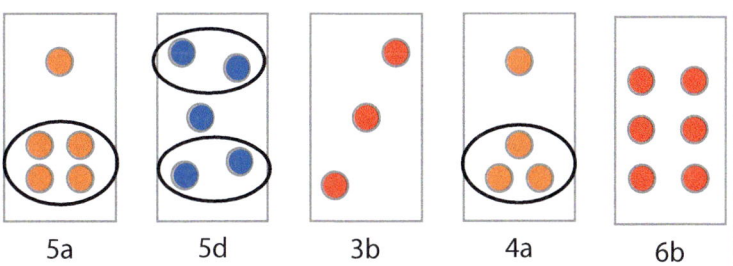

Abb. 2.4: Relevante Karten im Gesprächsausschnitt

Durch weitere (offene) Fragen rückt die Fachkraft die verschiedenen Anordnungen der Punkte auf den Karten in den Fokus: »*Mhm. Warum erkennt man denn die Sechs* (Karte 6b, ▶ Abb. 2.3) *so gut?*«, »*Aber die Sechs* (Karte 6d), *guck mal, die sieht anders aus. Wie kann man denn hier die Sechs gut erkennen?*« Felix verweist darauf, dass die Karte 6b »*genauso aussieht wie ein Würfel*«. Max ergänzt, dass man bei der Karte 6d die Sechs als drei und drei erkennen kann. Er kreist die beiden Teilmengen mit den Fingern ein. Damit greift Max die von Felix zuvor aufgebrachte Beschreibung der Karten über Teilmengen erstmalig auf.

Anschließend zeigt die Fachkraft allen fünf Kindern die Punktekarten aus Abbildung 2.3 jeweils nur kurz, ungefähr für die Dauer einer Sekunde. Die Kinder sollen nicht nur die Anzahl der Punkte erkennen und benennen, sondern auch stets erläutern, wie sie die Anzahl der Punkte ermittelt haben. Auch die zuschauenden Kinder nehmen nun Beschreibungen der Karten über Teilmengen oder Würfelbilder vor.

Im Anschluss an die Präsentation des Spielmaterials verteilt die Fachkraft die Karten, so dass alle drei Mitspieler – Felix, Max, Fachkraft – gleich viele Karten vor sich auf einem Stapel liegen haben. Jedes Kind ermittelt seine Kartenanzahl und es wird verglichen, ob tatsächlich alle dieselbe Anzahl an Karten haben. Dann deckt jedes reihum eine Karte auf. Wer die Karte mit den meisten Punkten hat, gewinnt den Stich. Wenn zwei oder mehr Kinder die meisten Punkten haben, gewinnt keines den Stich und jedes deckt erneut eine Karte auf.

Beobachten und Unterstützen

Im Laufe der ersten Spielrunde haben Max und Felix keine Probleme, die Punktemengen von eins bis sechs auf den Karten in den unterschiedlichen Anordnungen zu erkennen, miteinander zu vergleichen und Stichgewinne zu begründen. Daher regt die Fachkraft im weiteren Spielverlauf dazu an, vor dem Aufdecken der eigenen Karte Vermutungen über den Stichgewinn zu machen. Dies leitet sie durch die Modellierung eines Spielzuges ein. Felix hat bereits eine Eins aufgedeckt, Max eine Fünf. Die Fachkraft schaut unter ihre Karte, ohne dass die beiden Kinder die Karte sehen können und sagt: »*Oh, ich gewinne.*« Max reagiert sofort und stellt fest, dass sie dann eine Sechs haben muss. Dies bestätigt sich durch das Aufdecken der Karte.

Anschließend fordert sie die Kinder auf, zuerst unter die eigene Karte zu schauen und zu vermuten, ob sie gewinnen oder nicht, bevor die Karte für die anderen sichtbar aufgedeckt wird. Max meint, dass er sicher gewinnen wird, die Fachkraft denkt ebenfalls, dass sie gewinnen kann, Felix ist der Ansicht, dass er verlieren wird (▶ Abb. 2.5). Beim Aufdecken der Karten ist Max sichtlich überrascht: Sowohl er als auch die Fachkraft haben sechs Punkte auf ihrer Karte, also gewinnt keiner den Stich.

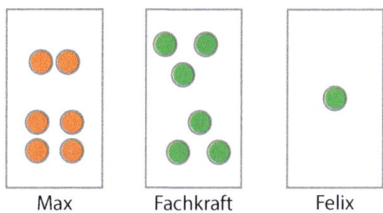

Max   Fachkraft   Felix

Abb. 2.5: Kartenkonstellation bei Vermutungen zum Stichgewinn

Moderieren

Die Fachkraft nutzt diese Situation, um durch Impulse und (offene) Fragen eine Zwischenreflexion für alle fünf Kinder anzuregen: »*Felix war sich sicher, dass er den Stich verliert. Warum hat er das gedacht? Max war sich sicher, dass er den Stich gewinnt. Warum hat er das gedacht? Warum hat er den Stich nicht gewonnen? Gibt es Karten, mit denen man tatsächlich immer gewinnt? Gibt es Karten, mit denen man tatsächlich immer verliert?*« Die Kinder diskutieren miteinander und stellen fest, dass man mit einer Sechs eigentlich immer gewinnt, aber es eine Ausnahme gibt, nämlich wenn ein anderes Kind auch eine Sechs aufdeckt. Bei der Eins wird nach wie vor vermutet, dass man immer verliert. Der Fall, dass alle Mitspielerinnen und Mitspieler eine Eins aufdecken und der Stich dann unentschieden ist, wird (noch) nicht gesehen.

Im Anschluss an die Zwischenreflexion wird der unentschiedene Stich (▶ Abb. 2.5) durch das Aufdecken dreier weiterer Karten entschieden. Zur Ermittlung des Rundengewinners zählen alle ihre Karten.

Anknüpfen

Nach der ersten Spielrunde fragt die Fachkraft die drei zuschauenden Kinder, ob sie mit einem eigenen Kartensatz das Spiel spielen wollen. Die Kinder gehen an den Nebentisch und beginnen ein eigenes Spiel. Für Max und Felix verändert die Fachkraft die Regeln, indem sie mit den beiden Kindern die Variante »Die mittlere Zahl« gewinnt spielt, die ein Vergleichen der Anzahlen nach oben und nach unten erfordert. Sie fragt weitere Kinder im Zimmer, ob sie bei der Einführung des Spiels zuschauen wollen.

Didaktischer Kommentar

Die oben beschriebene Szene macht deutlich, dass bereits bei der Präsentation des Spielmaterials und der Einführung der Regeln (Phase 1) das Vorwissen der Kinder durch geschlossene und offene Fragen erfasst werden kann und die Kinder durch die Fragen der Fachkraft in ihrem Lernprozess unterstützt und herausgefordert werden, also schon Elemente von Phase 2 und 3 sichtbar werden. Die Phase des Anbietens bietet also beim Einsatz von Spielen für die Fachkraft bereits viele Möglichkeiten zur Beobachtung und ist daher von den Phasen 2 und 3, dem Beobachten und Unterstützen, nicht immer klar zu trennen. Die ersten drei Phasen werden daher in Kapitel 4 nicht getrennt voneinander dargestellt.

Es lässt sich gut beobachten, wie alle Kinder ihr Vorwissen bei der Benennung der Anzahlen zunächst einbringen und nach der offenen Frage der Fachkraft in ihren Beschreibungen der Spielkarten aufeinander Bezug nehmen, bspw. indem sie Arten der Beschreibung und Formulierungen voneinander übernehmen. Vergleichbares gilt für das eigentliche Spiel. Weitere inhaltliche Herausforderungen werden von der Fachkraft durch vorheriges Vermuten über den eigenen Stichgewinn (Phase 3), die Zwischenreflexion zu einer besonderen Kartenkonstellation (Phase 4) und die Variation der Regel in der zweiten Spielrunde geschaffen (Phase 5). Es wird deutlich, dass die fünf Phasen der Lernbegleitung zwar durchaus unterscheidbar, aber dennoch eng miteinander verbunden und verwoben sind.

Wird das Spiel im Klassenverband gespielt, empfiehlt sich die Präsentation des Materials und die Einführung der Regeln im Klassenplenum, z. B. im Sitzkreis (Phase 1). Das Beobachten und Unterstützen durch die Lehrperson (Phase 2 und 3) erfolgt nicht aus dem Mitspielen heraus, sondern dem Beobachten an unterschiedlichen Tischgruppen. Die Art der Fragen und Impulse ist jedoch mit denen aus dem Kindergarten grundsätzlich vergleichbar. Lediglich das Modellieren, also das Verbalisieren der eigenen Spielhandlungen und der dabei stattfindenden Denkprozesse durch die Lehrperson entfällt, kann aber durch das Verbalisieren der Spielzüge der Kinder ersetzt werden. So könnte die Lehrperson bspw. Vermutungen zum Spielzug eines Kindes einbringen, statt zu ihrem eigenen Spielzug: »*Ich glaube, Linda wird den Stich gewinnen.*« Für eine Zwischen- oder Abschlussreflexion (Phase 4) können neben nachgestellten Spielzügen bzw. Bilder dieser Spielzüge auch Spielprotokolle der Kinder verwendet werden (vgl. Schuler, 2015a; ▶ Kap. 4.1.3). In Phase 5 können auch in der Schule Spielmaterialien und Spielregeln variiert werden. So wäre in der obigen Szene auch eine Variation des Spielmaterials (Punktbilder im Zehnerfeld von eins bis zehn) denkbar, um die Kinder auch in der zweiten Spielrunde entsprechend ihrer Vorkenntnisse herauszufordern.

3 Materialbasierte mathematische Lernsettings

Materialbasierte Settings haben für das mathematische Lernen ein großes Potential: Entsprechend aufbereitet können sie dazu beitragen, Zugänge zu (abstrakten) mathematischen Ideen zu ermöglichen. Ansätze für das frühe mathematische Lernen wie »Gleiches Material in großer Menge« (Lee 2010), »Mathe-Kings« (Hoenisch & Niggemeyer 2004) oder »MATHElino« (Royar & Streit 2010; Royar et al. 2017) haben gemeinsam, dass sie versuchen, genau dieses Potential nutzbar zu machen. Voraussetzung ist die Auswahl geeigneter Materialien. Solche sog. »konstruktiven« oder »mathematikhaltigen« Materialien zeichnen sich dadurch aus, dass sie einerseits eine gewisse Strukturiertheit aufweisen, andererseits aber auch flexibel in der Anwendung sind und – anders als bspw. ein Puzzle oder ein Bausatz – nicht in einem bestimmten Zustand »fertig« sind (Streit & Royar 2014). Ein Material bestehen i. d. R. aus vielen Einzelteilen, die entweder alle die gleiche Form haben und sich nur in der Farbe unterscheiden (wie die Spielwürfel, ▶ Kap. 3.3, und die Muggelsteine, ▶ Kap. 3.2) oder verschiedene Formen aufweisen, die aber immer irgendwie »zusammenpassen« (wie die Patternblocks, ▶ Kap. 3.1, und das Polydronmaterial, ▶ Kap. 3.4). Diese Eigenschaften – gekoppelt mit optisch und haptisch ansprechenden Qualitäten – haben einen hohen Aufforderungscharakter und regen Kinder zu vielfältigen mathematischen Tätigkeiten wie Ordnen, Klassifizieren, Vergleichen, Messen oder zum Legen von Mustern an.

Die Materialien selbst ›zeigen‹ allerdings noch nicht mathematische Ideen, diese können nur in der Vorstellung des Kindes entstehen. Entsprechend benötigt die handelnde Auseinandersetzung mit den Materialien eine darauf bezogene Sprach- und Denkhandlung, die möglichst durch die pädagogische Fachkraft bzw. die Lehrperson angeregt und unterstützt wird. So werden Eigenschaften der Objekte und die Beziehungen zwischen den Objekten für die Kinder erfahrbar – mathematische Ideen ›zeigen‹ sich so im konkreten Material und können expliziert und weitergedacht werden.

Die im Folgenden vorgestellten Materialien wurden in der Praxis erprobt und evaluiert. Sie können sowohl im Kindergarten als auch in der Grundschule sowie in Kooperationsaktivitäten eingesetzt werden. Die Materialien eignen sich für den Einsatz in freien wie auch in gelenkten Settings: Wird das Material in *freien Lernsettings* angeboten, entscheidet die Lehrperson nur über die Art der Darbietung und die Menge des Materials, das sie den Kindern zur Verfügung stellt. Idealerweise setzen sich die Kinder (auch im Kindergarten) in Gruppen zu einem festen Zeitpunkt und an einem festen Ort (sitzend an einer Tischgruppe oder am Boden in der Matheecke) mit einem bestimmten Material auseinander. So ist gewährleistet, dass *alle* Kinder mit den Materialien tätig werden. Für die pädagogische Fachkraft oder die Lehrperson besteht so die Möglichkeit, die Kinder gezielt zu beobachten und ggf. zu unterstützen.

In *gelenkten Lernsettings* dient das Material der Exploration einer mathematischen Frage- oder Aufgabenstellung. Während in freien Lernsettings der mathematische Aspekt der Situation für die Kinder durch geeignete Impulse oder Fragen oft erst sichtbar gemacht werden muss und die pädagogische Fachkraft oder die Lehrperson zusätzlich vor der Herausforderung steht, gleichzeitig unterschiedliche mathematische Themen aufzugreifen, ist der Fokus in den gelenkten Settings von Anfang an auf ein ausgewähltes mathematisches Thema gerichtet. Dies hat den Vorteil, dass Strukturierungs- und Lösungshilfen sowie andere Maßnahmen der direkten Unterstützung zumindest teilweise vorüberlegt bzw. vorbereitet werden können.

Es wird empfohlen, die Materialien zunächst zum freien Explorieren einzusetzen und erst im Anschluss daran gelenkte Settings durchzuführen. Im freien Setting zeigen sich bereits unterschiedliche Produkte, die vielfältige Möglichkeiten für eine fachliche Vertiefung aufweisen. Aus mathematikdidaktischer Perspektive ist es sinnvoll, beim Anknüpfen besonders diejenigen Produkte aufzugreifen, die das spezifische fachliche und fachdidaktische Potential des Materials nutzen. So können Kinder im freien Tätigsein durchaus mit den Patternblocks Handlungserfahrungen im Bereich des Messens machen (▶ Kap. 2.3.3), was in der situativen Lernbegleitung unbedingt aufgenommen und unterstützt werden sollte. Für eine fachliche Vertiefung des Messens eignen sich dann aber andere Materialien besser.

Die inhaltliche Zielperspektive, die dem »Anknüpfen« zugrunde liegt, bestimmt den weiteren Einsatz der Materialien. So kann das Material auch in veränderter Quantität oder Qualität neu angeboten werden. Hier unterscheiden wir insbesondere zwei Szenarien:

- Wird ein Material mit nur eingeschränkten Farben oder Formen angeboten, sprechen wir von *Materialverengung*.
- Wenn zusätzliche Materialien hinzugegeben werden, handelt es sich um eine *Materialerweiterung*.

Im Folgenden wird zunächst das mathematische bzw. mathematikdidaktische Potential des jeweiligen Materials beschrieben, dann werden Produkte und Ideen skizziert, die im freien Tätigsein mit den Materialien entstehen. Pro Material werden drei bzw. vier ausführliche Beispiele für gelenkte Lernsettings mit Bezug zum Prozessmodell der Lernbegleitung vorgestellt (▶ Kap. 2.3.1). Dabei ist zu berücksichtigen, dass die Ausführungen zur Phase »Anknüpfen« sich auf die Erfahrungen aus den Erprobungsgruppen beziehen und zugleich curriculare Bezüge umfassen. In der eigenen Praxis sollten in der Umsetzung der Phase des Anknüpfens grundsätzlich auch Ideen und Produkte aus der eigenen Kindergruppe berücksichtigt werden.

Am Ende jedes Kapitels finden sich Hinweise für Materialvariationen. Die dort erwähnten Materialien stellen entweder eine (kostengünstige) Alternative oder aber eine Erweiterung in Bezug auf das didaktische Potential des Ausgangsmaterials dar. Einsatzmöglichkeiten und didaktische Hinweise dazu finden sich im Onlinematerial.

3.1 Patternblocks

Die Patternblocks (▶ Abb. 3.1) bestehen aus fünf verschiedenen geometrischen Grundformen, die sich zudem farblich unterscheiden: Das gleichseitige Dreieck (grün), das Quadrat (orange), zwei verschiedene Rauten (blau bzw. naturfarben oder weiß), das symmetrisches Trapez (rot) und das gleichseitige Sechseck (gelb).[5] Die Patternblocks wurden in den 1960er Jahren im Rahmen der Elementary-Science-Studie (ESS) in Massachusetts (USA) entwickelt. Dieses Projekt hatte zum Ziel, die mathematische und naturwissenschaftliche frühe Bildung in Kindergärten und Schulen zu implementieren bzw. wissenschaftlich zu fundieren. Die Patternblocks sind in unterschiedlichen Materialien erhältlich: aus Holz, aus Kunststoff und neuerdings auch aus Filz.

Abb. 3.1: Patternblocks

---

5 Streng genommen handelt es sich bei den Patternblocks nicht um Modelle ebener Figuren, sondern um dreidimensionale Figuren, nämlich z. B. um Prismen mit dreieckiger Grundfläche. In unserer dreidimensionalen Welt existieren eigentlich keine Flächen, auch ein Papierplättchen hat eine gewisse Höhe. Wir betrachten also die Grund- und Deckflächen der Patternblocks und sprechen dennoch von Dreiecken, Rauten, Quadraten usw.

3.1.1 Das Potential des Materials

Die unterschiedlichen Figuren weisen gemeinsame Eigenschaften auf, die lückenlose Musterbildungen ermöglichen und das Erkennen von Beziehungen zwischen den verschiedenen Figuren begünstigen: Alle Figuren haben die gleiche (Grund-)Seitenlänge, beim symmetrischen Trapez weist die lange Grundlinie die doppelte Länge auf. Die Innenwinkel sind immer Vielfache von 30°. Sie betragen bei der kleinen Raute 30° und 150°, bei der großen Raute und beim gleichschenkligen Trapez 60° und 120°. Das gleichseitige Dreieck weist Innenwinkel von jeweils 60° und das Quadrat von 90° auf. Aufgrund dieser Eigenschaften lassen sich einzelne Figuren aus anderen erzeugen, so kann bspw. die blaue Raute aus zwei Dreiecken oder das Trapez aus drei Dreiecken oder einer blauen Raute und einem Dreieck zusammengesetzt werden. Für das regelmäßige Sechseck bestehen mehrere Zerlegungs- und Zusammensetzungsmöglichkeiten (▶ Abb. 3.2):

- sechs Dreiecke
- zwei Trapeze
- ein Trapez, eine blaue Raute, ein Dreieck
- ein Trapez, drei Dreiecke
- drei blaue Rauten
- zwei blaue Rauten, zwei Dreiecke
- eine blaue Raute, vier Dreiecke

Teile-Ganze-Beziehungen

Beim Zusammensetzen und Zerlegen werden (geometrische) Teile-Ganze-Beziehungen erfahrbar. Das Ganze (hier: das regelmäßige Sechseck) lässt sich aus verschiedenen Teilen (hier: Dreiecke, Rauten und Trapeze) zusammensetzen, die je unterschiedliche Eigenschaften aufweisen, aber dennoch in der Zusammensetzung immer das ›gleiche‹ Ganze erzeugen (▶ Abb. 3.2). Die Teile wiederum können in ihrer Zusammensetzung ein Ganzes mit neuen Eigenschaften bilden, ohne dass die einzelnen Teile darin völlig verschwinden. So lassen sich mit den Patternblocks Muster und

Figuren legen, die größer und bunter als jedes einzelne Teil sind – und trotzdem bleiben die einzelnen Formen als solche erkennbar.

Abb. 3.2: Ein Sechseck – viele Möglichkeiten

(Geometrische) Muster

Die Patternblocks eignen sich aufgrund der o. g. Eigenschaften in besonderem Maße dazu, geometrische Muster zu legen. In geometrischen Mustern wird ein Grundelement nach einer ›Regel‹ mehrfach angeordnet. Meistens spielt dabei die *Symmetrie* eine wichtige Rolle. In der Mathematik bezeichnet Symmetrie nicht nur das Phänomen, dass eine Figur symmetrisch ist, sondern auch die Abbildung, die dem Phänomen zugrunde liegt. Danach ist eine ebene geometrische Figur symmetrisch, wenn es mindestens eine *Deckabbildung* gibt, die die Figur auf sich selbst abbildet. Diese Deckabbildungen umfassen die Achsenspiegelung, Drehung, Punktspiegelung, Verschiebung sowie Kombinationen davon.

Die entstehenden Muster lassen sich unterteilen in *einfache geometrische Muster* wie z. B. Rosetten, die in sich selbst abgeschlossene Einheiten bilden, *Bandornamente*, die sich in eine Richtung (bis ins Unendliche) wiederholen, und *Parkettierungen*, bei denen die Ebene (theoretisch ebenfalls bis ins Unendliche) lückenlos und überlappungsfrei bedeckt wird.

Abbildung 3.3 zeigt solche einfache, in sich abgeschlossene Muster: Links ist eine mehrfach achsensymmetrische Figur abgebildet. Es lassen sich insgesamt sechs Spiegelachsen finden. Zugleich ist die Figur mehrfach drehsymmetrisch, sie lässt sich nämlich (neben der Volldrehung um 360°) durch eine Drehung um 60°, 120°, 180°, 240° sowie 300° auf sich selbst abbilden. Auch die rechte Figur in Abbildung 3.3 weist diese mehrfachen

Drehsymmetrien auf. Dennoch unterscheiden sich die beiden Figuren deutlich: Die rechte Figur ist nämlich ausschließlich drehsymmetrisch, eine Achsensymmetrie liegt nicht vor.

Abb. 3.3: Achsen- und Drehsymmetrien in Musterbilder aus Patternblocks

Bandornamente

Ein Bandornament ist ein lineares Muster, das man sich ›unendlich‹ denken kann – es ist translationssymmetrisch, kann also – in dieser Unendlichkeitsvorstellung – durch Verschiebung auf sich selbst abgebildet werden. Der kleinste Teil, mit dem man durch Verschiebung das Ornament fortsetzen kann, nennt man Ausgangsfigur oder Motiv. Neben der Verschiebung zeigen sich in Bandornamenten oft noch weitere Deckabbildungen, z. B. die Achsenspiegelung an der Mittellinie oder an Achsen senkrecht zum Band sowie die Punktspiegelung an Punkten der Mittellinie. Abbildung 3.4 zeigt, dass sich mit den Patternblocks Bandornamente erzeugen lassen, die ganz unterschiedliche Symmetrien aufweisen (▶ Abb. 3.4).

3.1 Patternblocks

Spiegelung an vertikalen Achsen, Punktspiegelung

Punktspiegelung, Spiegelung an vertikalen Achsen und horizontaler Achse

Spiegelung an vertikalen Achsen

Abb. 3.4: Bandornamente aus Patternblocks

Parkettierung

Eine Parkettierung, auch Kachelung oder Pflasterung genannt, ist eine lückenlose und überlappungsfreie Überdeckung der Ebene. Sie lässt sich erzeugen durch das wiederholte Verschieben (und ggf. Drehen oder Spiegeln) einer Ausgangsfigur, die wiederum aus mehreren Parkettsteinen bestehen kann.

Man unterscheidet zwischen *einfachen* Parkettierungen, deren Ausgangsfigur nur einen Parkettstein umfasst (▶ Abb. 3.5), und *komplexen* Parkettierungen (▶ Abb. 3.6, links). Bei diesen besteht die Ausgangsfigur (Abb. 3.6, rechts) aus zwei oder mehreren Parkettsteinen (Abb. 3.6, rechts), zusätzlich finden sich oft noch (lokale) Achsen- bzw. Drehsymmetrien. Abbildung 3.6 (links) zeigt eine komplexe Parkettierung, bei der die Ausgangsfigur nicht nur verschoben, sondern zusätzlich auch um 180° gedreht ist.

Abb. 3.5: Einfache Parkettierung

51

Abb. 3.6: Komplexe Parkettierung mit Ausgangsfigur und Parkettsteinen

Ein lückenloses Überdecken der Ebene gelingt nicht mit jeder beliebigen Ausgangsfigur. Bspw. ist eine einfache Parkettierung mit regelmäßigen Fünfecken nicht möglich. Abbildung 3.7 zeigt, dass beim Anlegen eine Lücke entsteht. Dies liegt darin begründet, dass beim Aneinanderlegen der Figuren ein Vollwinkel (360°) entstehen muss. Die Innenwinkel im regelmäßigen Fünfeck betragen aber 108°, dies ist kein Teiler von 360°, also bleibt eine Lücke (▶ Abb. 3.7).

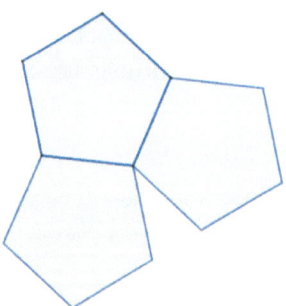

Abb. 3.7: Fünfecke bilden keinen Vollwinkel

Mit Dreiecken und Vierecken funktioniert es dagegen immer – ebenso wie mit regelmäßigen Sechsecken, da sich mit diesen Figuren grundsätzlich ein Vollwinkel erzeugen lässt. Damit eignen sich die Patternblocks hervorragend zum Parkettieren. Aufgrund der Vielfalt der Figuren gibt es sehr viele Möglichkeiten eine Ausgangsfigur zu generieren – von ganz einfachen, die aus nur einem Parkettstein (also einer Form) bestehen, bis hin zu komplexen, die aus mehreren Parkettsteinen bestehen. Bei einer Parkettierung mit Rauten und Quadraten lässt sich ein Muster erzeugen, das eine räumliche Wirkung erzeugt (▶ Abb. 3.8). Die Ausgangsfigur besteht aus einem Quadrat, einer weißen und einer blauen Raute.

Abb. 3.8: Räumlich wirkende Parkettierung, Ausgangsfigur rechts im Bild

Vielfältige Anregungen zum Einsatz von Parkettierungen in Kindergarten und Grundschule finden sich bei Eichler (2009) und Streit (2015a).

3.1.2 Typische Produkte, die im freien Tätigsein mit den Patternblocks entstehen

In dem 1970 in den USA erschienen »Teacher's Guide for Patternblocks« findet sich folgender Vorschlag zum didaktischen Umgang mit dem Material:

> »Take out the blocks, and play with them yourself. Try out some of your own ideas. Then, when you give the blocks to the children, sit back and watch what they do« (Ployer 1970).

Diesen Vorschlag umzusetzen, erscheint aus zweierlei Gründen sinnvoll: Zum einen eröffnet die eigene vertiefte Auseinandersetzung mit dem Material die Chance, den Blick für das mathematische Potential des Materials zu schärfen, was wiederum eine wichtige Voraussetzung für eine angemessene situative Lernbegleitung darstellt. Zum anderen sind der Aufforderungscharakter des Materials und die Vielfalt der entstehenden Produkte so groß, dass es sich lohnt, dieses Material den Kindern für einen längeren Zeitraum zum freien Tätigsein zur Verfügung zu stellen und die Kinder bei ihrem Tun intensiv zu beobachten.

Abbildung 3.9 zeigt einige typische Produkte aus dem freien Tätigsein mit den Patternblocks: Die Kinder legen nicht nur mit den Materialien, sondern bauen auch immer wieder Türme und andere dreidimensionale Bauwerke, deren Gestaltung sehr stark variiert (▶ Abb. 3.9). Oft zeigt sich ein gegenständliches Bauen bzw. Legen: Da werden schon mal die weißen Rauten als Weizen, die grünen Dreiecke als Gras, die blauen Rauten als Bachläufe und die gelben Sechsecke als Sonne interpretiert. Die Kinder verwenden die Patternblocks gelegentlich auch, um ›Mauern‹ oder sonstige Begrenzungen zu erzeugen. Interessanterweise entstehen in diesem Zusammenhang auch immer wieder Bandornamente, die dann aber eben nicht gelegt, sondern in die Höhe gebaut werden – dennoch entsprechen diese Produkte einem zweidimensionalen Muster. Oft erzeugen die Kinder in sich abgeschlossene Muster, die eine ›Mitte‹ aufweisen und achsen- und/oder drehsymmetrisch sind, bzw. einfache achsensymmetrische gegenständliche Figuren, die dann Roboter, Hasen etc. darstellen sollen.

Bei vielen Produkten nutzen die Kinder intuitiv die Beziehungen, die zwischen den einzelnen Formen der Patternblocks bestehen. Mitunter werden diese Beziehungen gar zum eigentlichen Thema ihrer ›Arbeit‹, z. B. wenn sie beginnen, einzelne Figuren – und dabei meist das gelbe Sechseck – aus anderen zusammenzusetzen oder eine bestimmte Fläche mit unterschiedlichen Figuren auszulegen (▶ Abb. 3.10).

Durch eine *Materialverengung*, die mit einer bewussten Auswahl der Patternblock-Formen einhergeht, lassen sich die entstehenden Produkte stärker steuern: Bspw. entstehen beim Anbieten von nur zwei Formen (z. B. gelbes Sechseck und grünes Dreieck ▶ Abb. 3.11) häufig Parkettierungen oder Bandornamente. So lassen sich diese mathematischen Ideen aufgreifen bzw. explizit machen. Im weiteren Verlauf kann dann durch die Beigabe weiterer Formen die Vielfalt der Ausgangsfiguren erweitert werden.

Abb. 3.9: Verschiedene Produkte, die im freien Tätigsein mit den Patternblocks entstehen

Abb. 3.10: Eine Fläche – viele verschiedene Auslegevarianten

Abb. 3.11: Parkettierung aus zwei Parkettsteinen

Impulse im freien Tätigsein mit den Patternblocks lassen sich auch über Bildkarten setzen, die unterschiedliche Muster bzw. Musteranfänge zeigen und die die Kinder anregen, die Muster nachzulegen bzw. fortzusetzen oder ähnliche Ideen zu entwickeln (→ OM 3.1.2).

3.1.3 »Viele verschiedene Sechsecke«

Die Aufgabe »Viele verschiedene Sechsecke« lädt zum Experimentieren ein und ermöglicht den Kindern, Erfahrungen mit den Eigenschaften von verschiedenen geometrischen Formen zu sammeln. Teile-Ganze-Beziehungen können visualisiert und im Gespräch explizit gemacht werden. Als Vorübung sollten zunächst die einzelnen Formen der Patternblocks benannt und in ihren Beziehungen zu anderen Figuren betrachtet werden. Die Kinder probieren, welche Figuren sich aus anderen Figuren zusammensetzen lassen und verbalisieren diese Beziehungen (»*Aus zwei grünen Dreiecken kann ich eine blaue Raute legen*«). Dabei können auch die verschiedenen Möglichkeiten der Zerlegung und Zusammensetzung des regelmäßigen Sechsecks erkundet werden (► Kap. 3.1.1, ► Abb. 3.2). Letzteres lässt sich auch zeichnerisch bearbeiten. Dazu können die (älteren) Kinder auf Vorlagen ihre unterschiedlichen Zerlegungen mit Buntstiften festhalten (► Abb. 3.12, → OM 3.1.3.1).

3.1 Patternblocks

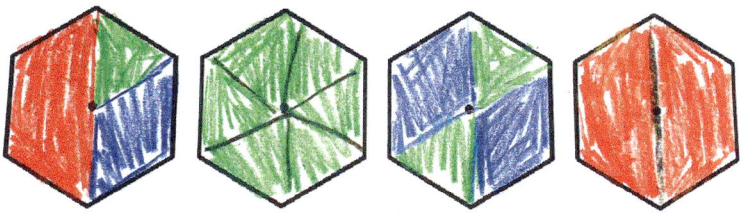

Abb. 3.12: Bearbeitung der 6-jährigen Mona

Material: Patternblocks (alle Formen); für jedes Kind ein Sechseck zum Auslegen (evtl. aus Karton und mit Filz beklebt, Vorlage ➔ OM 3.1.3.2); für die Variante der Aufgabe in der Schule: Spiegel, am besten ein MIRA-Spiegel[6].

Anbieten: Finde verschiedene Möglichkeiten, das Sechseck auszulegen!

Hinweise zur Aufgabe

Es gibt sehr viele unterschiedliche Möglichkeiten, die sechseckige Vorlage mit den Patternblocks auszulegen. Die weißen Rauten sowie die Quadrate eignen sich jedoch nicht. Dies können die Kinder durch Experimentieren herausfinden. Alternativ kann man diese Figuren auch aus dem Sortiment herausnehmen (»Materialverengung«).

Mit den Dreiecken, den blauen Rauten oder den Trapezen lässt sich das große Sechseck vollständig auslegen, mit den Sechsecken funktioniert das nicht. Hier benötigt man noch weitere Formen (▶ Abb. 3.13).

---

6 Der MIRA-Spiegel (Zauberspiegel) ist ein halbdurchlässiger ›Spiegel‹, der es ermöglicht, das Spiegelbild und Objekte hinter dem Spiegel in Beziehung zu setzen. Eine abgeschrägte Zeichenkante verhindert, dass das Spiegelbild versetzt wird. Dies erleichtert das genaue Abzeichnen des Spiegelbilds.

Abb. 3.13: Sechsecke auslegen

Beobachten und Unterstützen

Was lässt sich beobachten?

- Wie gehen die Kinder vor? Systematisch oder eher probierend? Beginnen sie in der Mitte? Oder am Rand? Verändert sich das Vorgehen im Laufe des Tuns?
- Welche Figuren wählen sie aus? Verwenden sie gleiche oder verschiedene Figuren?
- Zeigen sich in den Produkten der Kinder Symmetrien? Welche?

Mögliche Impulse für die situative Lernbegleitung

Wenn ein Kind Schwierigkeiten hat, einen ›Anfang‹ zu finden, können Sie es fragen: »*Wo kannst du beginnen? In der Mitte? In einer Ecke?*« Oder Sie legen ein gelbes Sechseck in die Mitte der Vorlage und fordern das Kind zum Weitermachen auf. Alternativ kann auch eine Vorlage vorbereitet werden, in der bereits bestimmte Teilfiguren eingezeichnet sind.

3.1 Patternblocks

Es bietet sich an, mit dem Kind darüber zu sprechen, welche Formen es verwendet und warum: »*Welche Formen verwendest du? Gleiche oder verschiedene? Wie viele verschiedene? Wie heißen diese Formen?*«

Legt ein Kind das Sechseck ausschließlich mit Dreiecken aus, lässt sich im Sechseck ein gleichseitiges Dreieck – bestehend aus neun kleinen Dreiecken – durch Herausschieben der entsprechenden Figuren, durch Auflegen eines vorbereiteten transparenten Foliendreiecks oder mithilfe von dünnen Holzstäbchen sichtbar machen (▶ Abb. 3.14, links). So erfahren die Kinder, dass die große sechseckige Vorlage aus sechs mittelgroßen gleichseitigen Dreiecken erzeugt werden kann, die jeweils wiederum aus neun kleinen grünen Dreiecksplättchen bestehen. Es empfiehlt sich, die o. g. Visualisierung zunächst als stillen Impuls einzusetzen. Sehen die Kinder die Analogie zum kleinen Sechseck oder müssen sie explizit darauf hingewiesen werden?

Entsprechendes ist beim Auslegen mit den blauen Rauten möglich: Hier erkennt man drei Rauten (▶ Abb. 3.14, rechts), die jeweils aus neun blauen Rautenplättchen bestehen.

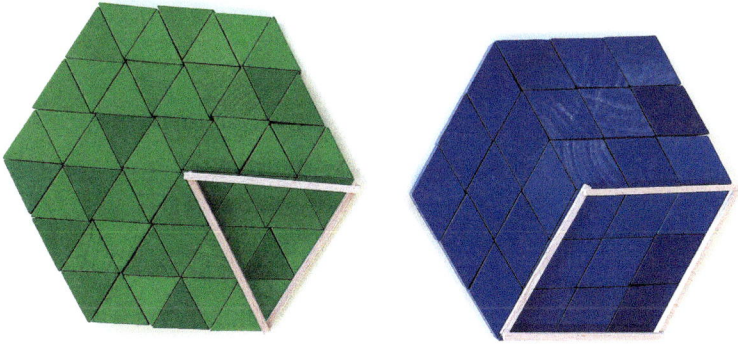

Abb. 3.14: Dreiecke und Rauten im Sechseck

Auch wenn verschiedene Formen für das Auslegen verwendet wurden, kann die Aufmerksamkeit auf das Erkennen von Sechsecken gelenkt werden: »*Siehst du im großen Sechseck auch kleine Sechsecke?*« Dabei soll das Kind angeregt werden, möglichst nicht nur die gelben Sechsecke zu ›sehen‹, sondern auch Sechsecke, die aus unterschiedlichen Formen zusammengesetzt sind. In Abbildung 3.15 finden sich neben fünf gelben Sechsecken ein weiteres, das sich aus einem roten Trapez, einer blauen Raute und einem grünen Dreieck zusammensetzt (▶ Abb. 3.15). Neben dem Erforschen von Teile-Ganze-Beziehungen lassen sich so Figur-Grund-Wahrnehmungen (s. Infokasten Visuelle Wahrnehmung ▶ Kap. 3.1.3) gezielt trainieren.

Abb. 3.15: Sechsecke im Sechseck

Entstehen beim Auslegen der Vorlage achsensymmetrische Muster, können Sie das Kind auffordern, die Spiegelachse(n) zu zeigen. Dazu ist der Einsatz eines Spiegels sinnvoll. Weist die Figur mehrere Spiegelachsen auf, können Sie auch eine Spiegelachse mithilfe eines Spiegels zeigen und dann das Kind fragen: »*Kannst du den Spiegel noch anders stellen? Findest du also noch weitere Spiegelachsen?*«

Moderieren

Die Kinder erhalten die Gelegenheit, die unterschiedlichen Auslegeideen zu betrachten und zu vergleichen. Der Fokus bei der Moderation kann dabei auf die verwendete Ausgangsfiguren gelegt werden: Wo wurde nur eine Ausgangsfigur verwendet? Wo mehrere und welche? Des Weiteren können Teilfiguren beschrieben werden: Finden sich in dem großen Sechseck auch kleine Sechsecke oder Dreiecke bzw. Rauten? Aus welchen Figuren bestehen diese (▶ Abb. 3.13, ▶ Abb. 3.14, ▶ Abb. 3.15)?

Anknüpfen

- »*Lege das Sechseck so aus, dass man möglichst viele verschiedene kleine Sechsecke sehen kann.*«
- »*Fülle das Sechseck mit genau einer Form/mit genau zwei verschiedenen Formen. Mit welchen Formen geht das, mit welchen nicht?*«

Anstelle des regelmäßigen Sechsecks können auch andere Auslege-Figuren zur Verfügung bereitgestellt werden, z. B. ein gleichseitiges Dreieck (→ OM 3.1.3.3). In diesem Zusammenhang können die Kinder auch die Erfahrung machen, dass sich nicht alle Formen zum lückenlosen Auslegen mit Patternblocks eignen. Dies gilt beispielsweise für Rechtecke.

Aufgabenvariante für den Einsatz in der Schule

Für den Einsatz in der Schule kann das Lernsetting durch folgende Aufgabenstellung erweitert werden (▶ Abb. 3.16, → OM 3.1.3.4): »*Fülle das Sechseck mit einem achsensymmetrischen Muster, zeichne dein Muster anschließend in das leere Sechseck. Findest du mithilfe des Spiegels die Spiegelachse(n)? Zeichne auch diese in dein Muster ein.*«

3 Materialbasierte mathematische Lernsettings

Abb. 3.16: Aufgabenbearbeitung einer Zweitklässlerin

> **Infokasten: Visuelle Wahrnehmung**
>
> Die visuelle Wahrnehmung ist eine »basale Teilleistung« (z. B. Gaidoschik, 2015, S. 15) für weiterführende kognitive Prozesse in ganz unterschiedlichen Bereichen, nicht nur in der Mathematik. Zugleich gilt sie als eine wesentliche Voraussetzung für die Entwicklung des räumlichen Vorstellungsvermögens, also der Fähigkeit mit vorgestellten, nicht sichtbaren Objekten zu operieren (s. Infokasten Räumliches Vorstellungsvermögen ▸ Kap. 3.3.3).
>
> Visuelle Wahrnehmung meint, sichtbare Objekte wahrzunehmen, also bspw. vor einem detailreichen Hintergrund oder als Teil einer Gesamtfigur zu erkennen (Figur-Grund-Unterscheidung), sie in verschiedenen Lagen, Größen, Färbungen oder bei räumlichen Objekten auch aus unterschiedlichen Blickwinkeln stabil wiederzuerkennen (Wahrnehmungskonstanz), Gemeinsamkeiten und Unterschiede zwischen Objekten (schnell) zu erfassen (visuelle Unterscheidung), ihre Lage und ihre räumlichen Beziehungen zueinander zu erkennen (Wahrnehmung räumlicher Beziehungen und der Raumlage) und diese visuellen Sinneseindrücke schließ-

lich im Gedächtnis zu speichern (visuelles Gedächtnis). Aufgaben zur visuellen Wahrnehmung erfordern oftmals auch die Koordination mit anderen Sinnen, insbesondere der Handmotorik (Auge-Hand-Koordination). Die visuelle Wahrnehmung setzt sich also wie das räumliche Vorstellungsvermögen aus verschiedenen Teilkomponenten zusammen. Die in diesem Kasten genannten Teilkomponenten gehen auf Frostig und Maslow (1978) und Lorenz (2008) zurück.

Der Übergang zwischen visueller Wahrnehmung und räumlichem Vorstellungsvermögen ist fließend. So betonen Franke und Reinhold (2016), dass Wahrnehmungs- und Raumvorstellungsprozesse bei der Bearbeitung von Aufgaben oft eng miteinander verbunden sind. Man kann allerdings auch festhalten, dass die genannten Teilkomponenten der visuellen Wahrnehmung bei Kindern im Übergang vom Kindergarten in die Grundschule i. d. R. besser und bereits weiterentwickelt sind als die Teilkomponenten des räumlichen Vorstellungsvermögens. Herausfordernd ist es aber auch für diese Zielgruppe, wenn zwischen *mehreren* Objekten Unterschiede und Gemeinsamkeiten *schnell* erkannt oder im visuellen Gedächtnis *gespeichert* werden müssen.

3.1.4 »Spieglein, Spieglein«

Das Lernsetting »Spieglein, Spieglein« soll die Kinder dazu anregen, unterschiedliche Figuren zu spiegeln und so einfach und mehrfach achsensymmetrische Figuren zu erzeugen. Es knüpft an die Vorkenntnisse der Kinder zur Symmetrie an und erweitert diese. Im Tun nutzen die Kinder intuitiv die Eigenschaften der verwendeten Figuren, was wiederum Prozesse des Begriffserwerbs unterstützt.

Als Vorübung für dieses Setting sollten die Kinder in achsensymmetrischen Mustern Spiegelachsen bestimmen. Dabei können die Kinder mit den Patternblocks eigene Muster legen, die im Anschluss mit einem Spiegel auf Achsensymmetrie untersucht werden. Auch in vorgegebenen Mustern können die Kinder mithilfe eines Spiegels die Achse(n) bestimmen und einzeichnen.

Material: Patternblocks (alle Formen); Bildkarten (→ OM 3.1.4.1, aus Vorlage ausgeschnitten und evtl. laminieren); Spiegel; falls vorhanden: zwei Korkplatten pro Kind.

Anbieten: Spiegle die Figur! Einmal, zweimal oder...?

Hinweise zur Aufgabe und zum Material

Die Aufgabe eignet sich für die Bearbeitung in Partnerarbeit. Das Paar wählt eine Bildkarte aus, beide Kinder legen die Figur nach. Nun spiegelt jedes Kind die Figur an einer Bildkante (möglichst ohne Sicht auf das Produkt des anderen Kindes). Anschließend vergleichen sie ihre Produkte. Sehen diese genau gleich aus? Wo wurden die Achsen angesetzt?

Die Materialkarten weisen unterschiedliche Schwierigkeitsgrade auf und können von der Lehrperson auch gezielt zur Differenzierung eingesetzt werden. Die Spiegelachse ist bewusst nicht vorgegeben. Dadurch können bei den Kinderpaaren unterschiedliche Produkte entstehen (▶ Abb. 3.19). Es ist allerdings wichtig darauf hinzuweisen, dass die Spiegelachse nicht innerhalb der vorgegebenen Teilfigur liegen soll, sondern einer Bildkante entspricht.

Zusätzlich gibt es auch Bildkarten, in denen die Spiegelachse bzw. die Spiegelachsen bereits auf den Bildkarten eingezeichnet ist/sind (▶ Abb. 3.17).

Der Einsatz von zwei bzw. vier Korkplatten verhindert das Verrutschen der Patternblocks und können bei entsprechender Anordnung (Kante entspricht Spiegelachse, ▶ Abb. 3.18) eine Hilfestellung sein – dies v. a. bei Figuren, die zweifach gespiegelt werden sollen.

3.1 Patternblocks

Abb. 3.17: Bildvorlagen mit eingezeichneten Spiegelachsen

Abb. 3.18: Legen auf Korkplatten

Beobachten und Unterstützen

Was lässt sich beobachten?

- Wie geht das Kind vor? Welche Bildkante verwendet es als Symmetrieachse? Mit welchen Figuren beginnt es? Verändert sich das Vorgehen im Laufe des Tuns?
- Zeigen sich Unregelmäßigkeiten bzw. ›Fehler‹? Welcher Art?
- Spiegelt das Kind die Figur tatsächlich oder ›verschiebt‹ es diese stattdessen?

Mögliche Impulse für die situative Lernbegleitung

Zunächst ist die zu klären, welche Bildkante als Spiegelachse verwendet werden soll: »*An welcher Linie möchtest du spiegeln?*« Dabei kann thematisiert werden, dass je nach Wahl der Spiegelachse unterschiedliche Endfiguren entstehen: »*Welche Formen siehst du in diesem Bild? Wie und wo liegen diese, wenn die Figur an dieser Kante gespiegelt wird?*«

Bei »Symmetriebrechungen«, also bei fehlerhaften Darstellungen, ist es sinnvoll, das Kind aufzufordern, das Ergebnis mit dem Spiegel zu überprüfen. Ein häufiger Fehler zeigt sich darin, dass die Ausgangsfigur oder Teile derselben verschoben statt gespiegelt werden (▶ Abb. 3.19).

Findet ein Kind bzw. ein Kinderpaar keinen Einstieg, kann es hilfreich sein, dass die Lehrperson damit beginnt, die Spiegelung selbst vorzunehmen, indem sie einen ersten Stein anlegt – möglichst als stillen Impuls. Zusätzlich kann eine Bildkante auf der Musterkarte als Spiegelachse markiert werden.

Abb. 3.19: Rauten und Quadrate wurden verschoben statt gespiegelt

Moderieren

Beim Vorstellen der Produkte der Kinder sollte der Fokus möglichst auf die unterschiedlichen Ergebnisse innerhalb der Partnerarbeit gelegt werden: Je nach Wahl der Spiegelachse entstehen ganz unterschiedliche Figuren (▶ Abb. 3.20).

Abb. 3.20: Unterschiedliche ›Endfiguren‹ aus der gleichen Ausgangsfigur (links): In der Mitte die Figur, die an der vertikalen Achse gespiegelt wurde, rechts die Figur, die an der horizontalen Achse gespiegelt wurde

Auch die Unterschiede zwischen den einfach und den mehrfach gespiegelten Figuren können thematisiert werden. Finden die Kinder in den ›fertigen‹ Figuren mithilfe eines Spiegels wieder die Spiegelachse?

Anknüpfen

Die Kinder können (mithilfe der Lehrperson) eigene Musterkarten erstellen, indem sie verschiedene Grundfiguren legen, die die Lehrperson dann fotografiert und aus den Fotos die Karten erstellt. Hier sind auch Varianten mit drei Achsenspiegelungen möglich (▶ Abb. 3.21, links).

Wenn die Kinder zu zweit arbeiten, legt zunächst jedes Kind eine Figur, das jeweils andere Kind ergänzt das Bild, indem es die Vorlage des Partnerkindes spiegelt. Zunächst müssen sich die Kinder auf die Position der Spiegelachse verständigen.

Die Figuren auf den Musterkarten können an parallelen Linien zweimal gespiegelt werden. Dadurch entsteht eine Figur, die aus der ursprünglichen Figur aus einer Verschiebung derselben entsteht (▶ Abb. 3.21, rechts).

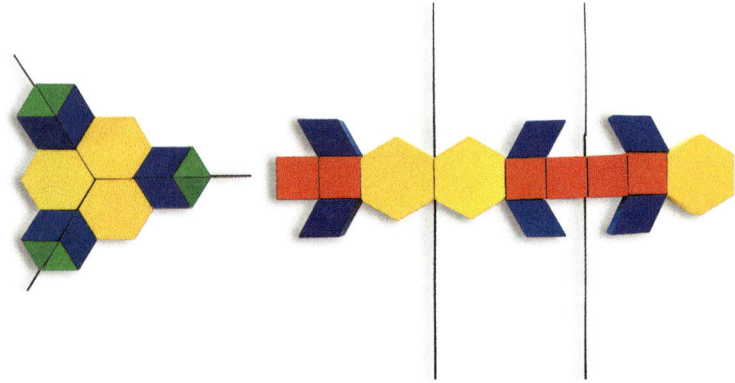

Abb. 3.21: Eine Figur mit drei Spiegelachsen (links) und eine an parallelen Achsen mehrfach gespiegelte Figur (rechts)

Infokasten: Symmetrie

Die Symmetrie wird auch als eine »fundamentale Idee« der Mathematik bezeichnet (z. B. Vohns 2007): Fundamentale Ideen machen mathematische Objekte und Begriffe auf der Basis von Phänomenen erfahrbar und sind auf den unterschiedlichsten Bildungsstufen vom Kindergarten bis zur Sekundarstufe konkretisierbar. Sie sind nicht ausschließlich in einzelnen Inhaltsbereichen angesiedelt, sondern weisen inner- und außermathematische Bezüge auf.

Entsprechend hat die fundamentale Idee »Symmetrie« nicht nur in der Mathematik eine große Bedeutung. Die Idee der Symmetrie durchzieht unsere gesamte natürliche und künstliche Umwelt. Symmetrische Objekte erleben wir als ästhetisch und harmonisch. Symmetrie ist aber nicht nur ein ästhetisches Prinzip. Unser annähernd symmetrischer Körperbau erleichtert uns die Fortbewegung und den aufrechten Gang,

Abweichung von der Symmetrie haben zumeist Störungen im Bewegungsapparat zur Folge. In der Technik gelten symmetrische Lösungen als optimal, das lässt sich gut erfahren, wenn man mit Kindern Papierflieger baut – ist der Flieger nicht ganz symmetrisch gefaltet, ist das Flugverhalten entsprechend schlechter. Setzt man die mathematische Brille auf, so verbindet man mit dem Begriff Symmetrie in erster Linie geometrische Objekte, die sich durch Spiegeln oder Drehen auf sich selbst abbilden lassen. Symmetrie kommt aber auch in der Arithmetik zum Tragen, so können Ziffernfolgen in Zahlen symmetrisch angeordnet sein, sog. Palindrome, z. B. 17671 oder 5115. Ein Palindrom entsteht auch, wenn man Zahlen miteinander multipliziert, die ausschließlich aus der Ziffer 1 gebildet werden, so ergibt 111 · 111 die Zahl 123321. In der Verbindung von Arithmetik und Geometrie lässt sich die Symmetrie für arithmetische Erkenntnisse nutzen: Symmetrisch angeordnete Zahlbilder erleichtern die nicht-zählende Anzahlerfassung. Auch die Kommutativität der Addition, wonach gilt, dass 5 + 2 = 2 + 5 ist, lässt sich durch eine drehsymmetrische Figur im Längenmodell veranschaulichen: Wenn ich die Figur – bestehend aus dem blauen Stab der Länge Fünf und dem roten Stab der Länge Zwei um 180° drehe, erzeuge ich eine deckungsgleiche Figur (▶ Abb. 3.22; Streit 2014).

Abb. 3.22: Visualisierung der Kommutativität

Symmetrie als grundlegendes Konzept zur Orientierung in der Welt scheint uns bereits ›in die Wiege gelegt‹ zu sein. Erkenntnisse aus der Säuglingsforschung deuten darauf hin, dass schon Unterschiede in der Wahrnehmung verschiedener Symmetrien existieren, noch bevor Kinder bewusst Erfahrungen mit symmetrischen Bildern und Gegenstände gemacht haben. Säuglinge im Alter von vier bis zwölf Monaten betrachten Bilder mit unterschiedlich symmetrischen – nämlich vertikalen und horizontalen Achsensymmetrien – sowie asymmetrischen

Mustern unterschiedlich lang. Daraus schließt man, dass junge Kinder bereits vertikale Symmetrien von horizontalen Symmetrien bzw. von Asymmetrien unterscheiden. Zwischen horizontalen Symmetrien und Asymmetrien unterscheiden sich die Aufmerksamkeitszeiten nicht, somit ist davon auszugehen, dass Säuglinge nur vertikale Symmetrie in besonderer Weise wahrnehmen. (Bornstein et al. 1981). Die besondere Rolle der vertikalen Achsensymmetrie zeigt sich auch noch bei Kindern im Vorschulalter, es fällt ihnen leichter, Figuren mit vertikaler als mit horizontaler Achsensymmetrie zu erkennen (Bornstein & Stiles-Davis 1984). Grundschulkinder können dies i. d. R., handelt es sich aber um eine schräge Achse, ist dies ein schwierigkeitssteigerndes Merkmal, ebenso wie Figuren mit mehreren Spiegelachsen (ebd.). Die Spiegelsymmetrie ist für Kinder schon früh bedeutsam und zwar nicht nur in Form der (zweidimensionalen) Achsensymmetrie, sondern v. a. auch in Form der (dreidimensionalen) Ebenensymmetrie, die in unserer realen Welt unmittelbar erfahrbar ist: So sind viele Lebewesen ebenensymmetrisch, die Spiegelebene verläuft von vorne nach hinten durch die Körpermitte. Entdeckungen mit Spiegelsymmetrie in unserer dreidimensionalen Welt machen Kinder auch schon, wenn sie im Spiegel ihr Spiegelbild entdecken. Der Spiegel verändert weder die Größe noch die Gestalt, er vertauscht nicht oben und unten, wohl aber die Seiten, wir sehen uns ›spiegelverkehrt‹. Diese Eigenschaft der Spiegelsymmetrie zeigt sich auch bei der Achsensymmetrie. Kinder entdecken, dass auf der anderen Seite der Achse ›das Gleiche nochmal‹ existiert. Sie müssen aber durch vielfältige Handlungsaktivitäten erst be-›greifen‹, was es bedeutet, eine Figur zu spiegeln und nicht z. B. zu verschieben. Vielfältige Anregungen dafür finden sich z. B. bei Ruwisch (2013).

3.1.5 »Schöne Bordüren«

In diesem Lernsetting[7] sollen die Kinder aus unterschiedlichen Patternblocks Bandornamente (»schöne Bordüren«) legen und die entstandenen Muster anschließend stempeln. Das »Abbilden« der eigenen Produkte mithilfe der Stempel ermöglicht Farbvariationen, wodurch sich Muster verändern lassen.

Die Stempel lassen sich einfach herstellen, indem auf die einzelnen Formen Moosgummi geklebt wird und dieses mithilfe eines Teppichmessers zugeschnitten wird.

Material: Patternblocks (alle Formen); Patternblockstempel; Farbe zum Stempeln oder Stempelkissen.

Anbieten: Erfindet und stempelt schöne Bordüren!

Hinweise zur Aufgabe

Das Setting kann Teil eines übergeordneten Projektes zum Thema »Schöne Bordüren« sein: So können z. B. bereits im Vorfeld Bandornamente in der Umwelt gesucht und beschrieben, durch Falten und Schneiden von Papierstreifen Bordüren erzeugt werden usw. Dabei können die Kinder erfahren, dass eine Bordüre aus einem (einfachen) Muster besteht, das in eine Richtung immer weiter ›verschoben‹ wird. Alternativ kann die pädagogische Fachkraft diese Erkenntnis auch gemeinsam in einer Einstiegsphase mit den Kindern erarbeiten, indem sie bspw. Fotos von Bandornamenten aus der Umwelt präsentiert und verschiedene Bandornamente aus Patternblocks legt, die die Kinder dann beschreiben bzw. weiterführen.

---

7 Idee nach https://mathelino.com/fileadmin/media/lernumgebung/Lernumgebung_Gestaltung_einer_Wandborduere.pdf.

Für die Bearbeitung der Aufgabenstellung bietet es sich an, dass immer zwei Kinder zusammenarbeiten und gemeinsam schöne Bordüren erfinden.

Anschließend wählen die Kinder ihre schönste Bordüre aus und stempeln diese auf mehrere Papierstreifen. Durch Aneinanderkleben der Streifen entsteht so eine lange Bordüre, die später im Raum aufgehängt werden kann.

Beobachten und Unterstützen

Was lässt sich beobachten?

- Wie gehen die Kinder vor? Welche Formen verwenden sie für das Erzeugen der Bordüre? Wenden sie eine ›Regel‹ an und verbalisieren sie diese auch? Oder gehen sie eher probierend vor? Wird die ›Regel‹ durchgehend angewandt oder finden sich in einer Bordüre mehrere Muster (▶ Abb. 3.23)?
- Handelt es sich um ein einfaches Muster oder ist die Ausgangsfigur eher komplex?
- Arbeiten die Kinder gemeinsam an der Vorlage oder entstehen zunächst mehrere Bordüren?
- Welche Vorgehensweisen zeigen sich beim Stempeln? Wie erzeugen die Kinder die Bordüre? Indem jedes Kind jede Figur des Ornaments nacheinander auf ein Papier stempelt oder stempeln die Kinder gemeinsam an einem Bandornament (»*Ich immer die gelben, du die roten usw.*«)?

Mögliche Impulse für die situative Lernbegleitung

Beim Erstellen der Vorlage kann man die Kinder bitten, ihr Muster zu beschreiben, indem sie zunächst die Ausgangsfigur zeigen und die verwendeten Figuren benennen: »*Aus wie vielen verschiedenen Steinen besteht eure Bordüre?*«

Gemeinsam mit den Kindern lässt sich die Ausgangsfigur im Bandornament extrahieren. Statt die einzelnen Steine einzeln anzulegen, kann das Bauprinzip auch lauten: »*Erstelle zunächst viele Ausgangsfiguren und reihe diese dann hintereinander an.*«

3.1 Patternblocks

Abb. 3.23: Kinderprodukte: Bordüren mit variierenden »Regeln«

Fehlerhafte Fortsetzungen des Musters können gemeinsam besprochen und anschließend von den Kindern selbstständig korrigiert werden. Das Gleiche gilt für sich ändernde Regeln innerhalb einer Bordüre (▶ Abb. 3.23).

Beim Stempeln können unterschiedliche Strategien thematisiert werden: »*Wie geht ihr vor? Schaut mal, wie Hanna und Lukas das machen…*«

Moderieren

Die gestempelten Bordüren werden im Raum aufgehängt. Die pädagogische Fachkraft fordert einzelne Tandems auf, ihr Muster zu beschreiben bzw. die im Ornament verwendete Ausgangsfigur zu zeigen. Anschließend lenkt sie das Gespräch auf Gemeinsamkeiten und Unterschiede der Bandornamente: »*Welche Bordüren sind gleich? Welche unterscheiden sich nur wenig? Welche sind sehr verschieden?*«, »*Wo wurden zwei (drei, vier) unterschiedliche Formen verwendet?*«, »*Worin unterscheiden sich diese beiden Bordüren?*« …

Anknüpfen

Für das Anknüpfen dienen die gestempelten Bordüren der Kinder als Ausgangspunkt: Nun sollen die Farben verändert werden, die Formen und die Anordnung derselben aber beibehalten werden. Wie verändern sich die Wirkung der Muster durch die veränderten Farben? Dabei ist zu beachten, dass für eine Form nicht unterschiedliche Farben verwendet werden.

Die Idee des Stempelns kann auch genutzt werden, um Parkettierungen zu erzeugen oder Formen wie z. B. ein großes Sechseck lückenlos auszulegen und dann ›auszustempeln‹. Auch hier kann mit Farbvariationen gearbeitet werden.

Abbildung 3.24 zeigt ein gestempeltes Sechseck, das aus sechs blauen Trapezen und sechs orangefarbenen Dreiecken besteht (▶ Abb. 3.24).

Abb. 3.24: Ein gestempeltes Sechseck

3.1.6 »Muster ohne Lücken«

Im Lernsetting »Muster ohne Lücken« wird die Idee des Parkettierens aufgegriffen. Die Kinder sollen in der Gruppe eine vorgegebene Fläche ohne Lücken und Überschneidungen bedecken und zusätzlich ihre ›Regel‹ beschreiben. Als Impulskarten stehen verschiedene Ausgangsfiguren zur Verfügung.

3.1 Patternblocks

Material: Patternblocks (alle Formen); Impulskarten mit Bildern von Parkettierungen oder möglichen Ausgangsfiguren (→ OM 3.1.6.1).

Anbieten: Legt ein schönes Muster ohne Lücken! Bedeckt den ganzen Tisch.

Hinweise zur Aufgabe

Dieses Setting erfordert nach der ersten Arbeitsphase der Kinder i. d. R. eine Zwischenreflektion der Ergebnisse und eine Fokussierung des Auftrags. Die Offenheit des Auftrags ist bewusst gewählt. Die Kinder sollen die Erfahrung machen, dass ein lückenloses und regelmäßiges ›Füllen‹ der Ebene mit den Patternblocks nicht zwingend funktioniert, v. a. dann, wenn viele verschiedene Parkettsteine gewählt werden (▶ Abb. 3.25).

Abb. 3.25: Fehlende Regelmäßigkeit beim Füllen der Ebene

In der Erprobung hat es sich als sinnvoll erwiesen, die Kinder zunächst in der Gruppe frei arbeiten und diskutieren zu lassen und nach einer gewissen Zeit die entstandenen Muster im Klassenverband zu betrachten. Die Präsentation von Bildern mit verschiedene Parkettierungen aus dem Alltag lenkt den Fokus auf die Eigenschaften einer Parkettierung: Sie ist lückenlos und weist bestimmte Regelmäßigkeiten auf. Am einfachsten ist eine Parkettierung, wenn sie sich auf eine Form beschränkt. Dann wirkt sie aber

75

auch etwas monoton. Wie können wir also abwechslungsreiche Parkettierungen erzeugen, deren Regel aber dennoch zu erkennen ist?

Beobachten und Unterstützen

Was lässt sich beobachten?

- Wie gehen die Kinder vor? Verwenden sie nur bestimmte Parkettsteine oder alle? Wenden sie eine ›Regel‹ an oder explorieren sie eher frei? Verändert sich das Vorgehen im Laufe des Tuns?
- Arbeiten die Kinder gemeinsam an einem Muster oder entstehen mehrere?
- Wie viele Parkettsteine verwenden die Kinder? Ist die Ausgangsfigur leicht erkennbar oder handelt es sich um eine komplexere Parkettierung?
- Zeigen sich Regelmäßigkeiten bzw. Wiederholungen? Können die Kinder diese beschreiben?

Mögliche Impulse für die situative Lernbegleitung

Falls zu viele oder nicht geeignete Kombinationen von Parkettsteinen gewählt werden, kann man die Kinder dazu anregen, zunächst eine Parkettierung mit zwei und anschließend mit drei Parkettsteine zu erproben. Dabei liegt der Fokus auf dem systematischen Probieren: »*Mit welchen Steinen funktioniert es gut, mit welchen ist es schwieriger* (z. B. mit der weißen Raute)?«

»*Wie lautet eure Regel?*« – So kann der Fokus auf die Ausgangsfigur gerichtet werden: Wenn es den Kindern (mit Unterstützung der Lehrperson) gelingt, diese zu bestimmen, kann das Parkett durch das wiederholte Anlegen immer derselben Figur ganz einfach erzeugt werden.

Finden die Kinder keinen Einstieg, kann es hilfreich sein, Parkettsteine vorzugeben oder eine Ausgangsfigur (▶ Abb. 3.6, Mitte) selbst zu legen – möglichst als stillen Impuls. Alternativ können die Impulskarten mit Beispielen von Ausgangsfiguren eingesetzt werden (→ OM 3.1.6.1).

Moderieren

Die Kinder sollen zunächst die Gelegenheit haben, die unterschiedlichen Parkettierungen auf den Tischen zu betrachten. Während des Rundgangs kann die Lehrperson anregen, Gemeinsamkeiten und Unterschiede zwischen den Parketten zu diskutieren. Anschließend werden ausgewählte Parkettierungen genauer betrachtet: Wie viele Parkettsteine wurden jeweils verwendet? Welche Formen? Je nach Lernstand der Gruppe kann zusätzlich die Ausgangsfigur der jeweiligen Parkettierung bestimmt werden.

Anknüpfen

Die Kinder einer Gruppe bestimmen ihre jeweilige Ausgangsfigur und zeichnen diese auf. Anschließend legt eine andere Gruppe damit das entsprechende Parkett. So erfahren die Kinder, dass mithilfe der Ausgangsfigur die ›Regel‹ einfach zu finden ist.

Parkettierungen können gestempelt werden, wodurch Farbvariationen möglich sind (▶ Kap. 3.5.1). In diesem Zusammenhang ist zusätzlich die sog. *Knabbertechnik* anwendbar: Wenn man von einem Parkettstein durch ›Ausknabbern‹ etwas wegnimmt und an einer anderen Stelle wieder anbringt, dann lassen sich so neue Parkettsteine erzeugen, mit denen man die Ebene ebenfalls lückenlos parkettieren kann. Abbildung 3.26 (links) zeigt, wie aus der Ausgangsfigur »Quadrat« auf einer Seite ein Rechteck ›ausgeknabbert‹ und an der gegenüberliegenden Seite wieder angefügt wird. So entstehen ›Hunde‹, die sich verzieren lassen und mit denen die Ebene lückenlos parkettiert werden kann (▶ Abb. 3.26, rechts). Dieses Gestaltungsprinzip wird auch in der Kunst genutzt. Viele Werke des Künstlers M.C. Eschers[8] basieren darauf.

---

[8] Der niederländischen Künstler M.C. Escher (1898–1972) beschäftigte sich intensiv damit, mathematische Strukturen in seiner Kunst darzustellen. U. a. beschäftigte er sich mit regelmäßigen Flächenfüllungen. Dabei ging er von einfachen Parkettierungen aus und veränderte diese kreativ, indem er an den Ausgangsfiguren durch die »Knabbertechnik« komplexe Veränderungen vornahm und sie anschließend verzierte. Weitere Informationen finden sich unter https://mcescher.com/.

3 Materialbasierte mathematische Lernsettings

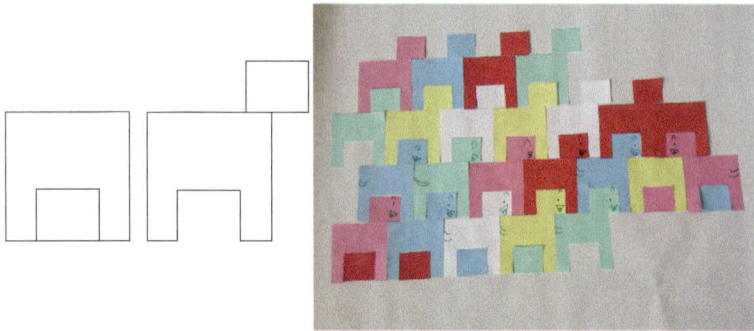

Abb. 3.26: Parkettieren mit der »Knabbertechnik«

Etwas Vergleichbares lässt sich aus den Patternblocks erzeugen: Die Beziehungen zwischen den einzelnen Figuren lassen sich nutzen, um aus dem Sechseck ein Stück ›auszuknabbern‹ und an einer anderen Stelle wieder einzufügen. Zum Herstellen eines entsprechenden Stempels kann man wie folgt vorgehen: Man legt aus sechs gleichseitigen Dreiecken ein Sechseck, entfernt ein Dreieck wieder und legt es an der gegenüberliegenden Seite des Sechsecks wieder an (▶ Abb. 3.27).

Die Steine der neu entstandenen Figur werden zusammengeleimt, die Bodenfläche mit Moosgummi beklebt und entsprechend zugeschnitten. So entstehen Stempelvorlagen, mit denen neue Parkettierungen durch Stempeln erzeugt werden können.

Abb. 3.27: Aus einem Sechseck wird rechts ein gleichseitiges Dreieck ›ausgeknabbert‹ und an der gegenüberliegenden Seite angehängt

> **Materialvariationen**
>
> Geometrische (ebene) Figuren gibt es im Handel in unterschiedlichsten Farben, Formen und Materialien. In der Praxis boten wir den Kindern Patternblocks aus Kunststoff und aus Holz an, es zeigte sich aber sehr schnell, dass die Holzfiguren von den Kindern (und übrigens auch von Erwachsenen) besser angenommen wurden als die Formen aus Kunststoff.
>
> Eine Alternative sind geometrische Figuren aus Filz. Der Vorteil ist eine deutliche Reduzierung des Geräuschpegels, außerdem können Klettmatten (▶ Abb. 3.28) als Unterlage verwendet werden. So verrutschen die Produkte nicht und können in der Vorstellungsrunde sogar angehoben bzw. an der Wand oder einer Tafel befestigt werden. Wir arbeiten mit unterschiedlichen Farb- und Formkombinationen. Hinweise zu den in den Erprobungen verwendeten Filzfiguren finden sich im Onlinematerial 3.1.7.
>
>
>
> **Abb. 3.28:** Filzfiguren auf schwarzer Klettmatte

3.2 Muggelsteine

Muggelsteine sind kreisrunde Glasnuggets aus Kunststoff, die v. a. in ihrer transparenten Ausführung bei den Kindern sehr beliebt sind. Es gibt sie in unterschiedlichen Farben und Größen. Muggelsteine werden v. a. im Kindergarten für unterschiedliche Aktivitäten eingesetzt. Die Muggelsteine sollten in vier verschiedenen Farben zur Verfügung stehen. Ein Set für einen Gruppentisch sollte mindestens 500 Muggelsteine enthalten.

Das Material lässt sich auch sehr gut in verschiedenen Spielen zur Förderung des Zahlbegriffs einsetzen (▶ Kap. 4.1).

3.2.1 Das Potential des Materials

Muggelsteine sind ein didaktisches Material, um Mengen bzw. Zahlen in der kardinalen Deutung zu visualisieren. Aufgrund ihrer runden Form eignen sie sich dafür besser als bspw. quadratische Plättchen, da letztere beim Aneinanderlegen keine Lücken erzeugen und so ein ›Ganzes‹ entstehen lassen, in dem die Teile nicht mehr unbedingt ›auf einen Blick‹ erkennbar sind (▶ Abb. 3.29).

Abb. 3.29: Die Darstellung der Zahl Acht mit runden und quadratischen Plättchen

Eine Menge lässt sich durch ihre Elemente beschreiben, deren Anzahl variieren kann. Sie kann nur ein oder auch kein Element enthalten – letzteres ist dann die ›leere‹ Menge – oder aber auch unendlich viele. In der Mathematik sind die Elemente einer Menge häufig Zahlen (z. B. die Menge der natürlichen Zahlen) oder Punkte im Raum. Die dahinterstehende Idee ist jedoch auf beliebige – auch konkrete – Objekte anwendbar, z. B. auf eine

Tüte mit Brötchen oder ein Bus mit Menschen. Für endliche Mengen ist die Mächtigkeit gleich der Anzahl der Elemente der Menge; man spricht auch von der Kardinalität. Die Muggelsteine können daher – wie jedes konkrete Objekt – zunächst einmal als Repräsentanten für Mengen betrachtet werden.

Um die Mächtigkeit einer Menge von Muggelsteinen zu bestimmen, wird jedem Stein genau ein Zahlwort zugeordnet. Man spricht auch von der *Eins-zu-Eins-Zuordnung*. Um welche Objekte es sich konkret handelt, spielt dabei keine Rolle. Es kann sich bspw. um die Kinder in einer Klasse oder auch um die Stühle in einem Klassenzimmer handeln, die dann immer genau einem Muggelstein zugeordnet werden.

Beim Zählen von Objekten werden aus den zu zählenden Objekten und den Zahlwörtern Paare gebildet, und zwar so viele, wie Objekte vorhanden sind. Das zuletzt genannte Zahlwort kann sowohl ordinal (Der wievielte Stein in der Reihe ist rot?) als auch kardinal (Wie viele Steine sind es?) gedeutet werden.

Beim nicht-zählenden Erfassen von Mengen spielt die strukturierte Darstellung der Objekte eine wesentliche Rolle: Bspw. kann eine Verdopplungsstrategie genutzt werden, wenn zwei ›Steinreihen‹ gleich lang sind. Auf diese Art und Weise lässt sich auch die sog. Simultanerfassung üben. Dabei wird den Kindern für eine kurze Zeit (ca. eine Sekunde) eine bestimmte Anzahl von Steinen präsentiert. Bei Mengen über vier oder fünf können wir die Elemente nur noch »quasisimultan« erfassen, d. h. durch das (unbewusste) Gruppieren von Teilmengen bilden wir aus mehreren Teilen das Ganze. Aus diesem Grund ist es wichtig, mit strukturierten Darstellungen zu arbeiten, so werden die Kinder dabei unterstützt sowohl das Ganze als auch dessen (unterschiedliche) Teile bewusst wahrzunehmen. Die Zahl Fünf kann bspw. auch als 2 + 3, 1 + 4 oder 2 + 2 + 1 dargestellt werden. Die unterschiedlichen Farben der Muggelsteine können neben der räumlichen Anordnung ebenfalls zur Strukturierung genutzt werden. Fünf Steine können aus zwei grünen und drei roten Steinen, aber auch aus einem grünen und vier roten Steinen gelegt werden.

Mit farbigen Muggelsteinen lassen sich Farb-Zahlen-Muster legen. Dabei lassen sich Muster mit *periodisch wiederkehrenden Grundeinheiten* und Muster mit *periodisch wachsenden Grundeinheiten* unterscheiden. Abbildung 3.30 (oben) zeigt ein wiederkehrendes Muster: ein grüner Muggelstein, dann zwei rote, wieder ein grüner, dann zwei blaue usw. Ein Beispiel für ein wachsendes Muster wird unten dargestellt: Ein roter Muggelstein, dann ein grüner, dann zwei rote Muggelsteine, dann zwei grüne, dann von beiden Farben jeweils drei usw.

Abb. 3.30: Wiederkehrendes Muster (oben) und wachsendes Muster (unten)

Muggelsteine eignen sich besonders gut, um Verbindungen zwischen Arithmetik und Geometrie aufzuzeigen. So lassen sich z. B. mit Muggelsteinen sog. *figurierte Zahlen* darstellen. Beispiele für figurierte Zahlen sind Quadratzahlen oder Dreieckszahlen. Arithmetisch lassen sich Quadratzahlen als Multiplikation einer Zahl mit sich selbst darstellen, geometrisch also als ein Quadrat. Dreieckszahlen können als Summe der ersten n natürlichen Zahlen beschrieben werden (▶ Abb. 3.31).

Abb. 3.31: Die Dreieckszahl Zehn besteht aus Summe der ersten vier natürlichen Zahlen

Mit figurierten Zahlen lässt sich die Struktur, die einer Zahl zugrunde liegt, hervorheben. Auch Beziehungen zwischen Zahlen können visualisiert werden. Baireuther (1997) spricht in diesem Zusammenhang auch von dem »Zahl-Form-Aspekt«: So haben geometrische Formen Zahleigenschaften, da sich eine geometrische Form durch Zahlen charakterisieren lässt: Ein Dreieck hat drei Ecken. Umgekehrt haben Zahlen in ihrer Visualisierung Formeigenschaften, so z. B. die o. g. Dreieckszahlen. Aber auch die Geometrisierung des Teile-Ganze-Prinzips (»Jede Zahl ist auf viele Arten die Summe ihrer Teile.«) gehört zum Zahl-Form-Aspekt.

3.2.2 Typische Produkte, die im freien Tätigsein mit den Muggelsteinen entstehen

Bunte Muggelsteine, die in großer Menge bzw. in einem ›Haufen‹ auf einem Tisch ausliegen, regen die Kinder dazu an, zunächst einmal im Material zu ›wühlen‹, es taktil zu erfahren. Jüngere Kinder beginnen nach einer Weile häufig, die Muggelsteine nach Farben zu sortieren (aus diesem Grunde sollten Sortierschälchen zur Verfügung stehen) oder gegenständliche Bilder zu legen. Oft handelt es sich dabei um Blumen, Häuser oder (menschliche) Figuren, die symmetrische Eigenschaften aufweisen. Auch ältere Kinder erstellen gegenständliche Produkte, zunehmend zeigen sich aber auch Muster, die manchmal linear, zumeist aber flächig oder in sich abgeschlossen sind.

Immer wieder haben wir beobachtet, dass einzelne Kinder wissen wollten, wie viele Muggelsteine es insgesamt gibt oder von welcher Farbe am meisten Steine vorhanden sind. Mitunter hat schließlich die ganze Tischgruppe an der Lösung eines solchen Problem ›gearbeitet‹. Da i. d. R. die Anzahl der Muggelsteine den Zahlenraum, den die Kinder bereits beherrschen, übersteigt, ist hier eine behutsame Begleitung durch die pädagogische Fach- bzw. Lehrperson wichtig. So können Hilfestellungen auf mögliche Strategien des Vergleichens und eine strukturierte Anordnung der Muggelsteine zielen (▶ Kap. 3.2.6, ▶ Kap. 3.3.5).

Werden die Muggelsteine verwendet, um ›Schlangen‹ zu erzeugen, stellen Kinder häufig die Frage, welche Schlange am längsten ist. Wenn die Schlangen nicht direkt nebeneinander liegen oder zusätzlich gewunden sind, ist ein direkter Vergleich nicht möglich. Dann benötigt es z. B. eine Schnur zum indirekten Vergleichen oder aber (für ältere Kinder) ein Maßband (▶ Abb. 3.32) zum indirekten Vergleichen mit einer standardisierten Einheit (s. u. Infokasten Umgang mit Größen).

Abb. 3.32: Wie lang ist die Schlange aus Muggelsteinen?

Manche Kinder legen Zahlbilder – dabei orientieren sie sich meist an den Würfelbildern von eins bis sechs. Ein großer Schaumstoffwürfel auf dem Tisch ist hierbei als stiller Impuls dienlich. Die Idee Würfelbilder kann auch aufgegriffen werden, um eigene Zahlbilder zu entwerfen oder die Reihe der Zahlbilder bis zehn oder zwölf fortzusetzen. Im Fokus steht dann das Nutzen von Strukturen zur Anzahlerfassung und damit die Frage: Erkenne ich die Anzahl ›auf einen Blick‹? Symmetrisch angeordnete Zahlbilder können hier nochmals eine besondere Beachtung erfahren (▶ Abb. 3.33, s. Infokasten Symmetrie ▶ Kap. 3.1.4)

Um ein Verrutschen der Muggelsteine zu verhindern, können Unterlagen aus Filz auf den Tischen bereitgelegt werden. Je nach Form der Unterlagen benutzen die Kinder diese mitunter auch als Vorlage zum Auslegen.

3.2 Muggelsteine

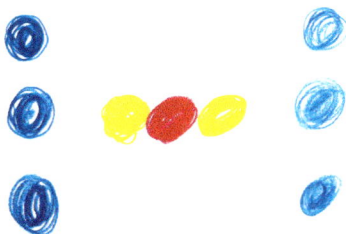

Abb. 3.33: Emilia (sechs Jahre) hat ihr Bild der Zahl Neun abgezeichnet

In der Praxis erweisen sich die Muggelsteine als ein Material, das mit Blick auf die Visualisierung von (An-)Zahlen, Zahlbeziehungen und Rechenoperationen vielfältige didaktische Einsatzmöglichkeiten aufweist (▶ Kap. 4.1), dessen Potential sich für das freie Tätigsein aber recht schnell erschöpft. Der Übergang vom freien zum gelenkten Setting kann hier schon recht früh und auch fließend erfolgen, indem die pädagogische Fachkraft oder die Lehrperson Impulse und Anregungen zum Weiterdenken liefert: So kann sie z. B. Musterbilder oder Fotos von Zahlbildern auf den Tischen auslegen oder (Filz-)Vorlagen (verschiedene Dreiecke, Vierecke, Kreise etc.) zum Auslegen bereitstellen.

> **Infokasten: Umgang mit Größen**
>
> Durch (verbale) Größenvergleiche (»genau so lang wie...«, »schwerer als...« und dem spielerischen Ausprobieren unterschiedlicher Messgeräte (z. B. Meterstab, Messbecher oder Waage ...) machen Kinder i. d. R. schon früh Erfahrungen mit Längen und Gewichten: Der Vergleich von Gewichten kann konkret durch das Abwägen unterschiedlicher Gegenstände in jeweils einer Hand erfolgen oder durch den Einsatz einer Balkenwaage. Längenvergleiche werden möglich, wenn zwei Stifte nebeneinandergelegt oder zwei Kinder Rücken an Rücken stehen. Man spricht in diesem Fall von *direktem Vergleichen*. Nicht immer ist es aber möglich zwei Gegenstände oder zwei Personen direkt zu vergleichen: Wenn man z. B. wissen möchte, welche Wand in einem fast quadrati-

schen Zimmer länger ist oder ob der Tisch höher als breit ist, dann benötigt man Hilfsmittel – beim Tisch vielleicht eine Schnur oder beim Vergleich der Zimmerlängen die Schrittlänge. Dann führt man einen *indirekten Vergleich* durch: »Das Zimmer ist so lang wie 24 Fußlängen.« Oder: »Der Stift ist so schwer wie sechs Muggelsteine.« Verwendet werden willkürliche oder nicht standardisierte Einheiten. Messen ist in diesem Verständnis ebenfalls ein indirektes Vergleichen, aber mit standardisierter Einheit, also z. B. mit dem Meter oder dem Kilogramm. Das exakte Messen durch Vergleichen mit standardisierten Einheiten kommt erst in der Schule zum Tragen, aber Vorerfahrungen der Kinder mit Messgeräten und Maßeinheiten können durchaus auch im Kindergarten aufgegriffen werden. Dazu gehören z. B. das Wissen um die (ungefähre) eigene Körpergröße oder die Erfahrung, verschieden schwere Gegenstände, wie 1 kg Zucker oder 100 g Schokolade in den Händen zu halten.[9]

3.2.3 »Bunte Schmetterlinge«

In diesem Lernsetting sammeln die Kinder erste Erfahrungen mit achsensymmetrischen Mustern. Ausgangspunkt sind Schmetterlinge, deren Flügel entsprechende symmetrische Anordnungen aufweisen (vgl. auch Reuter 2013).

Material: Muggelsteine in allen vier Farben; Auslegebild eines Schmetterlings (idealerweise schneidet man die Vorlagen aus Filz zu, da die Muggelsteine auf Papier sehr schnell verrutschen).

---

9 Text angelehnt an Streit & Royar (2015, S. 21 f.), verfügbar unter: https://www.bildungsraum-nw.ch/dokumente/copy_of_auflistungsblock-1/15-11-13_broschure_op_def2015.pdf/view.

Anbieten: Mach dem Schmetterling ein schönes Muster!

Hinweise zur Aufgabe und zum Material

Es bietet sich an, vor Durchführung des hier beschriebenen Settings die Auslegebilder den Kindern zunächst zum freien Auslegen zur Verfügung zu stellen. Wie füllen die Kinder die beiden Flügel? Legen sie zwei unterschiedliche Flügel oder zeigen sich bereits Symmetrien? Entstehen Muster? Können die Kinder diese beschreiben? Die Schmetterlinge der Kinder können anschließend mit Bildern von echten Schmetterlingen verglichen werden. Dabei kann auf das Thema Achsensymmetrie eingegangen werden, idealerweise in der Sprache der Kinder. So hat die 5-jährige Mona ihren Schmetterling wie folgt beschrieben: »*Der eine Flügel sieht genauso aus wie der andere – nur irgendwie verkehrt. Gespiegelt halt.*«

Das hier vorgestellte Lernsetting wird in Partnerarbeit durchgeführt. Jedes Kind gestaltet zunächst einen Flügel seines Schmetterlings, anschließend ergänzt es den zweiten Flügel des Partnerkindes – und zwar gespiegelt!

Beobachten und Unterstützen

Was lässt sich beobachten?

- Wie geht das Kind bei der Füllung des Flügels vor? Beginnt es in der Mitte? Oder am Rand? Verändert sich das Vorgehen im Laufe des Tuns?
- Wählt das Kind die Farben bewusst aus oder füllt es die Vorlage ohne erkennbaren Plan? Wird ein ›Muster‹ sichtbar?
- Füllt das Kind den Flügel lückenlos aus oder lässt es (bewusst) Lücken (▶ Abb. 3.34)?
- Beim Auslegen des zweiten Flügels ist darauf zu achten, ob das Kind das Muster des ersten Flügels tatsächlich spiegelt oder eher eine ›Verschiebung‹ durchführt.

3 Materialbasierte mathematische Lernsettings

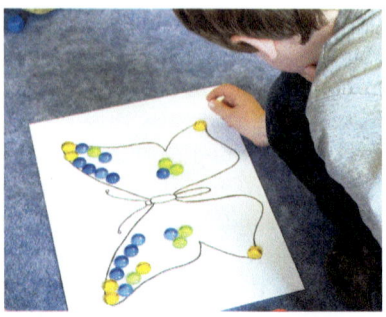

Abb. 3.34: Flügelmuster gespiegelt

Mögliche Impulse für die situative Lernbegleitung

Manche Kinder sind unsicher, wo sie beginnen sollen. Dann können Sie fragen: »*Wo möchtest du den ersten Stein legen? In der Mitte? Am Rand?*« Oder man legt selbst einen oder mehrere Stein(e) und fordert dann das Kind zum Weitermachen auf.

Es bietet sich an, mit dem Kind darüber zu sprechen, welche Farben es zum Füllen des ersten Flügels verwendet und warum. Auch erkennbare Muster können Sie mit dem Kind verbalisieren.

Beim Füllen des zweiten Flügels können Spiegel zur Verfügung gestellt werden: »*Überprüfe mit dem Spiegel, ob die Flügel spiegelsymmetrisch sind.*«

Moderieren

Die pädagogische Fachkraft wählt einige Schmetterlingsbilder aus, die im Stuhlkreis präsentiert und besprochen werden. Dabei können Symmetriebrechungen ebenso thematisiert werden, wie Gemeinsamkeiten und Unterschiede in den erzeugten Mustern.

Anknüpfen

- Die Idee des Auslegens lässt sich mit anderen, auch schematischen Formen umsetzen. Am einfachsten kann den Kindern ein Quadrat oder ein Kreis angeboten werden. Welche Muster entstehen dabei? Auch Dreiecke oder Sechsecke eignen sich zum Auslegen – zusätzlich stehen Vorlagen zur Verfügung, die die Kinder dann einfärben können (→ OM 3.2.3.1).

- Zum Erzeugen eines 5 x 5-Quadrats kann man bei Muggelsteinen mit einem Durchmesser von 2 cm Papierquadrate mit 10 cm Seitenlänge vorgeben. In einer solchen 5 x 5-Anordnung können nun Zahlbilder von eins bis sechs gelegt werden. Bei welchen Farbkombinationen ›sieht‹ man die Zahlbilder gut (▶ Abb. 3.35)? Wie lassen sich die Zahlbilder anordnen, damit man die Anzahl möglichst gut sehen kann? In diesem Kontext wird neben der Anzahldarstellung und -erfassung auch die Fähigkeit zur Figur-Grund-Unterscheidung trainiert (s. Infokasten Visuelle Wahrnehmung ▶ Kap. 3.1.3).

Abb. 3.35: Verschiedenfarbige Darstellung der Würfeldrei: In der rechten Darstellung ist die ›Figur‹ – nämlich die Würfeldrei – besser vom ›Grund‹ unterscheidbar

3.2.4 »Fehlerteufel – wiederkehrende und wachsende Muster«

In diesem Lernsetting geht es um lineare farbige Muster, die sich durch Anzahlen beschreiben lassen (»… *immer drei rote, dann ein blaues, dann zwei grüne* …«) und sich in ihrer Komplexität unterscheiden. Die Beispiele bestehen aus wiederkehrenden und wachsenden Mustern (▶ Abb. 3.30). Die pädagogische Fachkraft entscheidet je nach Lernstand und Vorkenntnissen der Gruppe, ob sie beide Musterarten gleichzeitig einsetzt oder die Auswahl auf die wiederkehrenden Muster beschränkt. Einige Muster enthalten eingebaute Fehler, auch hier besteht die Möglichkeit, zunächst ohne diese zu arbeiten oder sie nur bestimmten Kindern zur Verfügung zu stellen. Die ausgewählten Muster werden zu Beginn der Arbeitsphase in mehrfacher Ausfertigung auf den Tischen ausgelegt, so dass die Kinder selbst ihre Vorlage(n) aussuchen können.

Material: Muggelsteine in allen vier Farben; Musterbilder zum Fortsetzen (➔ OM 3.2.4.1, ausdrucken, ausschneiden und evtl. laminieren).

Anbieten: Wie geht es weiter? Aber Achtung: Der Fehlerteufel war da …

Im Sitzkreis werden unterschiedliche Muster besprochen. Dazu legt die pädagogische Fachkraft zwei unterschiedliche Muster (wenn vorhanden mit großen Muggelsteinen): ein wachsendes und ein wiederkehrendes (▶ Abb. 3.30). Nach der gemeinsamen Regelfindung und Verbalisierung derselben darf ein Kind den Fehlerteufel spielen und (genau) einen Fehler in ein Muster einbauen, indem ein beliebiger Muggelstein gegen einen andersfarbigen ausgetauscht wird. Die anderen Kinder halten sich in dieser Zeit die Augen zu: Wer findet den Fehler? Dieses ›Spiel‹ kann mehrmals wiederholt werden.

Hinweise zur Aufgabe und zum Material

Das auf der Karte abgebildete Muster soll nicht unmittelbar ›weitergelegt‹, sondern unterhalb der Vorlage zunächst nachgelegt und dann fortgeführt werden (▶ Abb. 3.36). Dies ist v. a. bei den Karten mit wachsenden Mustern wichtig.

Beobachten und Unterstützen

Was lässt sich beobachten?

- Wie geht das Kind vor? Betrachtet es zunächst die Musterkarte oder beginnt es sofort mit dem Legen? Legt es die Steine auf die Kreise auf der Musterkarte oder parallel dazu oder …?
- Welche Strategien zeigt das Kind im Umgang mit den wachsenden Mustern? Welche Unsicherheiten oder Fehler zeigen sich?
- Zählt das Kind die aufeinanderfolgenden Muggelsteine einer Farbe? Immer oder nur bei Anzahlen über drei? Wie zählt es? Laut? Durch Antippen der Muggelsteine? …
- Beim Arbeiten mit den ›Fehlerkarten‹ (▶ Abb. 3.36) lässt sich die Vorgehensweise des Kindes beobachten: Sucht es den Fehler bereits auf der Karte oder legt es erst einmal die Reihe nach und korrigiert dann?

Mögliche Impulse für die situative Lernbegleitung

Setzt das Kind das Muster fehlerfrei fort, ist es sinnvoll, das Kind zu fragen, ob es die ›Regel‹ beschreiben kann. Wenn sich Unregelmäßigkeiten in der Fortführung zeigen, können Sie die Musterkarte gemeinsam mit dem Kind betrachten und es fragen: *»Wie unterscheidet sich deine Reihe vom Bild?«* Manchmal kann es auch hilfreich sein, auf den Stein zu zeigen, der ersetzt werden muss oder den entsprechenden Stein zu entfernen: *»Welcher Stein passt?«*

Die unterschiedlichen Schwierigkeitsgrade der Musterkarten eignen sich zur Differenzierung: Wenn die ausgewählte Musterkarte dem Lernstand des Kindes nicht entspricht, können Sie gemeinsam mit dem Kind eine andere Karte auswählen.

3 Materialbasierte mathematische Lernsettings

Abb. 3.36: Erkennen von Regeln durch das Suchen und Finden von Fehlern

Moderieren

Im Stuhlkreis werden mögliche Schwierigkeiten und Probleme reflektiert. Dazu kann die pädagogische Fachkraft mehrfach aufgetretene Fehler thematisieren, indem sie den Kindern ein oder mehrere fehlerhafte Muster präsentiert und die Kinder bittet, dieses zu korrigieren und anschließend fortzusetzen. Auch die Aufforderung zur Verbalisierung der erkannten Regel unterstützt diese Phase des Reflektierens.

Anknüpfen

- Die Kinder erzeugen (auf den Blankovorlagen) eigene Muster und bauen selbst ›Fehler‹ ein. Das Partnerkind soll den Fehler finden (→ OM 3.2.4.2).
- Immer zwei Kinder arbeiten zusammen. Kind 1 legt ein eigenes Muster, welches Kind 2 nicht sieht. Kind 1 beschreibt sein Muster, Kind 2 legt es nach. Sind beide Muster gleich?

3.2 Muggelsteine

3.2.5 »Die Blumenzahl 7«

In diesem Lernsetting geht es um die »Blumenzahl 7«. Die geometrischen Eigenschaften bzw. eine spezifische räumliche Anordnung der bildlichen Darstellung der Zahl Sieben werden genutzt, um die Kinder beim Aufbau ihrer Fähigkeit zur nicht-zählenden Anzahlerfassung zu unterstützen. Unter dem Aspekt der Förderung des Teile-Ganze-Konzepts (▶ Kap. 2.2.1; Infokasten Zahlverständnis) erfahren die Kinder die unterschiedlichen Möglichkeiten der Zerlegung (und Zusammensetzung) der Zahl Sieben.

> **Infokasten: Zahlverständnis**
>
> Der Erwerb eines umfassenden Zahlverständnisses ist eine der wesentlichen Hürden auf dem Weg vom Zählen zum Rechnen, die Kinder im Laufe des ersten Schuljahres überwinden müssen. Bereits vor Schulbeginn hat der Grad der Ausprägung des Zahlverständnisses Vorhersagekraft für das spätere schulische Mathematiklernen (z. B. Krajewski & Schneider 2006). Das Zahlverständnis ist ein komplexes Konstrukt und setzt sich aus verschiedenen Teilaspekten zusammen, die im Laufe der Zeit in unterschiedlichen Zahlenräumen erworben werden müssen. Vor und zu Schulbeginn wird es i. d. R. zunächst im kleinen Zahlenraum bis zehn, später bis 20 erworben. Manche Kinder zeigen darüber hinaus auch schon bestimmte Teilkompetenzen in größeren Zahlenräumen, wie bspw. das Vorwärtszählen von eins an.
>
> Die wesentlichen Aspekte des Zahlverständnisses sind:
>
> 1. ein ordinales Zahlverständnis
>   – das verbale Zählen, also das (mündliche) Aufsagen der Zahlwortreihe zunächst vorwärts von eins an, das Weiterzählen von einer

beliebigen Zahl an, das Rückwärtszählen sowie das Zählen in Schritten.
- das (mündliche) Bestimmen von Vorgänger und Nachfolger.
- das Ordnen von Zahlzeichen (geschriebene Symbole) der Größe nach und das Bestimmen von Vorgänger und Nachfolger zu Zahlzeichen (z. B. vier kommt vor fünf).
2. ein kardinales Zahlverständnis
   - die Zahlauffassung durch Zählen, also das Bestimmen der Mächtigkeit einer gegebenen Menge durch das Aufsagen der Zahlwortreihe: »*Wie viele Steine liegen hier?*« Die Mächtigkeit der Menge kann am Ende des Zählprozesses entweder in Form eines Zahlwortes »fünf« oder in Form eines Zahlzeichens »5« angegeben werden.
   - die Zahldarstellung durch Zählen, also das Herstellen einer Menge vorgegebener Mächtigkeit durch das Aufsagen der Zahlwortreihe: »*Gib mir zwölf/12 Steine.*« Die Mächtigkeit der herzustellenden Menge kann entweder durch ein Zahlwort »zwölf« oder ein Zahlzeichen »12« vorgegeben werden.
   - die Zahlauffassung ohne Zählen, also das Bestimmen der Mächtigkeit einer gegebenen Menge auf einen Blick: »*Wie viele Steine liegen hier?*« Die Mächtigkeit der Menge kann entweder in Form eines Zahlwortes »fünf« oder in Form eines Zahlzeichens angegeben werden »5«.
   - die Zahldarstellung ohne Zählen, also das Herstellen einer Menge einer vorgegebenen Mächtigkeit mit einem Griff: »*Gib mir drei Steine.*« Die Mächtigkeit der herzustellenden Menge kann entweder durch ein Zahlwort »drei« oder ein Zahlzeichen »3« vorgegeben werden.
3. ein relationales Zahlverständnis
   - der Mengenvergleich: Hier sind mehr, weniger, gleich viele wie dort. Hier sind am meisten, am wenigsten.
   - die Teile-Ganzes-Beziehung, also das Zerlegen von Mengen in Teilmengen, z. B. der Vier in zwei und zwei oder eins und drei, sowie das Zusammenfassen von Teilmengen zu einem Ganzen.
   - die Differenzbeziehung, also das Bestimmen des Unterschieds zwischen Mengen.

Das Erkennen von Zahlzeichen (Symbolen) in dem Sinne, dass das passende Zahlwort zu einem Zahlzeichen genannt wird (7 – sieben) ist keine Kompetenz, die dem Zahlverständnis im engeren Sinne zuzurechnen ist. Aber so wie Kinder Zahlwörter mit inhaltlicher Bedeutung füllen müssen (ordinal: sieben kommt nach sechs und vor acht, kardinal: sieben steht für eine Menge mit sieben Elementen, relational: sieben setzt sich zusammen aus vier und drei oder sieben ist drei mehr als vier), müssen sie auch lernen, Zahlzeichen in derselben Art und Weise inhaltlich zu deuten. Dazu müssen sie Zahlzeichen erkennen und benennen und sie (aber erst in der Schule) auch schreiben können. Beides, sowohl Zahlwörter als auch Zahlzeichen, spielen im Prozess des Erwerbs eines ordinalen, kardinalen und eines relationalen Zahlverständnisses also eine Rolle. Da Kinder aber zunächst Zahlwörter erlernen und dann Zahlzeichen werden in den vorgestellten Spielen Zahlzeichen immer erst in einem zweiten Schritt verwendet. Zahlzeichen finden in Bezug auf alle *drei* Aspekte des Zahlverständnisses in den Spielen Verwendung.

Hinweis

Das Schreiben von Zahlzeichen ist keine Aktivität, die zum Aufbau eines Zahlverständnisses beiträgt und sollte daher im Kindergarten nicht im Sinne eines Schreiblehrgangs praktiziert werden.

Material: Muggelsteine; Vorlage zum Auslegen und Einfärben (➔ OM 3.2.5.1).

Anbieten: Lege viele verschiedene Blumen!

Hinweise zur Aufgabe

Es empfiehlt sich, die Kinder zunächst selbst entdecken zu lassen, wie viele ›Blütenblätter‹ um einen Muggelstein Platz haben. Dabei ist darauf zu achten, dass die Steine ohne Abstand aneinander liegen, da sonst mehr als insgesamt sieben Steine verwendet werden können (▶ Abb. 3.37).

Abb. 3.37: Korrekte (links) und fehlerhafte Darstellung (rechts) der Blumenzahl 7

Die Kopiervorlagen können sowohl als Legehilfe genutzt, aber auch zum Einfärben verwendet werden.

Beobachten und Unterstützen

Was lässt sich beobachten?

- Wie geht das Kind vor? Findet es außer dem klassischen Blütenmuster (ein Stein in der Mitte, sechs Steine in der gleichen Farbe außen herum) noch weitere Darstellungen (z. B. zwei Steine oben, drei in der Mitte, zwei unten)?
- Welche Zahlzerlegungen werden in den Darstellungen des Kindes sichtbar?
- Wie geht das Kind beim Finden unterschiedlicher Darstellungen vor? Systematisch variierend? Oder eher probierend?

Mögliche Impulse für die situative Lernbegleitung

Wenn die Fokussierung auf die Blumendarstellung sehr ausgeprägt ist, kann man das Kind zunächst die Darstellung beschreiben lassen (»...*ein Gelbes in der Mitte und sechs blaue außen herum*...«). Anschließend sollte gemeinsam überlegt werden, ob man auch drei Farben verwenden kann:

»*In der Mitte ein rotes, außen drei gelbe und drei grüne.*« Die Kinder können zudem angeregt werden, die Zahlzerlegung zu versprachlichen.

Mit Buntstiften können die farbigen Muster auch in der Vorlage eingezeichnet werden und die Zahlzerlegungen als Term bzw. Gleichung farbig aufgeschrieben werden (▶ Abb. 3.38).

Abb. 3.38: Verschiedene Zahlzerlegungen – Bild und Term

Moderieren

Die von den Kindern gezeichneten Zahlzerlegungen werden an der Tafel präsentiert und verglichen: »*Welche sind gleich (auch wenn unterschiedliche Farben verwendet wurden)?*«, »*Wie viele Zahlzerlegungen haben wir insgesamt gefunden?*«

Anknüpfen

Die pädagogische Fachkraft kann die Kinder das ›Muster‹ fortführen lassen (▶ Abb. 3.39, links): Aus der Blumenzahl Sieben wird die Blumenzahl 49 (7 x 7): »*Wie viele Siebener-Blumen haben um diese erste Blume herum Platz?*«.

Die ›Blume‹ kann mit einer weiteren Reihe von Muggelsteinen umlegt werden: Nun wird deutlich, dass die entstehende Form ein regelmäßiges Sechseck ist. Wie viele Muggelsteine werden benötigt (▶ Abb. 3.39, rechts)? Und wenn man noch eine weitere Umrandung legt?

Abb. 3.39: Figurierte Zahlen

Es kann mit anderen »figurierten Zahlen« (▶ Abb. 3.31) gearbeitet werden, z. B. mit der Dreieckszahl Zehn (➔ OM 3.2.5.2). Beim Arbeiten mit den Dreieckszahlen bietet es sich an, nicht nur mögliche Zerlegungen der speziellen Dreieckszahl Zehn zu betrachten, sondern die Dreieckszahlen an sich: Die Kinder können herausfinden, welche Zahlen zu den Dreieckszahlen gehören, wie sich diese verändern bzw. wie sich aus einer Dreieckszahl die nächste erzeugen lässt (▶ Kap. 3.2.1, ▶ Abb. 3.31).

3.2.6 »Anzahlen schätzen und visualisieren«

In diesem Lernsetting schätzen die Kinder in Gruppen die jeweilige Anzahl der blauen, gelben, roten und grünen Muggelsteine und überprüfen anschließend ihre Schätzungen, indem sie die tatsächlichen Anzahlen bestimmen. Dabei sollen sie die Muggelsteine möglichst so anordnen, dass man ›auf einen Blick‹ sieht, von welcher Farbe am meisten bzw. am wenigsten Muggelsteine vorhanden sind – es geht also um die strukturierte

Anzahldarstellung. Die gewählte Anzahl der Muggelsteine kann dem Lernstand der Klasse angepasst werden.

Material: Muggelsteine nach Farben getrennt; vier transparente Behälter für die Muggelsteine; DIN-A4-Papier.

Anbieten: Wie viele? Schätze und überprüfe!

Hinweise zur Aufgabe

Es empfiehlt sich, die Muggelsteine getrennt nach Farben in transparenten gleichgroßen Kunststoffbehältern zu präsentieren: Über das Volumen sollte bereits sichtbar werden, in welchem Behälter sich am wenigsten und in welchem sich am meisten Muggelsteine befinden. Zwei weitere Behälter sind mit der fast gleichen Anzahl an Muggelsteinen gefüllt (z. B. 34 rote, 98 grüne, 102 blaue und 147 gelbe).

Die Aufgabenstellung wird in Gruppen bearbeitet, jede Gruppe erhält möglichst die gleiche Anzahl an Muggelsteinen. Die Kinder sollen in der Gruppe zunächst die Anzahlen schätzen (s. u. Infokasten Schätzen). Währenddessen verbleiben die Muggelsteine in den Behältern. Die Kinder notieren ihre Schätzungen auf dem Papier. Anschließend beginnen sie, ihre Schätzungen zu überprüfen. Dabei erhalten sie den Hinweis, dass man möglichst auf einen Blick sehen soll, wie viele Steine es tatsächlich sind.

> **Infokasten: Schätzen**
>
> Das Schätzen ist abzugrenzen vom Raten. Es handelt sich dabei um einen mentalen Prozess des »Vergleichens mit Erfahrungswerten und Stützvorstellungen, ohne dass konkrete Hilfsmittel verwendet werden« (Weiher & Ruwisch 2018, S. 80).
>
> Aus mathematikdidaktischer Perspektive unterscheidet man das Schätzen einer Anzahl, das Schätzen des Ergebnisses einer Rechenaufgabe und das Schätzen einer Größe: z. B. der Länge einer Strecke, das Volumen eines Gegenstandes oder die Dauer eines Vorganges. Das qualitative Schätzen meint den Vergleich zweier Anzahlen oder Größen,

> das quantitative Schätzen erfordert die Nennung einer Zahl bzw. einer Größenangabe (z. B. 3 m).
> Um die Fähigkeit zum Schätzen zu fördern, sind immer wiederkehrende Gelegenheiten zum Schätzen notwendig. Um Schätzmethoden zu erlernen, sollten die Kinder die Möglichkeit haben, das eigene Vorgehen zu reflektieren und mit dem anderer Kinder zu vergleichen (Wessolowski 2014).
> Das Schätzen von Anzahlen und Größen benötigt einerseits unterschiedliche Vorkenntnisse (arithmetische Konzepte, Grundkenntnisse und Stützpunktvorstellungen von Repräsentanten usw.), trägt andererseits aber auch dazu bei, die Vorstellung von (großen) Anzahlen sowie von Messprozessen und den Umgang mit Maßeinheiten zu vertiefen (ebd.).

Beobachten und Unterstützen

Was lässt sich beobachten?

- Wie ist das Vorgehen in der Gruppe? Handeln sie die Schätzergebnisse aus? Begründen sie ihre Vorschläge? Finden sie einen Konsens oder notieren sie mehrere Vorschläge?
- Berücksichtigen die Kinder beim Schätzen der Anzahlen der unterschiedlich farbigen Muggelsteine das Volumen der einzelnen Füllungen: »*In diesem Behälter sind doch etwa gleich viele Muggelsteine wie in diesem…*«, »*Hier sind etwa dreimal so viele Steine wie dort…*«
- Welche Strategien zur Anzahlermittlung setzen sie ein? Beginnen sie sofort zu zählen oder nehmen sie Strukturierungen vor?
- Welche Darstellungsweisen wählen sie? Zehnerbündel, Orientierung am Hunderterpunktefeld oder …?

Mögliche Impulse für die situative Lernbegleitung

Beim Schätzen sollten die Kinder nach Begründungen bzw. Strategien gefragt werden: »*Wie seid ihr auf diese Zahl gekommen? Was habt ihr euch dabei überlegt?*«

Falls die Kinder den Volumenvergleich nicht nutzen, können Sie die Kinder anregen, zunächst die Menge zu schätzen, die am kleinsten ist, um dann zu überlegen, welches Vielfache dieser Anzahl sich etwa in den anderen Behältern befindet.

Beim Überprüfen der Schätzungen durch Ermitteln der Anzahlen ist es wichtig, den Kindern Alternativen zum Zählen anzubieten. Dazu reicht es mitunter schon, der Gruppe vier Blätter weißes DIN-A4-Papier zur geben und die Kinder nochmals auf die Aufgabenstellung hinzuweisen – nämlich die Anzahl so darzustellen, dass man möglichst auf einen Blick sieht, wie viele es sind. Dabei sollen sie die Muggelsteine einer Farbe auf einem Blatt anordnen. »*Welche Darstellung eignet sich besonders gut, dass man auch schnell sieht, dass es von den grünen genau vier Muggelsteine weniger gibt als von den blauen?*«

Sinnvoll kann es sein, mit den Kindern über die konkreten Strukturierungshilfen zu sprechen. Bei kleineren Zahlen sind unterschiedliche Bündelungen denkbar, bei größeren Anzahlen eignen sich multiplikative Darstellungen in Form von Rechteckdarstellungen (▶ Abb. 3.40, links). Lineare Anordnungen (rechts) eignen sich zwar um (kleinere) Differenzen zu erkennen (z. B. zwischen der Anzahl der roten und der grünen Steine), nicht aber um die Gesamtanzahl möglichst rasch, also ohne zu zählen, zu bestimmen.

Abb. 3.40: Verschiedene Darstellungen zur Anzahlerfassung

Moderieren

Im Klassengespräch können zunächst die Schätzvorschläge besprochen werden. Welche Gruppe kam den tatsächlichen Ergebnissen am nächsten? Welche Strategien zur Anzahlbestimmung wurden verwendet? Danach werden die verschiedenen Anzahldarstellungen betrachtet und verglichen: Welche Strukturierungen wurden vorgenommen? In welchen Darstellungen erkennt man die Anzahl besonders gut ›auf einen Blick‹?

Anknüpfen

Die Schätzübungen können mit unterschiedlich geformten Gläsern fortgesetzt werden: Während zunächst gleich große Behälter gewählt werden sollten, evtl. zusätzlich ein Vergleichsglas mit einer bekannten Menge von Muggelsteinen (»*In diesem Glas sind 100 Muggelsteine.*«), können später die Größe und Form variiert werden: z. B. Gläser mit größerem bzw. kleinerem Durchmesser. In diesem Zusammenhang sollten Schätzstrategien thematisiert werden: »*Wie viele Muggelsteine bedecken etwa den Boden des Glases? Wie viel mehr brauche ich dann, um das halbe Glas zu füllen?*« usw.

Fordern Sie die Kinder auf, die Muggelsteine einer Farbe in kleinere, aber etwa gleichgroße Portionen aufzuteilen. Nun kann die Anzahl einer Portion bestimmt werden und anschließend über die Anzahl der Portionen auf die Gesamtzahl der Muggelsteine (einer Farbe) geschlossen werden. Ebenso kann mithilfe eines Rasters geschätzt werden. Dazu können die Muggelsteine möglichst gleichmäßig auf einem DIN-A3-Papier verteilt werden, auf dem ein Quadratgitter mit 10 cm Seitenlänge eingezeichnet ist.

Es bietet sich auch an, Übungen zum Schätzen von Anzahlen mit anderen Materialien durchzuführen, z. B. mit den Spielwürfeln. Diese werden in den gleichen Behältern präsentiert, wie zuvor die Muggelsteine: »*Wie viele Muggelsteine passen in den Behälter? Und wie viele Würfel?*«

Materialvariationen

Eine preiswerte Alternative zu den Muggelsteinen sind runde Plättchen aus Pappe (▶ Abb. 3.41, links). Diese können als Kiloware sehr günstig bei verschiedenen Bürobedarfsherstellern bezogen werden. Die Plättchen fallen als Abfallprodukt für das Eingriffsloch von Aktenordnern an. Sie werden in verschiedenen Farben geliefert, eine Farbwahl kann man i. d. R. nicht vornehmen. Eine Seite der Plättchen ist i. d. R. weiß.

Eine weitere Materialvariation zu den Muggelsteinen stellen bunte Holzfiguren dar (▶ Abb. 3.41 rechts). Durch ihre besondere Form und mit einer Höhe von 4 cm sind sie besonders für jüngere Kinder gut ›greifbar‹.

Hinweise zu Einsatzmöglichkeiten dieser beiden Materialvariationen finden sich im Onlinematerial 3.2.7.

Abb. 3.41: Bunte Plättchen aus Pappe und Holzfiguren

3.3 (Spiel-)Würfel

Der Würfel ist einer von fünf platonischen Körpern. Seine Seitenflächen bestehen aus sechs deckungsgleichen Quadraten. Zudem weist der Würfel zwölf gleich lange Kanten und acht Ecken auf, an denen je drei Seitenflächen rechtwinklig aufeinandertreffen.

Beim Spielwürfel sind die sechs Seitenflächen mit Punktebildern von eins bis sechs bedruckt. Die Spielwürfel sollten in vier verschiedenen Farben zur Verfügung stehen. Ein Set für einen Gruppentisch umfasst etwa 100 Würfel von jeder Farbe.

3.3.1 Das Potential des Materials

Ein Würfel aus Holz oder Kunststoff stellt ein sog. *Massiv-* oder *Vollmodell* dar (Franke & Reinhold 2016). Die Eigenschaften der Körper lassen sich bei dieser Art von Modellen haptisch gut erfahren, die Flächen, Ecken und Kanten der Körper sowie die Anzahl derselben sind ›greifbar‹.

Wenn man einen Würfel auf Papier, also zweidimensional darstellen möchte, hat man mehrere Möglichkeiten. Häufig wird der Würfel als Parallelprojektion in der Ebene abgebildet. Eine gängige Parallelprojektion bei geometrischen Körpern ist das *Schrägbild*. Hier treffen die parallel verlaufenden Lichtstrahlen schräg auf die Projektionsfläche. Bei der senkrechten Parallelprojektion treffen die parallelen Lichtstrahlen senkrecht auf die Projektionsfläche. Je nach Lage der Projektionsfläche entstehen verschiedene Ansichten des Körpers z. B. Grundriss, Aufriss oder Seitenriss. Beim Würfel ist es egal, ob man von oben (Grundriss), von der Seite (Seitenriss) oder von vorne (Aufriss) darauf schaut. Man ›sieht‹ jeweils ein Quadrat.

Möchte man aus den kleinen Würfeln größere Würfel bauen, dann benötigt man für den nächstgrößeren Würfel acht (kleine) Würfel. Dieser hat die doppelte Seitenlänge, aber das achtfache Volumen. Der Würfel mit der dreifachen Seitenlänge hat dann schon das 27-fache Volumen. Man benötigt also 27 (kleine) Würfel. So lässt sich zugleich die Folge der Kubikzahlen visualisieren: $1^3 = 1$, $2^3 = 8$, $3^3 = 27$ usw. (▶ Abb. 3.42, links).

Damit eignen sich Würfel, um *figurierte Zahlen* im dreidimensionalen Raum darzustellen. Abbildung 3.42 (Mitte) zeigt den Beginn der Folge der Quadratzahlen: ein Würfel in der obersten Ebene (1^2), vier Würfel in der zweiten Ebene (2^2), neun Würfel in der dritten Ebene (3^2) usw. Rechts wird (von oben nach unten betrachtet) die Folge der ungeraden Zahlen illustriert: 1, 3, 5, 7 … (▶ Abb. 3.42).

3.3 (Spiel-)Würfel

Abb. 3.42: Figurierte Zahlen mit Holzwürfeln

Der Spielwürfel unterscheidet sich vom ›normalen‹ Holzwürfel darin, dass die Ecken zumeist abgeschrägt sind. Zu formenkundlichen Betrachtungen eignet sich der Spielwürfel daher nur bedingt. Spielwürfel weisen dafür einen interessanten arithmetischen Aspekt auf, zeigen doch die sechs Seitenflächen Zahlbilder von eins bis sechs. Die Bilder sind dabei so angeordnet, dass die Summe der gegenüberliegenden Zahlbilder immer sieben ergibt.

Da der Spielwürfel in vielen Regelspielen eingesetzt wird, sind die meisten Kinder mit Würfelbildern schon sehr früh vertraut. Bevor die Kinder diese Bilder tatsächlich als Quantität erfassen, nehmen sie oft die Gestalt des Bildes wahr und ordnen dieser Gestalt dann das entsprechende Zahlwort zu. Es ist daher sinnvoll, die Würfelbilder als Ausgangspunkt für Variationen von Zahlbildern zu verwenden, damit die Kinder flexible Vorstellungen von Mengen und Anzahlen aufbauen können. Weitere Einsatzmöglichkeiten der Spielwürfel mit dem Ziel der Förderung des Zahlverständnisses finden sich Kapitel 4.1.2 und 4.1.3.

Die Spielwürfel eignen sich aufgrund ihrer Eigenschaften auch besonders gut, um arithmetische und geometrische Inhalte zu visualisieren bzw. diese zu verbinden.

3.3.2 Typische Produkte, die im freien Tätigsein mit den Spielwürfeln entstehen

Damit das Potential der Spielwürfel im freien Tätigsein vollumfänglich zum Tragen kommt, sollten die Würfel in möglichst großer Anzahl bunt gemischt auf einer Tischgruppe präsentiert werden. Auch hier wollen viele Kinder das Material erst einmal haptisch erfahren – sie fahren zunächst mit beiden Händen durch die Würfel, verteilen sie auf dem Tisch und schieben sie wieder zusammen. Ähnlich wie die Muggelsteine möchten manche Kinder die Würfel nach Farben ordnen – entsprechend sind Sortierschalen möglichst bereit zu halten (▶ Abb. 3.43, links). Einige Kinder berücksichtigen beim Ordnen zusätzlich die Zahlbilder und stellen eine Reihenfolge her (▶ Abb. 3.43, rechts, s. u. Infokasten Klassifikation und Seriation).

Abb. 3.43: Würfel ordnen

Im Gegensatz zu den Muggelsteinen lässt sich mit den Würfeln allerdings nicht nur legen, sondern auch bauen, so entstehen neben zweidimensionalen auch dreidimensionale Produkte. Auch hier spielt das gegenständliche Legen bzw. Bauen eine wichtige Rolle, häufig entstehen Burgen, Türme und andere Bauwerke (▶ Abb. 3.44, links). Immer wieder dominiert nach einer gewissen Zeit die Struktur über das gegenständliche oder fantasiebestimmte Legen und Bauen, so entstehen z. B. quadratische, treppenförmige oder pyramidenförmige Gebilde (▶ Abb. 3.45, rechts), bei denen bestimmte Regeln (intuitiv) erkannt und fortgesetzt werden.

3.3 (Spiel-)Würfel

Abb. 3.44: Produkte aus Spielwürfeln

Bei jüngeren Kindern haben wir immer wieder beobachtet, dass sich eine bestimmte Idee der Kinder zunehmend manifestiert, die Umsetzung derselben manchmal aber eine echte Problemlöseaufgabe darstellt: So bei Tim, fast fünf Jahre. Er möchte intuitiv eine quadratische Pyramide bauen (ohne diese als solche benennen zu können), was ihm aber zunächst nicht gelingt, da bereits die unterste Ebene statt einer 5 x 5- eine 4 x 5-Anordnung aufweist. Er betont mehrmals: »*Da stimmt was nicht*«, kann aber zunächst nicht formulieren, was denn da nicht stimmt. Auf Nachfrage der pädagogischen Fachkraft deutet er auf die Spitze und sagt: »*Das ist nicht richtig in der Mitte.*« Mehrmals baut er die Pyramide neu, bis er schließlich – mit Unterstützung der pädagogischen Fachkraft – eine quadratische Pyramide erzeugt.

Auch die 7-jährige Lea hat sich mit der Idee der quadratischen Pyramide beschäftigt. Sie hat bald entdeckt, dass sich die Anzahl der Würfel in den entsprechenden Ebenen durch eine Malaufgabe beschreiben lässt. Die Lehrperson fordert sie auf, ihre Idee aufzuschreiben, was sie sehr strukturiert umsetzt – sichtbar wird darin die Folge der Quadratzahlen. In ihrer Zeichnung setzt sie diese Folge sogar ohne Material fort: Die reale Pyramide umfasst nur fünf Ebenen (▶ Abb. 3.45, links), in Leas Darstellung findet sich zusätzlich die sechste Ebene (▶ Abb. 3.45, rechts).

3 Materialbasierte mathematische Lernsettings

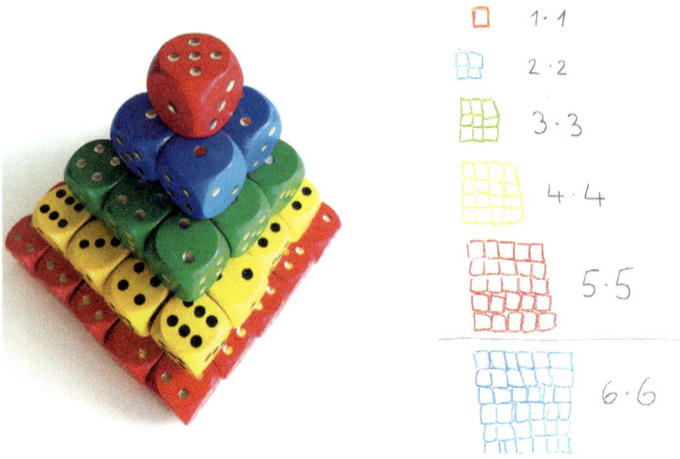

Abb. 3.45: Quadratische Pyramide und Quadratzahlen

> **Infokasten: Klassifikation und Seriation**
>
> Der Entwicklungspsychologe Jean Piaget war der Ansicht, dass sich der Zahlbegriff auf der Basis allgemeiner Vorläuferfähigkeiten entwickelt (Piaget & Szeminska 1972). Besondere Beachtung schenkte Piaget dabei der »Klassifikation« und der »Seriation«. Aufgrund neuerer Arbeiten geht man heute davon aus, dass für die Zahlbegriffsentwicklung v. a. bereichsspezifische Basiskompetenzen (▶ Kap. 2.2.1) von Bedeutung sind. Da Klassenbildung und das Herstellen von Reihenfolgen aber in den verschiedensten mathematischen Bereichen wie auch in außermathematischen Kontexten von Bedeutung sind, werden die beiden Konzepte im Folgenden dennoch kurz vorgestellt.
>
> Wenn Kinder beginnen Tiere, Pflanzen, Farben oder geometrische Formen zu unterscheiden und zu benennen, spielt dabei zunehmend das *Klassifizieren* eine Rolle. Anhand bestimmter Merkmale werden Objekte in unterschiedliche Klassen eingeteilt. So stellen sich z. B. für viele Kinder zunächst alle Vierbeiner als »Wau-Waus« dar. Zunehmend wird die Klassenbildung differenzierter: Das Kind nimmt bewusst wahr, dass

nicht alle »Wau-Waus« bellen, sondern manche auch miauen. In der Folge bilden Hunde und Katzen für das Kind eigene Klassen und diese Klassen erhalten auch neue Bezeichnungen, die eine Unterscheidung erlauben. Die Klassenbildung wird dabei immer differenzierter, damit eng verbunden ist der Begriffsbildungsprozess. So sind zunächst Quadrate und Rechtecke einfach »Vierecke«, dann wird unterschieden zwischen Quadrat und Rechteck und später können wir sogar hierarchisch klassifizieren, nämlich dann, wenn wir erklären können, warum ein Quadrat auch ein Rechteck ist, aber ein Rechteck kein Quadrat.

Bei der *Seriation* geht es um das Herstellen von Reihenfolgen. Oft lassen sich Gegenstände in eine sinnvolle Reihenfolge bringen, nämlich dann, wenn man sie nach Größe, Gewicht, Volumen, Preis usw. ordnen kann. Dabei wird über die sortierte (Teil-)Menge nach einem einheitlichen Sortierkriterium eine festgelegte Ordnungsreihenfolge (z. B. von klein nach groß, von leicht nach schwer, von weich nach hart usw.) hergestellt. Charakteristisch hierfür ist, dass man ein weiteres Objekt immer an einer bestimmten Stelle einreihen kann. Das ist z. B. der Fall beim Aufstellen in einer Reihe, bei Wettbewerben oder auch beim Vorgang des Zählens.

Klassifizierung und Seriation lassen sich in Verbindung bringen mit zwei wichtigen Zahlaspekten, nämlich der Kardinalität und der Ordinalität. So entspricht das Klassifizieren von Mengen mit gleicher Anzahl (also z. B. drei Legosteine oder drei Puppen oder drei Löffel) dem kardinalen Zahlaspekt der natürlichen Zahlen. Damit lässt sich die Frage »Wie viele…?« beantworten. Alle Mengen mit genau vier Elementen bilden somit eine ›Klasse‹.

Betrachtet man die Zahlen unter dem Aspekt der Reihenfolge, also der Seriation, dann führt dies zum ordinalen Zahlaspekt. In diesem Fall werden die Zahlen dazu verwendet, um die Elemente einer Menge zu ordnen und die Frage »Der oder die wievielte?« beantworten zu können. Durch diese Erfahrungen in der Reihenbildung lernen die Kinder auch Aussagen über die Beziehung zwischen zwei Zahlen zu machen, also z. B. »zwei kommt vor drei«.[10]

---

10 Text angelehnt an Streit & Royar (2015, S. 20), verfügbar unter: https://www.bildungsraum-nw.ch/dokumente/copy_of_auflistungsblock-1/15-11-13_broschure_op_def2015.pdf/view.

3.3.3 »Bauen nach Bildern«

Fotos von unterschiedlichen Würfelgebäuden dienen in diesem Lernsetting als Impuls zum Nach- und Selbstbauen von Würfelgebilden. Dies unterstützt die Kinder beim Erkennen und Fortsetzen zwei- und dreidimensionaler Muster, aber auch beim Wahrnehmen und Beschreiben räumlicher Beziehungen und Anordnungen, die zwischen den einzelnen Würfel bestehen. Zusätzlich werden sie angeregt dreidimensionale Würfelgebilde aus bestimmten Perspektiven zu erkennen (s. Infokasten Räumliches Vorstellungsvermögen ▶ Kap. 3.3.3).

Material: Spielwürfel in allen vier Farben; Bildkarten (➔ OM 3.3.3.1).

Anbieten: Baue die Bauwerke nach!

Hinweise zur Aufgabe

Unterschiedliche Komplexitätsgrade der Bildkarten ermöglichen eine Differenzierung. Variiert werden kann, indem

- nur die Form (▶ Abb. 3.46, links),
- Form und Farben (Mitte),
- Form, Farbe und Augenzahlen (rechts)

beachtet werden müssen.

Die Würfelgebäude wurden bewusst nur aus einer Perspektive fotografiert: Entsprechend sind die Vorlagen meist nicht eindeutig, so können sich hinter der gelben ›Würfelwand‹ (rechts) noch weitere Würfel verbergen. Einzelne Kinder haben uns explizit darauf hingewiesen. In diesem Fall ist die Mehrdeutigkeit aufzugreifen und im Gespräch zu vertiefen.

3.3 (Spiel-)Würfel

Welche Varianten können Würfelgebäude aufweisen, die Abbildung 3.46 (rechts) entsprechen? Dazu können die Kinder mögliche Gebäude bauen, die dann in einer entsprechenden Perspektive betrachtet und ggf. fotografiert werden.

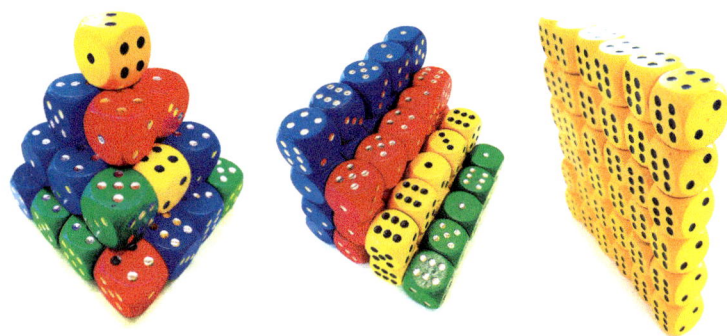

Abb. 3.46: Verschiedene Würfelbauten

Beobachten und Unterstützen

Was lässt sich beobachten?

- Wie geht das Kind vor? Betrachtet es zunächst die Bildkarte oder beginnt es sofort, das Muster nachzulegen bzw. fortzusetzen?
- Welche Strategien zeigt das Kind im Umgang mit den unterschiedlichen Mustern? Welche Kriterien beachtet es? Welche nicht? Welche Unsicherheiten oder Fehler zeigen sich?
- Entspricht die Kartenwahl dem Lernstand des Kindes? Ist es evtl. unter- bzw. überfordert?

Mögliche Impulse für die situative Lernbegleitung

Wenn die Vorlage fehlerfrei nachgebaut und fortgesetzt wird, empfiehlt es sich, das Kind zu fragen(▶ Abb. 3.47): *»Wie bist du vorgegangen? Auf was hast du geachtet? Kannst du eine Regel benennen? Was war schwierig?«*

Wenn sich Unregelmäßigkeiten zeigen, kann die Bildkarte gemeinsam mit dem Kind betrachtet werden: »*Wie unterscheidet sich dein Bauwerk vom Bild?*« Auf einzelne Fehler können Sie auch direkt hinweisen: »*Hier stimmt etwas nicht.*«

Die unterschiedlichen Komplexitätsgrade der Bildkarten eignen sich zur Differenzierung. Wenn die ausgewählte Bildkarte dem Lernstand des Kindes nicht entspricht, können Sie gemeinsam mit dem Kind eine andere Vorlage auswählen.

Abb. 3.47: Muster nachbauen und fortsetzen

Moderieren

Im Stuhlkreis werden mögliche Schwierigkeiten und Probleme reflektiert. Dazu nutzt die Lehrperson ihr Wissen aus den Beobachtungen und präsentiert ein oder mehrere fehlerhafte Gebäude (ohne diese einzelnen Kinder oder Gruppen zuzuordnen) und bittet die Kinder, diese zu korrigieren. Des Weiteren kann anhand der Bildkarten deren Schwierigkeitsgrad diskutiert werden*:* »*Welche Gebäude waren einfach nachzubauen, welche schwierig? Warum?*«

Anknüpfen

Die Bildkarten können als Anregung dienen, eigene Bauwerke zu erstellen. Diese können fotografiert und dann wiederum als Bildkarten eingesetzt werden.

Mögliche Weiterführungen des Settings sind ausgewählte Bildkarten aus dem Setting »Wie geht es weiter?« (▶ Kap. 3.3.4). Dabei liegt der Fokus nicht mehr ausschließlich auf dem Nachbauen, sondern zusätzlich auf dem Fortsetzen der erkannten Muster.

> **Infokasten: Räumliches Vorstellungsvermögen**
>
> Mathematische Begriffe und besonders geometrische Begriffe sind eng an visuelle Vorstellungen gebunden. Wenn wir den Begriff »Rechteck« hören, sehen wir vor unserem inneren Auge den Prototyp eines Rechtecks. Radatz und Rickmeyer betonen gar die Bedeutung visueller Vorstellungen für die kognitive Entwicklung im Allgemeinen: »Fast jedes Denken, jede kognitive Kompetenz bedient sich visueller, d. h. geometrischer Stützen. Die intellektuelle Entwicklung ist eng verbunden mit der Fähigkeit, visuell dargebotene Informationen aufzunehmen, zu analysieren, zu speichern, mit ihnen in der Vorstellung zu operieren« (Radatz & Rickmeyer 1991, S. 7).
>
> Für den Aufbau des räumlichen Vorstellungsvermögens sind visuelle Vorstellungen besonders wichtig. Nach Maier (1999) umfasst räumliches Vorstellungsvermögen die Fähigkeit, »in der Vorstellung räumlich zu sehen und räumlich zu denken« (ebd., S. 14). Dabei gehe es allerdings nicht nur darum, »Bilder im Gedächtnis zu speichern und – in Form von Erinnerungsbildern – bei Bedarf abzurufen. Vielmehr kommt die Fähigkeit, mit diesen Bildern aktiv umzugehen, sie mental umzuordnen und neue Bilder aus vorhandenen vorstellungsmäßig zu entwickeln, als wichtige Komponente hinzu« (ebd.). Für den Aufbau des räumlichen Vorstellungsvermögens ist es also von Bedeutung, Objekte zunächst wahrzunehmen (und zwar nicht nur, indem ich sie anschaue, sondern auch indem ich sie anfasse und konkrete Handlungen daran vornehme), davon mentale Bilder zu entwickeln und schließlich mit diesen Bildern auch operieren zu können, also gedankliche Veränderungen daran vornehmen zu können.
>
> Senftleben (2011) betont in Anlehnung an Besuden (1999) und Maier (1999) zusätzlich noch die Bedeutung des räumlichen Orientierens sowie das Erfassen räumlicher Beziehungen bzw. Ordnungen und beschreibt

insgesamt fünf Kompetenzbereiche zum räumlichen Vorstellungsvermögen, die teilweise aufeinander aufbauen (▶ Abb. 3.48).

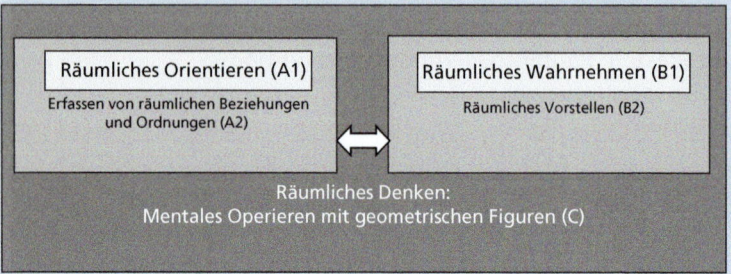

Abb. 3.48: Kompetenzbereiche des räumlichen Vorstellungsvermögens in Anlehnung an Senftleben (2011)

Das *räumliche Orientieren* (A1) meint die Fähigkeit, sich mithilfe von Begriffen wie rechts, links, oben, unten etc. real oder mental im Raum zu orientieren. Das räumliche Orientieren ist die Voraussetzung für das *Erfassen räumlicher Beziehungen und Anordnungen von Objekten* (A2), also z. B. die Fähigkeit dreidimensionale Gebilde aus unterschiedlichen Perspektiven zu erkennen oder unterschiedliche Ansichten eines Körpers verschiedenen Standorten zuzuordnen. Auch die bereits genannten Lagebeziehungen von Objekten untereinander sowie in Bezug auf den eigenen Körper spielen hierbei eine Rolle.

Das *räumliche Wahrnehmen* (B1) umfasst die Wahrnehmung (visuell wie haptisch) von geometrischen Objekten wie von geraden und gebogenen Linien, von ebenen und räumlichen Figuren usw. Darauf basierend können wir Vorstellungsbilder von geometrischen Objekten aufbauen, man spricht von der Fähigkeit des *räumlichen Vorstellens* (B2). Die genannten Kompetenzbereiche beeinflussen sich gegenseitig und stellen zugleich die Voraussetzung für den fünften Bereich dar, nämlich die Fähigkeit zum gedanklichen Operieren mit geometrischen Figuren, dem sog. *räumlichen Denken* (C). Dazu gehört z. B. die Fähigkeit, die Oberfläche bzw. das Netz eines Würfels gedanklich auseinanderzufalten oder einen Körper aus Teilkörpern zusammenzusetzen.

Ein wichtiger Aspekt beim Aufbau des räumlichen Vorstellungsvermögens ist das Handeln mit Modellen geometrischer Figuren und die Versprachlichung der vorgenommenen Handlungen sowie der wahrgenommenen Eigenschaften der Figuren bzw. deren Beziehungen. (»*Der blaue Würfel liegt vor dem roten Würfel*«). Wichtig ist auch die Verknüpfung von Handlung und bildlicher oder symbolischer Darstellung. Dies erfolgt z. B., wenn das Bauen mit Würfeln mit verschiedenen Ansichten des Würfelgebäudes verknüpft wird oder das eigene Bauwerk nach einem Plan gebaut bzw. es in einem solchen dargestellt wird.

3.3.4 »Wie geht es weiter?«

In diesem Lernsetting sollen die Kinder Muster in zweidimensionalen Darstellungen erkennen und diese in dreidimensionale Gebilde ›übersetzen‹ bzw. das erkannte Muster fortsetzen. Als Vorlagen dienen unterschiedliche Muster, deren Struktur durch die räumliche Anordnung, durch Farben und/oder durch die Würfelbilder bestimmt ist.

Material: Spielwürfel; Bildkarten mit Würfelbauten (➔ OM 3.3.4.1).

Anbieten: Lege und Baue. Wie geht es weiter?

Hinweise zur Aufgabe und zum Material

Die Bildkarten zeigen Muster(-Anfänge) mit unterschiedlichen Komplexitätsgraden: Ein eindimensionales Muster (▶ Abb. 3.49, links) ist

i. d. R. einfacher als ein zweidimensionales Muster (▶ Abb. 3.49, Mitte, ▶ Abb. 3.50, links und Mitte). Diese sind wiederum tendenziell einfacher als ein dreidimensionales Muster (▶ Abb. 3.49, rechts, ▶ Abb. 3.50, rechts). In einigen Abbildungen müssen nur Farben, in anderen zusätzlich die Zahlbilder berücksichtigt werden (▶ Abb. 3.49, links, ▶ Abb. 3.50, links und Mitte). Bei den Abbildungen 3.49 (links) und 3.50 (links) handelt es sich zudem um wachsende Muster – auch dies müssen die Kinder erkennen.

Abb. 3.49: Verschiedene Würfelbauten 1

Abb. 3.50: Verschiedene Würfelbauten 2

Beobachten und Unterstützen

Was lässt sich beobachten?

- Wie geht das Kind vor? Betrachtet es zunächst die Bildkarte oder beginnt es sofort, das Muster nachzulegen?

- Welche Strategien zeigt das Kind im Umgang mit den unterschiedlichen Mustern? Welche Kriterien beachtet es? Welche nicht? Welche Unsicherheiten oder Fehler zeigen sich?
- Entspricht die Kartenwahl dem Lernstand des Kindes? Ist es evtl. unter- bzw. überfordert?

Mögliche Impulse für die situative Lernbegleitung

Setzt das Kind das Muster fehlerfrei fort, fragen Sie es: »*Kannst du deine Regel beschreiben?*«

Zeigen sich dagegen Unregelmäßigkeiten, können Sie die Bildkarte gemeinsam mit mit dem Kind betrachten: »*Wie unterscheidet sich dein Muster vom Bild?*« Auf einzelne Fehler kann auch direkt hingewiesen werden: »*Hier stimmt etwas nicht.*«

Die unterschiedlichen Komplexitätsgrade der Musterkarten eignen sich zur Differenzierung: Wenn die ausgewählte Musterkarte dem Lernstand des Kindes nicht entspricht, kann gemeinsam eine andere Musterkarte ausgewählt werden.

Moderieren

Im Stuhlkreis werden mögliche Schwierigkeiten und Probleme reflektiert. Dazu nutzt die Lehrperson ihr Wissen aus den Beobachtungen und präsentiert ein oder mehrere fehlerhafte Muster (ohne diese einzelnen Kindern oder Gruppen zuzuordnen) und bittet die Kinder, diese zu korrigieren und anschließend fortzusetzen. Auch die Aufforderung zur Verbalisierung der erkannten Regel unterstützt die Phase des Reflektierens.

Anknüpfen

Die Kinder erstellen eigene Musterkarten: Dazu erfinden sie in Partnerarbeit Muster, die anschließend besprochen und fotografiert werden. Die Bilder dienen dann anderen Kindern als Vorlage.

Die Kinder legen eigene ein- oder zweidimensionale Muster. Anschließend zeichnen sie ihr Muster auf. Dazu benötigen die Kinder kariertes Papier und Buntstifte.

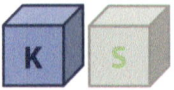

3.3.5 »Viele – mehr – am meisten«

Das Lernsetting »Viele – mehr – am meisten« soll die Kinder dazu anregen, (große) Mengen zu vergleichen und (nicht-zählend) herauszufinden, von welcher Farbe am meisten Würfel vorhanden sind. Es geht explizit nicht darum, die Anzahl der einzelnen Mengen zu bestimmen, sondern Strategien zu entwickeln, wie sich Mengen vergleichen lassen. Daher ist der Zahlenraum auch so gewählt, dass für die meisten Kinder eine quantitative Erfassung noch gar nicht möglich ist. Die meisten Kinder nähern sich der Aufgabenstellung über das Zählen. Das ist auch durchaus sinnvoll, da die Aufgabe dadurch zugleich Zählfertigkeiten unterstützt. Sie erfahren aber recht schnell, dass sie diese Vorgehensweise i. d. R. nicht zum Ziel führt, und müssen sich daher andere Strategien überlegen, wie sie das Problem lösen. Die Verbalisierung der Vergleichsstrategien, aber auch der Ergebnisse stellen ebenfalls wichtige Aspekte in diesem Lernsetting dar.

Material: Spielwürfel in allen vier Farben; evtl. Sortierschälchen.

Anbieten: Von welcher Farbe gibt es am meisten Würfel?

Hinweise zur Aufgabe

Die Würfel werden farblich gemischt in einem ›Haufen‹ auf dem Tisch präsentiert. So werden die Kinder angeregt, zunächst die Würfel nach Farben zu sortieren. Sortierschälchen können bereitgestellt werden. Die Verteilung der farbigen Würfel sollte so sein, dass von einer Farbe deutlich mehr bzw. weniger Würfel vorhanden sind als von den anderen, sich also das ›Häufchen‹, genauer das Volumen desselben, ›auf einen Blick‹ von den anderen unterscheidet. Die anderen drei Würfelmengen sollten sich dagegen in der Anzahl nur geringfügig unterscheiden (z. B. 15 gelbe, 78 rote, 81 blaue und 89 grüne). Die Aufgabenstellung wird in Gruppen bearbeitet. Jede Gruppe erhält möglichst jeweils die gleiche Anzahl farbiger Würfel.

Beobachten und Unterstützen

Was lässt sich beobachten?

- Wie gehen die Kinder vor? Sortieren sie zunächst alle Würfel nach Farben oder wählen sie sich eine kleinere Menge aus und beginnen diese gleich zu zählen oder …?
- Falls die Kinder zählen, *wie* zählen sie und wie ordnen sie dabei die Würfel an: Legen sie diese z. B. in eine Reihe?
- Wie ist das Vorgehen in der Gruppe? Arbeiten die Kinder gemeinsam oder jedes für sich? Tauschen sie sich über ihre Ideen aus?
- Wie gehen sie beim Ordnen vor? Nutzen sie die Sortierschalen oder verbinden sie das Ordnen mit dem Anordnen der Würfel?
- Welche Vergleichsstrategien wählen die Kinder? Legen sie mehrere ›Schlangen‹, nutzen also den Längenvergleich oder legen sie eher flächige Anordnungen, die sie dann vergleichen (▶ Abb. 3.51)?

Mögliche Impulse für die situative Lernbegleitung

Falls die Kinder sofort beginnen zu zählen, sollten sie darauf hingewiesen werden, dass sie die Würfel erst einmal nach Farben sortieren sollen. Dies kann auch in Form eines stillen Impulses erfolgen, indem die pädagogische Fachkraft mit dieser Tätigkeit beginnt.

Zählen ist für viele Kinder die naheliegende Strategie. Es ist sinnvoll, die Kinder diese Strategie zunächst einmal verfolgen zu lassen. Erstens sollen sie selbst die Erfahrung machen, dass sie damit (wahrscheinlich) nicht zum Ziel kommen, zweitens ist es auch eine durchaus sinnvolle

Zählübung, die der Festigung der Zählkompetenz dient (s. u. Infokasten Zählen). Spätestens wenn die Kinder Ermüdungserscheinungen oder Anzeichen von Frustration zeigen, sollten Sie durch verbale Impulse Anregungen für Vergleichsstrategien liefern. Zunächst kann aber nochmals auf die Aufgabenstellung hingewiesen werden: »*Wir wollen gar nicht genau wissen, wie viele es sind. Wir wollen nur wissen, von welcher Farbe es am meisten Würfel gibt. Habt ihr eine Idee, wie wir das herausfinden können, ohne zu zählen?*«

Abb. 3.51: Nutzung von Zehnerbündel zur Anzahlermittlung

Wenn jedes Kind in der Gruppe für sich arbeitet, kann es hilfreich sein, die Kinder dazu aufzufordern, über ihre Ideen zu sprechen (»*Schaut mal, wie Tobias das macht. Tobias, kannst du deine Idee mal erklären?*«) und so die Kinder zum Austausch anzuregen.

Moderieren

Beim abschließenden Rundgang werden die Ergebnisse aus den Gruppen, v. a. aber die verschiedenen Vorgehensweise besprochen: »*Von welcher Farbe gab es nun am meisten Würfel?*«, »*Wo sieht man besonders gut, dass es von den grünen Würfeln am meisten gibt!*«, »*Hier liegen alle Würfel in einer langen Reihe? Wie sind sie am Nachbartisch angeordnet? …*«

Der Verbalisierung des Mengenvergleichs sollte im Abschlussgespräch eine zentrale Bedeutung zugemessen werden: »*Von den grünen Würfeln gibt es am meisten, von den gelben Würfeln gibt es am wenigsten.«, »Es gibt mehr blaue Würfel als rote Würfel.«, »Es gibt weniger rote Würfel als gelbe Würfel. ...«*

Anknüpfen

Die Kinder stellen in Gruppen unterschiedliche große Mengen von roten, gelben, grünen und blauen Würfeln her und füllen anschließend alle Würfel in einen vorbereiteten Behälter. Zusätzlich werden für jede Gruppe bestimmte Mengenrelationen vorgegeben z. B. »*Von den roten Würfeln soll es am meisten Würfel geben.*« Oder: »*Es sollen gleich viele gelbe wie grüne Würfel sein.*« Anschließend werden die Behälter mit einer anderen Gruppe getauscht und jede Gruppe soll herausfinden, von welcher Farbe es die meisten Würfel gibt, von welcher Farbe die wenigsten usw.

> **Infokasten: Zählen**
>
> Die Entwicklung der Zählkompetenz beginnt bereits lange vor Schuleintritt. Hierzu gehört, dass die Kinder die Zahlwortreihe beherrschen und diese zum Abzählen einer Menge nutzen können. Hasemann (2003) beschreibt fünf Phasen des Zählen Lernens.
>
> - Phase 1 (verbales Zählen): Die Zahlwortreihe wird wie ein Gedicht aufgesagt. Die Zahlwörter dienen noch nicht dazu, eine Anzahl zu bestimmen.
> - Phase 2 (asynchrones Zählen): Zahlwörter werden nun zum Zählen eingesetzt, allerdings werden die Zählprinzipien (s. u.) noch nicht eingehalten.
> - Phase 3 (Ordnen der Objekte während des Zählens): Die Kinder ordnen die zu zählenden Objekte an, um den Zählprozess zu erleichtern. Dies kann vor oder während des Zählprozesses erfolgen.
> - Phase 4 (resultatives Zählen): Die Kinder wissen nun, dass sie beim Zählen mit der Eins beginnen müssen, dass jedes Objekt nur einmal gezählt wird und dass die letztgenannte Zahl die Anzahl angibt.
> - Phase 5 (abkürzendes Zählen): Kinder beginnen Strukturen zu nutzen oder durch Anordnungen zu erzeugen, z. B. legen sie Fünfer-

bündel oder erkennen eine Anordnung der Verdopplung. Sie können von einer beliebigen Zahl an weiterzählen und das auch in Zweierschritten oder auch rückwärts.

Des Weiteren gehört zur Zählkompetenz die Einsicht in folgende *Zählprinzipien* (Gelman & Gallistel 1986).

- Prinzip der stabilen Ordnung: Die Reihe der Zahlwörter hat eine feste Ordnung, d. h., die Folge der Zählzahlen muss immer gleich sein.
- Eins-zu-Eins-Prinzip: Jedem der zu zählenden Objekte wird genau ein Zahlwort zugeordnet und umgekehrt.
- Kardinalzahlprinzip: Das beim Zählprozess zuletzt genannte Zahlwort bezeichnet zugleich die Anzahl der Elemente der gezählten Menge.
- Abstraktionsprinzip: Unabhängig von Größe, Farbe, Gewicht und anderen Eigenschaften können beliebige Elemente zusammengefasst und gezählt werden.
- Prinzip der beliebigen Reihenfolge: In welcher Reihenfolge die Objekte gezählt werden und wie sie beim Zählen angeordnet sind ist beliebig.

Materialvariationen

Eine sinnvolle Ergänzung zu den Spielwürfeln bilden ›normale‹ Holzwürfel. Sie eignen sich besser für formenkundliche Betrachtungen, da zum einen die Ecken nicht abgestumpft sind und zum anderen die Seiten ohne die Einkerbungen der Zahlbilder eine glatte Oberfläche aufweisen. Dies ist vor allem von Bedeutung, wenn aus den Würfeln zusammengesetzte Körper gebaut werden.

Besonders gut eignen sich Holzwürfel im Zusammenhang mit dem Einsatz von Bauplänen. Abbildung 3.52 zeigt einen solchen Bauplan, der den Grundriss eines Gebäudes darstellt. In jedem Kästchen befindet sich eine Zahl, die anzeigt, wie viele Würfel das Gebäude an dieser Stelle nach oben gebaut werden soll (▶ Abb. 3.52). Die Holzwürfel gibt es naturfarben als auch farbig sowie in unterschiedlichen Größen.

Hinweise zu den verschiedenen Einsatzmöglichkeiten der Holzwürfel finden sich im Onlinematerial 3.2.7 und 3.2.7.1.

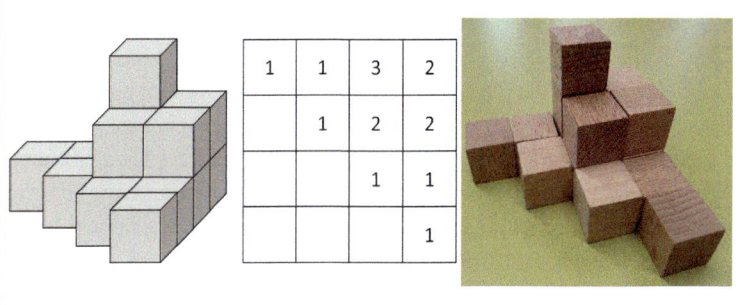

Abb. 3.52: Schrägbildansichten und Bauplan eines Würfelgebäudes

3.4 Polydrone

Das Polydron-Material ist von den vier vorgestellten Materialien wahrscheinlich das am wenigsten bekannte und zugleich auch das teuerste in der Anschaffung. Aufgrund seines großen Potentials für geometrische Entdeckungen im Kindergarten und in der Schule (auch in höheren Klassen), wurde es dennoch in diesem Buch aufgenommen.

Das Material besteht aus unterschiedlichen geometrischen Formen, die entweder magnetisch sind oder durch ein Klicksystem miteinander verbunden werden. Für den Kindergarten und den Anfangsunterricht eignet sich aufgrund der einfacheren Handhabung eher das magnetische Material (▶ Abb. 3.53, links). Die verschiedenen Hersteller bieten unterschiedliche geometrische Formen an, häufig werden aber Sets angeboten, die ausschließlich aus regelmäßigen Drei-, Vier-, Fünf- und Sechsecken mit der jeweils gleichen Seitenlänge bestehen – auf solche Sets beziehen sich die folgenden Ausführungen.

3.4.1 Das Potential des Materials

Das Polydron-Material kann zum Erzeugen von flächigen Mustern und Gebilden verwendet werden, v. a. aber eignet es sich zum Herstellen von *Flächenmodellen* geometrischer Körper. Dazu kann zunächst das flächige ›Netz‹ – also die abgerollte Oberfläche des Körpers – erzeugt werden, anschließend wird das Netz ›aufgefaltet‹ und zum Körper zusammengesetzt. Beim freien Tätigsein erzeugen die Kinder durch Probieren ganz verschiedene Körper, daraus lässt sich dann wiederum das Netz ›abrollen‹.

Das Netz eines Würfels beispielsweise besteht aus sechs deckungsgleichen Quadraten (▶ Abb. 3.53, rechts). Es gibt elf verschiedene Möglichkeiten, das Netz eines Würfels darzustellen.

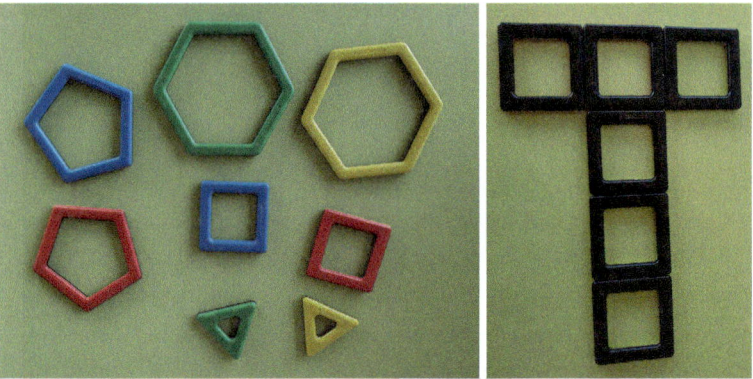

Abb. 3.53: Formen des Polydronmaterials und Würfelnetz

Die Vielfalt der Körper, die man aus dem Material erzeugen kann, ist groß, es entstehen ganz verschiedene gerade und spitze Körper – also Prismen[11]

---

11 Wenn wir von Prismen sprechen, meinen wir »gerade Prismen«, deren Seitenflächen Rechtecke sind und deren Grund- und Deckfläche aus zwei deckungsgleichen n-Ecken besteht. Würfel und Quader sind damit auch (besondere) Prismen.

und Pyramiden mit unterschiedlichen Grundflächen – und Kombinationen daraus.

Verwendet man ausschließlich regelmäßige n-Ecke zum Bauen der Körper, so zeigt sich die Regelmäßigkeit der Seitenflächen auch in den daraus erzeugten Körpern. Es handelt sich um sog. platonische und archimedische Körper.

Platonische Körper sind nach dem griechischen Philosophen Platon benannt. Es handelt sich dabei um vollkommen regelmäßige Körper, die konvex sind, also keine einspringenden Ecken oder Kanten besitzen. Ihre Oberflächen bestehen aus deckungsgleichen regelmäßigen Vielecken. In jeder Ecke eines platonischen Körpers stoßen genau gleich viele Flächen aneinander. Alle platonischen Körper bestehen entweder aus regelmäßigen Drei-, Vier- oder Fünfecken. Aus diesen lassen sich beim Aneinanderfügen von (mindestens) drei Figuren eine »Raumecke« bzw. ein »räumlicher Winkel« erzeugen. Dies funktioniert dann, wenn die Summe der aneinandergrenzenden Innenwinkel kleiner als 360° ist. Bei 360° entsteht ein Vollwinkel und somit eine Fläche. Mit einem Winkel größer als 360° lässt sich kein konvexer Körper erzeugen. Dann erhält man einen konkaven Körper, der nach innen springende Kanten aufweist. Insgesamt gibt es fünf platonische Körper (▶ Tab. 3.1).

Weitere regelmäßige Körper sind die sog. *archimedischen* Körper. Darunter versteht man alle Körper, die aus mehreren regelmäßigen Vielecken bestehen, die an den Ecken in gleicher Weise aufeinandertreffen. Insgesamt gibt es 13 archimedische Körper, die hier im Einzelnen nicht vorgestellt werden. Ein archimedischer Körper erfährt allerdings eine interessante Anwendung im Alltag: Eine bis heute häufig verwendete Form des Fußballs ist nämlich eigentlich gar nicht wirklich rund, sondern hat 60 Ecken und besteht aus zwölf Fünfecken und 20 Sechsecken. Das sog. »abgestumpfte Ikosaeder« ist derjenige archimedische Körper, der sich am ehesten einer Kugel annähert. Die runde Form bzw. die Wölbung entsteht durch den Innendruck (▶ Abb. 3.54).

3 Materialbasierte mathematische Lernsettings

Tab. 3.1: Die fünf platonischen Körper

Körper	Tetraeder	Hexaeder (Würfel)	Oktaeder	Ikosaeder	Dodekaeder
Anzahl der Flächen	4	6	8	20	12
Form der Flächen	Gleichseitiges Dreieck	Quadrat	Gleichseitiges Dreieck	Gleichseitiges Dreieck	Regelmäßiges Fünfeck
Anzahl der Ecken	4	8	6	12	20
Anzahl der Kanten	6	12	12	30	30
Aussehen					

3.4 Polydrone

Abb. 3.54: Der Fußball – ein archimedischer Körper

3.4.2 Typische Produkte, die im freien Tätigsein mit dem Polydronmaterial entstehen

Das Material ist hervorragend geeignet für den Einsatz im freien Tätigsein. Kaum ein Kind lässt sich von den magnetischen Bauteilen nicht anregen, etwas zu legen, zu bauen oder zu konstruieren. Obwohl das Potential v. a. im Erzeugen von geometrischen Körpern über deren Netze liegt, nutzen viele Kinder das Material auch, um zweidimensionale Gebilde zu erzeugen. Dabei entstehen gegenständliche Bilder, aber auch Muster als in sich geschlossene Einheiten sowie Bandornamente und Parkettierungen (▶ Abb. 3.55, links und Mitte). Im Bereich des dreidimensionalen Bauens entstehen unterschiedliche, z. T. zusammengesetzte geometrische Körper (rechts). Interessant ist, dass manche Kinder auch ohne Instruktionen und Impulse verschiedene platonische oder andere regelmäßige Körper erzeugen (links).

Ältere Kinder gehen beim Bauen mitunter schon recht strukturiert vor, z. B. indem sie zunächst die passenden Teile heraussuchen, dann ein Netz bzw. Teile daraus herstellen und dann den Körper zusammenbauen. Die Magnetwirkung des Materials wird von manchen Kindern auch genutzt, um Körper durch das Aufeinanderstapeln gleicher Bauteile zu erzeugen: Abbildung 3.56 (rechts) zeigt ein Prisma aus regelmäßigen Sechsecken.

3 Materialbasierte mathematische Lernsettings

Abb. 3.55: Zwei- und dreidimensionale Produkte mit dem Polydron-Material

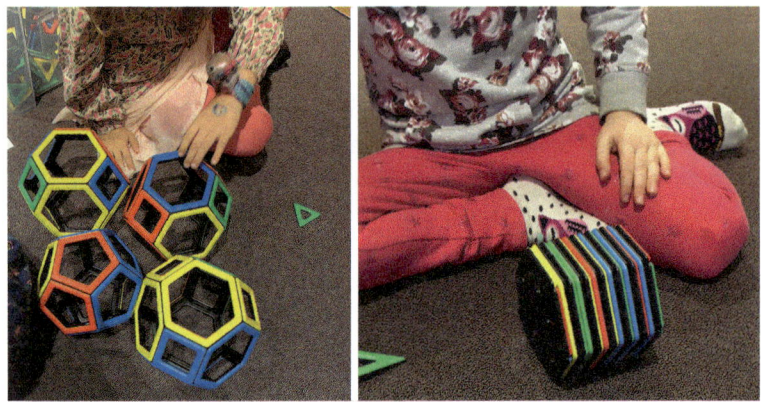

Abb. 3.56: Unterschiedliche Körperbauten

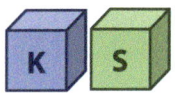

3.4.3 »Viele unterschiedliche Verpackungen«

In diesem Lernsetting werden den Kindern neben dem Polydronmaterial unterschiedliche Verpackungen präsentiert. Das Setting soll die Kinder anregen, Körper zu bauen, die ähnlich aussehen wie die Verpackungen. Es ist intendiert, dass die Kinder die Gestalt bzw. die Form der Verpackung erfassen. Dabei geht es nicht darum, die Körper maßstabsgetreu nachzubilden, sondern die Eigenschaften der verschiedenen Körper zu erkennen und zu nutzen (▶ Abb. 3.47).

Material: Polydronmaterial; verschiedene Verpackungen.

Anbieten: Baue die Verpackungen nach!

Hinweise zur Aufgabe und zum Material

Bei der Auswahl der Verpackungen ist darauf zu achten, dass es sich um Repräsentanten verschiedener Körper handelt (also nicht nur verschiedene quaderförmige Schachteln). Gleichzeitig müssen Verpackungen verwendet werden, die geometrische Körper repräsentieren, welche mit dem Material auch tatsächlich erzeugt werden können. Neben Würfel und Quader werden als Verpackungsform auch häufig drei- und sechsseitige Prismen eingesetzt, pyramidenförmige Schachteln sind dagegen eher selten zu finden.

Beobachten und Unterstützen

Was lässt sich beobachten?

- Welche Verpackung wählt das Kind aus? Nimmt es irgendeine Vorlage oder wählt es gezielt aus?

- Wie geht das Kind beim Erstellen des Körpers vor? Vergleicht es systematisch mit der Vorlage oder geht es eher frei explorierend vor? Verändert sich das Vorgehen im Laufe des Tuns?
- Schaut sich das Kind die jeweilige Verpackung genau an? Nimmt es sie in die Hand? Verändert es deren Lage?
- Welche ›Bauart‹ wendet das Kind an? Erzeugt es den Körper aus seiner Oberfläche oder durch ›Stapeln‹ der magnetischen Bauteile (▶ Abb. 3.56, rechts)?
- Wie verläuft die Interaktion mit anderen Kindern? Tauscht es sich aus oder arbeitet es durchgehend allein?

Mögliche Impulse für die situative Lernbegleitung

Wenn es dem Kind nicht auf Anhieb gelingt, den jeweiligen Körper, den die Vorlage repräsentiert, mit dem Polydronmaterial zu bauen, kann es hilfreich sein, das Kind aufzufordern, die Verpackung zunächst einmal in die Hand zu nehmen und sie genau anzuschauen. Anschließend können Sie mit dem Kind über die Form und Anzahl der Seitenflächen der Verpackungen sprechen und diese mit den verwendeten Formen für das eigene Bauwerk vergleichen: »*Welche Formen siehst du hier? Dreiecke? Quadrate? Rechtecke? Welche ›Formen‹ verwendest du? Lauter verschiedene? Gleiche?*« Dabei dürfen die Fachbegriffe durchaus verwendet werden (»*Das ist ein Fünfeck*« usw.).

Sinnvoll können auch Hinweise zum Bauen selbst sein: »*Beginne mit der Grundfläche. Lege dann die Seitenflächen an …*«

> **Hinweis**
>
> Wenn mit der Deckfläche begonnen wird, kann es passieren, dass die Magnetwirkung nicht ausreicht, um den Körper stabil zu halten.

Moderieren

Im Stuhlkreis werden unterschiedliche Verpackungen und die aus dem Polydronmaterial gebauten Körper präsentiert: »*Welche Körper passen zu welchen Verpackungen?*« Mindestens ein Körper sollte dabei sein, der nicht zu den Verpackungen passt. Gemeinsam wird nach Begründungen gesucht, warum dies so ist.

Der Prozess des Zuordnens ermöglicht das Klassifizieren der Körper nach bestimmten Eigenschaften – z. B. die Form und Anzahl der Seitenflächen. Die Größe der Körper, also das Volumen, spielt dabei keine Rolle. Auch die Proportionen müssen nicht übereinstimmen (nur der Würfel bildet hier die Ausnahme, da alle Würfel zueinander ähnlich sind und damit auch die Verhältnisse der Kantenlängen erhalten bleiben, ▶ Abb. 3.57).

Abb. 3.57: Verpackungen ›nachbauen‹

Die einzelnen Körper können benannt und formenkundlichen Betrachtungen unterzogen werden: »*Das ist ein Quader mit quadratischer Grundfläche. Die vier gelben Seitenflächen sind rechteckig, die Grundflächen bestehen jeweils aus einem roten Quadrat.*« (▶ Abb. 3.58, links), »*Das ist ein Prisma mit einer dreieckigen Grundfläche. Die drei Seitenflächen bestehen aus Rechtecken.*« (▶ Abb. 3.58, rechts).

Abb. 3.58: Quader und dreiseitiges Prisma

Anknüpfen

Zur Weiterarbeit werden einzelne Körper herausgegriffen und genauer betrachtet: »*Baut verschiedene Würfel (Quader, Prismen, Pyramiden).*« Bei unterschiedlich großen Würfeln sind die Seitenflächen stets Quadrate, die alle im mathematischen Sinn ›ähnlich‹ zueinander sind, d. h., dass sie in den Winkelgrößen und den Seitenverhältnissen übereinstimmen. Beim Quader dagegen können die rechteckigen Seitenflächen sehr unterschiedlich sein. Entsprechend können auch nicht prototypische Repräsentanten, z. B. ein Quader mit verhältnismäßig kleiner Grundfläche, aber großer Höhe, erzeugt werden. Bei den Pyramiden und Prismen können zudem ganz unterschiedliche Grundflächen verwendet werden, also z. B. Dreiecke, Fünfecke oder Sechsecke.

Die Kinder bringen eigene Verpackungen als Vorlagen mit und vergleichen diese mit den bereits vorliegenden. Das kann auch die Frage aufwerfen, ob die Verpackung mit dem vorliegenden Material überhaupt nachgebaut werden kann. Bspw. lässt sich eine zylinderförmige Verpackung (z. B. eine Konservendose) mit den vorliegenden Bauteilen nicht nachbauen.

3.4.4 »Netze und Körper«

In diesem Lernsetting werden die Kinder angeregt, aus (vorgegeben) Netzen Körper zu bauen. Dabei lernen die Kinder verschiedene gerade und spitze Körper über die Eigenschaften ihrer Seitenflächen kennen.

Für die Aufgabe ist es wichtig, dass die Kinder schon Erfahrung mit dem Material gesammelt haben. Beim freien Experimentieren erkunden die Kinder das Material, bauen unterschiedliche Körper und verstehen so intuitiv die Funktionsweise der verschiedenen geometrischen Bauteile.

3.4 Polydrone

Material: Polydronmaterial; Bildkarten mit Netzen bzw. Teilbauten von Körpern (→ OM 3.4.4.1); Modelle von geometrischen Körpern.

Anbieten: Baue Körper nach Bildern!

Hinweise zur Aufgabe

Sie können den Kindern grundsätzlich die Wahl der Bildkarten überlassen. Intervenieren Sie nur, wenn Sie feststellen, dass der Schwierigkeitsgrad nicht angemessen ist. Die Vorlagen unterscheiden sich in mehreren Punkten:

- Es gibt vollständige Netze und solche, die erst noch zu einem solchen ergänzt werden müssen.
- Manche Vorlagen deuten bereits den Aufbau des Körpers an.
- Es entstehen einfache und zusammengesetzte Körper.

Entsprechend gibt es Vorlagen mit unterschiedlichem Schwierigkeitsgrad: Abbildung 3.59 (links) zeigt das Teilgebäude eines aus Würfel und Pyramide zusammengesetzten Körpers, das mittlere Bild zeigt das vollständige Netz eines Oktaeders und beim Teilgebäude des Würfels (rechts) ist das Netz unvollständig (es fehlt ein Quadrat; ▶ Abb. 3.59).

Abb. 3.59: Drei verschiedene Bildkarten

Beobachten und Unterstützen

Was lässt sich beobachten?

- Welche Vorlage wählt das Kind aus?
- Wie geht das Kind vor? Wie genau betrachtet es die Vorlage? Orientiert es sich an der Vorlage oder geht es eher probierend vor? Verändert sich das Vorgehen im Laufe des Tuns?
- Wie verläuft die Interaktion mit anderen Kindern? Tauscht es sich aus oder arbeitet es durchgehend allein?

Mögliche Impulse für die situative Lernbegleitung

Es empfiehlt sich, das Kind aufzufordern, die Formen der Seitenflächen sowie den entsprechenden Körper zu benennen: »*Aus welchen Formen baust du den Körper?*«, »*Welcher geometrische Körper könnte daraus entstehen?*«

Überlegen Sie gemeinsam mit dem Kind, ob das Netz vollständig ist: »*Wie viele Seitenflächen hat ein Würfel?*«, »*Und wie viele siehst du hier?*«

Als zusätzliche Unterstützung können verschiedene Körpermodelle bereitgestellt werden.

Moderieren

Im Stuhlkreis werden unterschiedliche Bildkarten und aus dem Polydronmaterial gebaute Körper präsentiert: »*Welche Körper passen zu welchen Netzen (Bildkarten)?*« Mindestens ein Körper sollte dabei sein, der nicht zu den Bildkarten passt. Gemeinsam wird nach Begründungen gesucht, warum dies so ist. Einzelne Körper können auch benannt und formenkundlichen Betrachtungen unterzogen werden: »*Das ist eine Pyramide. Ihre Oberfläche/ihr Netz besteht aus …*«

Anknüpfen

Ein Kind baut einen Körper, klappt diesen auf und zeichnet das Netz. Kann ein anderes Kind den Körper nach dem ›Plan‹ bauen?

Ein bestimmter Körper wird herausgegriffen und formenkundlichen Betrachtungen unterzogen: »*Ein Quader hat sechs rechteckige Seiten. Immer zwei gegenüberliegende Seitenflächen sind deckungsgleich.*« Die Kinder bauen unterschiedliche Quader, erzeugen das Netz und zeichnen dieses anschließend auf.

3.4.5 »Welcher Körper rollt gut«?

In diesem Lernsetting experimentieren die Kinder in Gruppen mit unterschiedlichen geometrischen Körpern, indem sie deren Rollverhalten überprüfen. Sie untersuchen dabei die Frage, welcher der mit dem Material zu erzeugende ›eckige‹ Körper am besten rollt und sich damit am ehesten der Kugel annähert.

Material: Polydronmaterial, alle Formen; ein Streifen Teppich oder ähnliches; optional: eine schiefe Ebene, erzeugt z. B. durch ein Holzbrett.

Anbieten: Baut einen Körper, der gut rollt!

Hinweise zur Aufgabe

Bei der Präsentation der Aufgabenstellung wird besprochen, welche Gegenstände gut ›rollen‹ (Ball, Murmel, Kugel). »*Eine Kugel können wir aber aus diesem Material nicht bauen, da wir keine runden Formen haben. Also probiert mal aus, welcher ›eckige‹ Körper am besten rollt!*«

Um herauszufinden, ob und wie gut der Körper rollt, sollte ein Streifen Teppich zur Verfügung gestellt werden, auf dem die Kinder die Rollversuche durchführen können – idealerweise zusätzlich eine schiefe Ebene mit einer leichter Neigung. Die Magnetwirkung des Materials ist begrenzt, so dass vorsichtiges Rollen angebracht ist.

Beobachten und Unterstützen

Was lässt sich beobachten?

- Wie gehen die Kinder vor? Gehen sie probierend vor oder überlegen sie vor dem Bauen, z. B. indem sie bestimmte Körper ausschließen? Verändert sich das Vorgehen im Laufe des Tuns?
- Welche Formen verwenden die Kinder? Welche Körper bauen sie (auch spitze Körper)?
- Versuchen die Kinder das Problem gemeinsam zu lösen oder arbeiten sie allein? ...

Mögliche Impulse für die situative Lernbegleitung

Fragen Sie die Kinder: »*Welche Formen verwendet ihr? Verschiedene? Gleiche?*«

Das Rollverhalten des Körpers sollte gemeinsam mit den Kindern getestet und verbalisiert werden: »*Je ›spitzer‹ der Körper (Beispiel Pyramide) desto schlechter rollt er.*«, »*Je mehr Ecken er hat, desto ›runder‹ wird er.*«

Lassen Sie die Kinder Hypothesen zum Rollverhalten eines Körpers aufstellen und überprüfen Sie diese anschließend zusammen mit den Kindern.

Moderieren

Mit ausgewählten Körpern werden die Rollversuche im Sitzkreis wiederholt. Das abgestumpfte Ikosaeder (▶ Abb. 3.60) wird betrachtet und beschrieben. »*Warum rollt dieser Körper so gut?*« »*Aus welchen Seitenflächen besteht er?*« Zusätzlich wird ein Fußball präsentiert, der dem abgestumpften Ikosaeder entspricht. Dabei sollte darauf hingewiesen werden, dass die runde Form beim Fußball durch das Aufpumpen desselben entsteht.

3.4 Polydrone

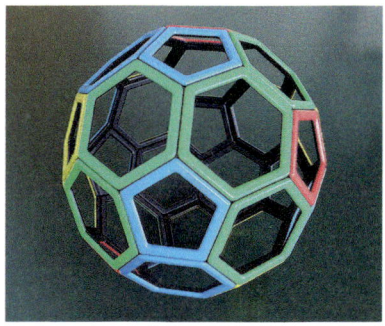

Abb. 3.60: Abgestumpftes Ikosaeder: Der Fußball

Anknüpfen

Die Idee der platonischen Körper kann aufgegriffen und vertieft werden: *»Baut alle verschiedenen Körper, die nur aus jeweils einer Form (regelmäßige) Dreiecke, Vierecke oder Fünfecke bestehen.«* (Hier ist zu beachten, dass diese Formulierung noch nicht eindeutig ist, auf diese Weise kann z. B. aus den Quadraten auch ein Quader erzeugt werden, indem eine Seitenfläche aus mehreren Quadraten erzeugt wird.)

Die Idee der Annäherung eines eckigen Körpers an eine Kugel kann auch auf zweidimensionale Figuren bzw. die Grundfläche eines Prismas übertragen werden: Regelmäßige *n*-Ecke nähern sich dem Kreis an, je größer die Anzahl der Ecken ist. Hier ist nun eine *Materialveränderung* sinnvoll: Mit gleichlangen Holzstäben kann ein näherungsweiser ›runder‹ Turm erzeugt werden (▶ Abb. 3.61).

Abb. 3.61: Celina beginnt mit Holzstäben einen (fast) runden Turm zu bauen

Materialvariationen

Das Polydron-Material gibt es in unterschiedlichen Ausführungen. Neben den magnetischen Ausführungen gibt es die Bauteile auch aus Kunststoff, die Teile sind durch ein Klicksystem miteinander verbunden. Der Vorteil ist eine etwas höhere Stabilität, der Nachteil ist, dass das Zusammenbauen motorisch anspruchsvoller ist, was gerade für jüngere Kinder mitunter ein Problem darstellt. Sie brauchen dann häufig die Unterstützung der pädagogischen Fachkraft.

Sowohl das Klick- als auch die Magnetvariante gibt es mit offenen als auch mit geschlossenen Bauteilen (▶ Abb. 3.62). Wir haben uns für die offenen Bauteile aufgrund der höheren Praktikabilität entschieden. Der Körper lässt sich leichter zusammenbauen, weil man in ihn hineingreifen kann. Dadurch sind allerdings die Oberfläche und damit auch das Netz der Körper nicht als geschlossene Fläche sichtbar. Für den Einsatz in der Schule ist daher die geschlossene Variante evtl. eine gute Alternative.

Seit kurzem sind zusätzlich zu den hier vorgestellten geraden auch abgerundete Bauteile erhältlich. Dadurch bietet sich die Möglichkeit auch Körper mit gewölbten bzw. gekrümmten Flächen wie Zylinder, Kegel und Kugel zu erstellen (▶ Abb. 3.62, Mitte). Diese Materialerweiterung sollte allerdings tatsächlich erst dann eingesetzt werden, wenn die Kinder umfangreiche Erfahrungen mit geraden Körpern gemacht haben. Zu beachten ist auch, dass mit den abgerundeten Flächen für Körper wie Zylinder und Kegel *keine* Netze erzeugt werden können.

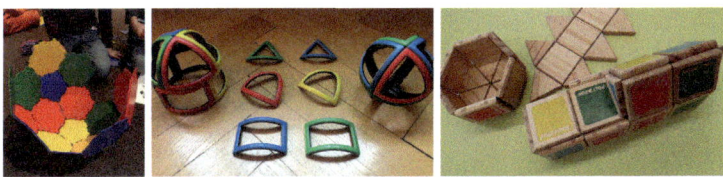

Abb. 3.62: Polydron – verschiedene Materialvarianten

Erhältlich ist die magnetische Variante auch aus Holz (▶ Abb. 3.62, rechts). Für jüngere Kinder kann dies eine Alternative sein, da die Holzteile sehr stabil und angenehm zu greifen sind. Die Magnetwirkung ist allerdings aufgrund des größeren Gewichts nicht so gut wie bei den Kunststoffteilen.

4 Spielbasierte mathematische Lernsettings: Mathematiklernen durch Regelspiele

Regelspiele sind *eine Form* spielbasierter mathematischer Lernsettings. Im Unterschied zu materialbasierten Lernsettings ist nicht das Material der Ausgangspunkt der mathematischen Aktivitäten, sondern Spielregeln zum Umgang mit speziell ausgewählten Spielmaterialien. Während in materialbasierten Lernsettings die Menge des zur Verfügung stehenden Materials eine entscheidende Rolle spielt und mathematische Tätigkeiten des Ordnens, Sortierens und Strukturierens bereits durch diese Fülle angeregt werden können, sind bei Regelspielen die zu verwendenden Materialien begrenzt und klar vorgegeben. Materialbasierte Lernsettings bestehen aus dem Material, das in großer Menge zur Verfügung gestellt wird, und einer herausfordernden Problemstellung (▶ Kap. 3); spielbasierte Lernsettings, in der Form von Regelspielen, bestehen aus Spielregeln zum Umgang mit den Spielmaterialien.

Jedes der im Folgenden vorgestellten Spiele sollte von den Kindern zunächst nach den Grundregeln gespielt werden, dies durchaus auch mehrfach. Die Spieleinführung erfolgt im Kindergarten in einer Kleingruppe durch die pädagogische Fach- bzw. Lehrperson, in der Schule kann dies auch die ganze Klasse sein. Im Kindergarten spielt die pädagogische Fach- bzw. Lehrperson mit, in der Schule ist das nicht immer möglich. Aber auch im Kindergarten kann das Spielen ohne die Fachkraft *nach* dem gemeinsamen Spielen zu Beginn durchaus sinnvoll sein. Die Fachkraft sollte jedoch im Blick haben, ob das Spiel die Kinder noch herausfordert und sie engagiert bei der Sache sind. Der Aufforderungscharakter von Regelspielen liegt zu einem wesentlichen Teil im gemeinsamen Spiel. So kann das Mitspielen der Fachkraft für viele, insbesondere jüngere Kinder einen entscheidenden Unterschied für die Aufrechterhaltung des Spiels machen. Hinweise, dass neue Herausforderungen notwendig sind, sind

z. B. eine zu beobachtende Nachlässigkeit beim Einhalten der Regeln oder auch das vorzeitige Abbrechen des Spiels. Um Herausforderungen zu schaffen, können bei allen vorgestellten Spielen sowohl die Spielregeln als auch die Spielmaterialien variiert werden, verbale Impulse durch die pädagogische Fach- bzw. Lehrperson gesetzt werden, Reflexionen anhand ausgewählter Spielsituationen und die Protokollierung von Spielhandlungen angeregt werden.

Gute Regelspiele erfüllen verschiedene Kriterien. Besonders wichtig ist es, dass es sich um echte Spiele handelt und nicht um ›verpackte‹ Übungen. Zwei zentrale Kriterien für echte Spiele sind Glück und Können (Schuler 2013; Vogt & Rechsteiner 2015). Durch Zufallselemente wie der Einsatz eines Würfels oder das Ziehen bzw. Aufdecken von Karten bleibt die Spannung im Spiel erhalten und es können neue und überraschende Wendungen auftreten. Wer gerade noch wie der glückliche Gewinner aussah, kann doch noch verlieren. Aber auch Können muss beim Spielen einen Einfluss auf den Spielausgang haben. Können umfasst die Fähigkeit zum Nutzen strategischer Elemente sowie das Verfügen über mathematische Kompetenzen. Strategische Elemente sind bei Spielen für junge Kinder nicht immer gegeben. Ein Beispiel ist die Möglichkeit des bewussten Zurückhaltens von Karten, wenn mehrere Karten ausgespielt werden können, aber nicht müssen, wie das bei *Fünfer raus & Co* der Fall ist. Ein zweites Beispiel ist die Möglichkeit, mit dem Würfeln aufzuhören, wenn mehrere Würfe zwar erlaubt, aber nicht vorgeschrieben sind wie bei *Siebenfresser & Co*. Wenn durch den Einsatz von Regelspielen Mathematik gelernt werden soll, ist es außerdem notwendig, dass bei jedem Spielzug mathematische Kompetenzen eine Rolle spielen (Vogt & Rechsteiner 2015), also mathematisches Können zwingend gefordert ist. Spielhandlungen und mathematische Handlungen sollen möglichst durchgängig zur Deckung kommen (Leuders 2008). Die Möglichkeiten eines Regelspiels zum Lernen von Mathematik werden durch das mathematische Potential des Spiels beschrieben (Hertling et al. 2015; Schuler 2013).

Regelspiele können im Kindergarten und im schulischen Anfangsunterricht zur Förderung verschiedener inhaltlicher mathematischer Kompetenzen eingesetzt werden. Insbesondere das *Zahlverständnis* sowie *räumliche Fähigkeiten* lassen sich mit gängigen, im Handel erhältlichen

Familienspielen bzw. didaktischen Abwandlungen und Erweiterungen fördern. Im Folgenden werden verschiedene Spiele und deren mathematisches Potential vorgestellt sowie Vorschläge zur Variation der Regeln und Materialien, zur Lernbegleitung in Kindergarten und Anfangsunterricht sowie zur Verwendung von Bildern von Spielständen und von Spielprotokollen gemacht.

4.1 Spiele zur Förderung des Zahlverständnisses

Zur Förderung des Zahlverständnisses gibt es eine Fülle an Regelspielen (z. B. Hauser et al. 2015; Schuler 2013; Gasteiger et al. 2015). Die hier vorgestellte Auswahl folgt zwei zentralen Kriterien:

1. Umfassende Förderung des Zahlverständnisses (s. u. Infokasten Zahlverständnis, ▶ Kap. 3.2.5, ▶ Tab. 4.1)
2. Möglichkeit des Einsatzes im Kindergarten und im ersten Schuljahr (dies impliziert die Möglichkeit zur Erweiterung des mathematischen Potentials durch die Variation von Spielregeln und -material, durch Impulse zur Lernbegleitung und durch die Verwendung von Spielprotokollen)

Dabei stellt die Abfolge der Darstellung der ausgewählten Spiele in diesem Buch zugleich auch eine Empfehlung eines zeitlichen Nacheinanders des Einsatzes dieser Spiele im Kindergarten bzw. zu Schulbeginn dar. So ist jedes Spiel zwar immer auch für sich einsetzbar, aber sowohl die Varianten zu *einem* Spiel als auch die Spielvarianten zu einem Stufenschwerpunkt (KiTa, KiTa und Schule, Schule) bauen in Bezug auf die geförderten Kompetenzen aufeinander auf.

Tabelle 4.1 liefert einen Überblick über die Spiele zur Förderung des Zahlverständnisses, die in diesem Buch vorgestellt werden (▶ Tab. 4.1).

Insgesamt sind es sieben unterschiedliche Spiele. Für die meisten Spiele ist eine Gruppengröße von drei bis vier Spielerinnen und Spielern optimal. Im Kindergarten ist dabei im Idealfall eine Fachkraft eine der Mitspielerinnen. Bei vier der Spiele wird das Material *Muggelsteine*, bei fünf Spielen in unterschiedlicher Anzahl das Material *Spielwürfel* benötigt. Bei zwei Spielen handelt es sich um Kartenspiele.[12]

In Bezug auf die zu fördernden Kompetenzen haben die Spiele ein durchaus unterschiedliches Potential. In der Übersichtstabelle sind nur die *Schwerpunkte* der jeweiligen Spiele durch eine dunkelgraue Färbung gekennzeichnet (▶ Tab. 4.1). Die sieben Spiele haben ihre Schwerpunkte in unterschiedlichen Bereichen des ordinalen, kardinalen bzw. relationalen Zahlverständnisses, aber insgesamt werden alle Bereiche abgedeckt. Das Aufsagen, Herstellen und Untersuchen der Zahlwortreihe spielt bei allen Spielen eine Rolle, wenn auch eine unterschiedliche, stellt aber bei keinem Spiel den expliziten Schwerpunkt dar. Auch können bei allen Spielen noch weitere Teilaspekte gefördert werden. Diese sind je nach Spielvariante ggf. auch unterschiedlich. Daher ist zu jeder Spielvariante ein Tabellenauszug mit einer feineren Darstellung des mathematischen Potentials zu finden. Dort sind neben den dunkelgrau gefärbten Schwerpunkten weitere Bereiche der Förderung hellgrau gekennzeichnet und auch der jeweilige Zahlenraum angegeben (vgl. auch Schuler 2013; Stemmer 2015).

---

12 Vorlagen für Spielpläne und Spielkarten sowie Skripte zur Lernbegleitung finden sich im Onlinematerial. Zudem stellt die Autorin Stephanie Schuler Skripte zur Lernbegleitung gerne zur Verfügung (stephanie_schuler@uni-landau.de). Am Ende des Buches findet sich eine ausführliche Materialübersicht.

4 Spielbasierte mathematische Lernsettings

Tab. 4.1: Schwerpunkte des mathematischen Potentials der ausgewählten Spiele im Überblick

Spiel	Gruppengröße	Material	Ordinales ZV		Kardinales ZV			Relationales ZV	
			Zahlwortreihe	Zahlzeichenfolge	Zahlauffassung	Zahldarstellung	Mengenvergleich	Teile-Ganzes-Beziehung	Differenzbeziehung
Muggelsteine sammeln	3–4	Muggelsteine Spielwürfel			■		■		
Muggelsteinspiel	2–3	Muggelsteine Spielwürfel			■		■		
Stechen	3–4	Punktekarten			■				
Fünfer raus & Co	3–4	Zahlenkarten		■					
Hamstern	2	Muggelsteine Spielwürfel			■		■	■	■
Siebenfresser & Co	3–4	Muggelsteine Spielwürfel			■	■	■	■	
Häuser füllen	3–4	Spielwürfel			■	■		■	■

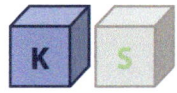

4.1.1 Muggelsteine sammeln

Das Spiel *Muggelsteine sammeln*[13] fördert Kompetenzen, die beim Erwerb des Zahlverständnisses eher am Anfang des Lernprozesses stehen. Es ist ein Spiel, das insbesondere das kardinale Zahlverständnis im Zahlenraum bis sechs fördert.

> **Grundregeln des Spiels**
>
> Spielmaterial: Schachtel mit 30 bis 40 Muggelsteinen in einer Farbe; 1 Augenwürfel, pro Kind eine feste Pappunterlage (DIN A5).
>
> Spielregeln: Es wird reihum gewürfelt. Jedes Kind darf so viele Muggelsteine aus der Schachtel nehmen, wie es gewürfelt hat. Die erwürfelten Steine werden auf eine Unterlage gelegt. Würfelt ein Kind eine Eins oder eine Zwei, so muss es dem Kind mit den wenigsten Muggelsteinen den einen bzw. die zwei erwürfelten Steine abgeben. Wenn das Kind selbst die wenigsten Steine hat, darf er oder sie die Steine behalten. Ist die Schachtel leer, wird geschaut, wer die meisten Muggelsteine gesammelt hat. Dieses Kind hat gewonnen.

---

13 Die Spielidee stammt ursprünglich aus dem Lehrerband zum Schulbuch Schütte (2004). Das Spiel heißt dort *Nüsse würfeln* (vgl. auch Stemmer 2015b).

4 Spielbasierte mathematische Lernsettings

Abb. 4.1: Spielaufbau

In Tabelle 4.2 ist das mathematische Potential des Spiels beim Spielen nach den Grundregeln dargestellt. Schwerpunkte sind dunkelgrau markiert, weitere Aspekte des Zahlverständnisses, die auftreten können, aber nicht zwingend müssen, sind hellgrau gefärbt (▶ Tab. 4.2).

Tab. 4.2: Mathematisches Potential *Muggelsteine sammeln* nach Grundregeln

Spiel	Gruppengröße	Ordinales ZV		Kardinales ZV		Relationales ZV		
		Zahlwortreihe	Zahlzeichenfolge	Zahlauffassung	Zahldarstellung	Mengenvergleich	Teile-Ganzes-Beziehung	Differenzbeziehung
Muggelsteine sammeln	3–4	bis ca. 10		bis 6/ 10	bis 6			

Der inhaltliche Fokus des Spiels liegt im Bereich der Zahlauffassung (Augenzahlen von eins bis sechs auf dem Würfel bestimmen) und der Zahldarstellung (entsprechende Anzahl an Muggelsteinen aus der Schachtel nehmen und diese auf die eigene Unterlage legen bzw. an das Kind mit den wenigsten Steinen abgeben). Es geht also um das Bestimmen und Herstellen von Mengen einer bestimmten Mächtigkeit. Im Spielverlauf müssen beim Würfeln einer Eins bzw. einer Zwei sowie zur Ermittlung des Siegers oder der Siegerin am Ende des Spiels auch größere Mengen bestimmt werden. Die Mengen müssen im Hinblick auf ihre Mächtigkeit miteinander verglichen werden: Wer hat die wenigsten Muggelsteine und bekommt den einen Muggelstein? Wer hat am Ende die meisten Muggelsteine und hat folglich gewonnen? Der Vergleich von Mengen kann in manchen Fällen auch ohne das genaue Bestimmen der Mächtigkeit der Mengen erfolgen, nämlich dann, wenn sich die Mengen deutlich in ihrer Anzahl unterscheiden und dies durch einfaches Überblicken festgestellt werden kann. In Abbildung 4.2 sieht man links sofort, dass Spieler 3 aktuell die wenigsten Steine hat und daher den einen Muggelstein erhält, während im Bild rechts nicht sofort erkennbar ist, wer die beiden Muggelsteine bekommt (▶ Abb. 4.2).

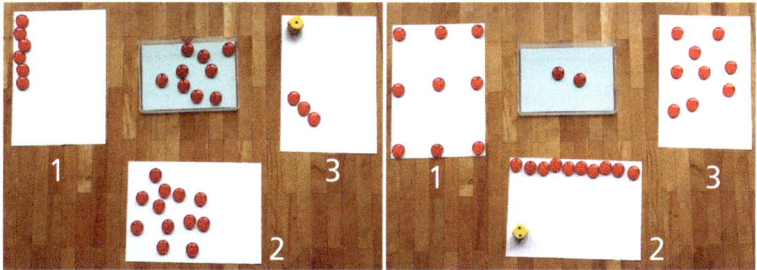

Abb. 4.2: Eine Eins würfeln (links), eine Zwei würfeln (rechts)

Auf den Spielunterlagen in Abbildung 4.2 sieht man typische Anordnungen von Kindern: Legen in einer Reihe am Rand entlang, Legen von räumlichen Mustern wie eine Würfeldrei, ungeordnetes Legen.

Anbieten, Beobachten und Unterstützen

Im Kindergarten wird das Spiel entsprechend den oben beschriebenen Grundregeln gespielt. Günstig ist eine Gruppengröße von drei bis vier Spielerinnen und Spielern, da dies die Situation des Abgebens von Muggelsteinen beim Würfeln einer Eins bzw. einer Zwei interessanter macht. Im Idealfall spielt die Fachkraft mit, um eine optimale Lernbegleitung zu ermöglichen (vgl. Fallbeispiel ▶ Kap. 2.3.4, ➔ OM 4.1.1.1). Pro Mitspielerinnen und -spieler werden in dieser Variante zehn Muggelsteine verwendet, so bleiben die Gesamtanzahl in der Schachtel, die erwürfelten Steine auf den Unterlagen, aber auch die Gesamtspielzeit überschaubar. In der Phase des Anbietens wird das Spielmaterial vorgestellt und die Spielregeln sukzessive während der ersten Spielrunden eingeführt: »*Das Spiel, das wir jetzt zusammen spielen, heißt ›Muggelsteine sammeln‹.*«[14]

Bei der Einführung der Spielregeln und der Spielvorbereitung können bereits verschiedene Beobachtungen gemacht und die Kinder durch Impulse herausgefordert werden. Ein erster Lernanlass wird dadurch initiiert, dass zu Spielbeginn die Schachtel noch nicht gefüllt ist und die entsprechende Anzahl an Steinen durch die Mitspieler und -spielerinnen erst in die Schachtel gelegt wird. Dazu schüttet die Fachkraft einen Haufen roter Muggelsteine, mindestens 50 Steine, in die Tischmitte. »*Wir brauchen für das Spiel für jedes Kind zehn rote Muggelsteine. Jedes Kind darf sich jetzt zehn Muggelsteine nehmen und diese in die Schachtel legen.*«

Folgende Beobachtungen können zum ordinalen und kardinalen Zahlverständnis der Kinder gemacht werden:

- Sagt das Kind die Zahlwortreihe laut auf oder spricht es nicht beim Nehmen der Steine?
- Wird die Zahlwortreihe bis zehn stabil aufgesagt oder treten Fehler auf wie das Auslassen eines Zahlwortes oder das Nennen eines falschen Zahlwortes?
- Wenn das Kind die Zahlwortreihe in Einerschritten aufsagt: Wird jedem Zahlwort genau ein Muggelstein zugeordnet oder treten Fehler bei der Eins-zu-Eins-Zuordnung von Zahlwort und Objekt auf, zählt das Kind also asynchron (s. u. Infokasten Asynchrones Zählen)?
- Nimmt das Kind nicht immer nur einen Stein, sondern bspw. immer zwei Steine und zählt dazu in Zweierschritten: zwei, vier, sechs, acht, zehn?

---

14 Eine kompakte Darstellung aller Verbalisierungen findet sich für alle Spiele und Varianten im Onlinematerial in Form von Skripten. Für das Spiel *Muggelsteine sammeln* finden Sie das Skript im Onlinematerial 4.1.1.1.

4.1 Spiele zur Förderung des Zahlverständnisses

> **Infokasten: Asynchrones Zählen**
>
> Asynchrones Zählen (Hasemann 2003, S. 8) kann sowohl bei der Zahldarstellung als auch bei der Zahlauffassung auftreten. Man erkennt asynchrones Zählen daran, dass das Aufsagen der Zahlwortreihe nicht synchron mit dem Prozess des Nehmens von Steinen aus einem Haufen bzw. des Antippens einer vorgegebenen Anzahl an Steinen verläuft:
>
> - Beim Nennen eines Zahlwortes werden zwei Steine genommen bzw. angetippt. Die Anzahl der Steine ist in der Folge um eins zu groß.
> - Beim Nennen eines Zahlwortes wird kein Stein entnommen bzw. angetippt. Die Anzahl der Steine ist in der Folge um eins zu klein.
> - Beide Fehler können auch kombiniert oder mehrfach im Laufe eines Zählprozesses auftreten.

»Jedes Kind darf jetzt würfeln und dann so viele Muggelsteine aus der Schachtel nehmen, wie es gewürfelt hat. Die Muggelsteine legt jedes Kind auf seine Unterlage. Es gibt aber eine besondere Regel: Wenn man eine Eins oder eine Zwei würfelt, muss man den einen bzw. die zwei Steine an das Kind abgeben, das bisher die wenigsten Steine gesammelt hat. Wenn die Schachtel leer ist, schauen wir nach, wer die meisten Steine gesammelt hat. Dieses Kind hat gewonnen.«

Beim nun folgenden Spiel können weitere Beobachtungen zum kardinalen Zahlverständnis gemacht werden:

- Erkennt das Kind die Würfelbilder von eins bis sechs auf einen Blick oder zählt es die Augen auf dem Würfel z. B. durch Antippen mit dem Finger? Erfolgt die Zahlauffassung also ohne oder mit Zählen?
- Wenn das Kind zählt, zählt es dann bei allen Würfelbildern oder bspw. nur beim Zahlbild der Fünf und/oder der Sechs?
- Nimmt das Kind nach dem Würfeln die Steine einzeln aus der Schachtel oder nimmt es zwei bzw. mehrere auf einmal?
- Treten beim Nehmen der Steine, also der Zahldarstellung, Fehler auf, z. B. durch asynchrones Zählen (s. o. Infokasten Asynchrones Zählen)?

- Legt das Kind seine erwürfelten Steine in einem Haufen auf die Unterlage, ordnet es diese an, z. B. in Form von Würfelbildern, paarweise oder in einer anderen Anordnung, legt es gegenständliche Bilder wie Blumen oder Ähnliches? Also wie stellt es die Zahl dar?

Um das mathematische Potential des Spiels bestmöglich auszuschöpfen, ist es wichtig, dass die Kinder ihre Spielhandlungen verbalisieren. Um die Kinder dazu und auch zum Legen von Zahlbildern anzuregen, kann die Fachkraft als Modell fungieren (▶ Abb. 4.3, links): »*Ich habe eine Sechs gewürfelt. Jetzt darf ich mir sechs Steine nehmen: eins, zwei, drei, vier, fünf, sechs (oder: zwei, vier, sechs). Ich lege meine Steine so auf meine Unterlage, dass ich gut erkennen kann, wie viele Steine ich gewürfelt habe: Drei und drei sind sechs.*«

Vergleichbares gilt für die besondere Spielsituation, wenn eine Eins bzw. eine Zwei gewürfelt wird (▶ Abb. 4.3, rechts): »*Julian, du hast jetzt eine Zwei gewürfelt. Jetzt müssen wir herausfinden, wer die wenigsten Steine hat. Derjenige bekommt dann die beiden Steine.*«

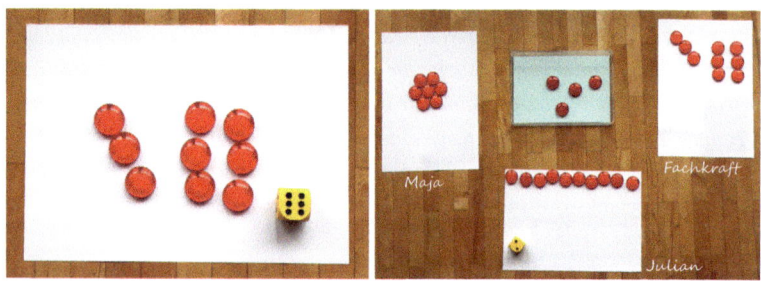

Abb. 4.3: Legen von Würfelbildern (links), eine Zwei würfeln (rechts)

Maja zählt ihre Steine und kommt auf sieben, Julian kommt auf zehn und die Fachkraft auf neun. »*Dann bekommt Maja die beiden Steine. Maja, du hast jetzt nicht mehr sieben Steine, sondern … Steine.*«

Im Weiteren sollte darauf geachtet werden, dass die Kinder ihre Spielhandlungen verbal begleiten: Würfeln, Steine nehmen, Steine legen,

Steinmengen vergleichen, Steine abgeben und bekommen. Dies gelingt insbesondere dann, wenn die Fachkraft ihre Modellfunktion in der Rolle als Mitspielerin konsequent wahrnimmt und ihre eigenen Spielzüge und Überlegungen dazu verbalisiert.

Um weitere Lerngelegenheiten zur Zahlauffassung zu schaffen, wird das Spiel von der Fachkraft nach jeder Würfelrunde kurz unterbrochen: »*Jetzt schauen wir mal, wie viele Steine jedes Kind schon gesammelt hat.*«

Die Zahlauffassung kann von den Kindern dabei auf unterschiedliche Weisen vorgenommen werden:

- Zählt das Kind alle Steine einzeln? Tippt es dabei jeden Stein mit dem Finger an (▶ Abb. 4.4, links) oder zählt es nur mit den Augen? Treten Fehler bei der Zahlauffassung, z. B. durch asynchrones Zählen auf (s. o. Infokasten Asynchrones Zählen)?
- Erfasst das Kind gelegte Anordnungen – Würfelbild, paarweise Anordnung – auf einen Blick, fasst es also die Anzahl ohne zu zählen auf (▶ Abb. 4.4, rechts)?
- Zählt es von einer gelegten und erfassten Struktur – Würfelbild, paarweise Anordnung – weiter, ohne wieder bei eins zu beginnen (▶ Abb. 4.4, rechts)?

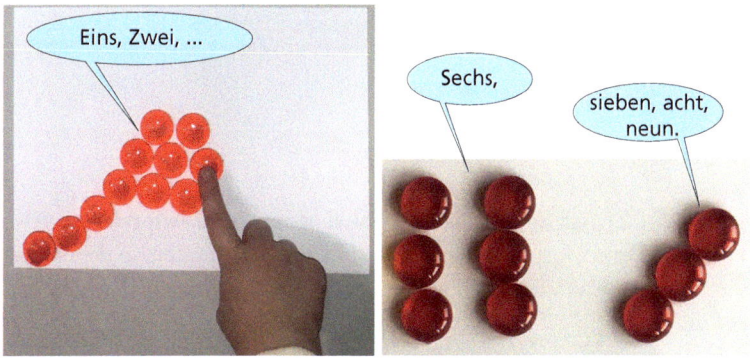

Abb. 4.4: Zählen mit Antippen (links), Erfassen des Würfelbildes und weiterzählen (rechts)

Wenn die Schachtel leer ist, ist das Spiel zu Ende. Es empfiehlt sich, beim letzten Wurf nicht auf die exakte Augenzahl zu warten, sondern die Schachtel auch dann zu leeren, wenn eine höhere Augenzahl gewürfelt wird, wie noch Steine in der Schachtel liegen. Dies vermeidet unnötigen Leerlauf. »*Die Schachtel ist leer. Wer hat das Spiel gewonnen?*«

Beim Mengenvergleich zur Ermittlung des Siegers können die Kinder unterschiedlich vorgehen. Meist wählen die Kinder von sich aus entweder das Überblicken oder das Zählen. Das Überblicken eignet sich für den Vergleich von Mengen einer stark unterschiedlichen Mächtigkeit. Das Zählen wird notwendig, wenn ungefähr die gleiche Anzahl auf den Unterlagen liegen (▶ Abb. 4.2). Dass Mengen auch noch auf andere Weise miteinander verglichen werden können, wird in den beiden weiteren Spielvarianten thematisiert.

Diese Fragen können von der Fachkraft gestellt werden, wenn die Kinder ihre Spielhandlungen nicht von selbst bzw. als Reaktion auf die Modellierungstätigkeit der Fachkraft verbal begleiten:

- »*Welche Zahl hast du gewürfelt? Wie viele Steine darfst du nehmen?*«
- »*Wie hast du deine Steine gelegt? Warum hast du sie so gelegt?*«
- »*Wer hat die wenigsten Steine? Wie hast du das herausgefunden?*«
- »*Wie viele Steine hast du jetzt schon gesammelt?*«
- »*Kannst du auch ohne Zählen erkennen, wie viele Steine du hast?*«
- »*Wie könnte man die Steine hinlegen, dass man auf einen Blick erkennt, wie viele Steine ... hat?*«
- »*Wer hat bis jetzt die meisten Steine? Habe ich immer noch mehr? Hast du aufgeholt?*«

Moderieren

Anlässe für Zwischen- oder Abschlussreflexionen sind besondere Spielsituationen. Beim *Muggelsteine sammeln* sind dies Spielrunden, in denen eine Eins oder eine Zwei gewürfelt wird, oder das Spielende, wenn die Schachtel leer ist.

Interessant sind Spielstände, bei denen sich die Anzahl nur geringfügig unterscheidet und man nicht sofort erkennt, wer die wenigsten Steine hat bzw. wer gewonnen hat.

Die Abbildungen im Onlinematerial 4.1.1.2[15] zeigen beispielhaft Spielsituationen, die zu einer Reflexion einladen. Die Bilder können einer Kindergruppe auch im Anschluss an ein Spiel vorgelegt werden. Gemeinsam werden dann Antworten auf die beiden Fragen gefunden: »*Wer hat die wenigsten Steine? Wie hast du das herausgefunden?*«; »*Wer hat gewonnen? Wie hast du das herausgefunden?*«

Anknüpfen

Im Weiteren gilt es, an die beobachteten und bisher erworbenen Kompetenzen der Kinder anzuknüpfen und ein neues, herausforderndes und darauf aufbauendes Angebot zu machen. Beim Einsatz von Regelspielen kann dies durch die Variation des Spielmaterials und/oder der Spielregeln erfolgen. Im Folgenden finden Sie zwei Vorschläge für Variationen.

Variante 1 zu Muggelsteine sammeln

In dieser Variante des Spiels werden zwei Veränderungen in Bezug auf das Spielmaterial vorgenommen:

1. Erhöhung der Anzahl der Muggelsteine pro Kind (15 oder mehr Steine)
2. Veränderung der Form der Unterlage: Statt einer Unterlage im DIN-A5-Format wird ein DIN-A4-Streifen verwendet. Der Streifen legt nahe, die Steine paarweise in Reihen auf die Unterlage zu legen. Durch Verschieben und Aneinanderlegen der Streifen kann die Anzahl der Steine

---

15 Bei allen Bildern im Onlinematerial sind die Spielunterlagen der einzelnen Spielerinnen und Spieler nummeriert, damit man über die Spielstände mit den Kindern besser sprechen kann.

während des Spiels und am Ende gut miteinander verglichen werden (▶ Abb. 4.5, links). Aber auch die Differenz zwischen den Mengen kann beim Aneinanderlegen der Streifen bestimmt werden: »*Wie viele Steine hast du mehr/weniger als ich?*«

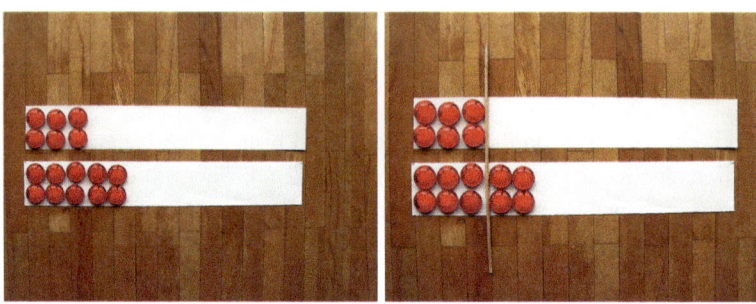

Abb. 4.5: Paarweise Anordnung auf der Streifenunterlage (links), Bestimmung der Differenz mithilfe eines Schaschlikspießes (rechts)

Außerdem kann eine zusätzliche Regel eingeführt werden, so dass beim Spielen nicht nur Steine hinzukommen, sondern auch Steine von der eigenen Unterlage weggenommen werden müssen: »*Bisher gab es eine besondere Regel: Wenn man eine Eins oder eine Zwei würfelt, muss man den einen bzw. die zwei Steine an denjenigen abgeben, der bisher die wenigsten Steine gesammelt hat. Jetzt kommt noch eine weitere Regel hinzu: Wenn man eine Sechs würfelt, darf man sich nicht sechs Steine aus der Schachtel nehmen, sondern man muss sechs Steine in die Schachtel zurücklegen.*«

Wenn man weniger als sechs Steine gesammelt hat, muss man alle seine Steine abgeben. Veränderungen in der Mächtigkeit der Mengen sollten immer auch verbal beschrieben werden: »*Jetzt habe ich nicht mehr... Steine, sondern nur noch/bereits... Steine.*«

Durch die erhöhte Anzahl an Steinen in der Schachtel zu Beginn und die Regel des Zurücklegens von Steinen beim Würfeln einer Sechs wird die Spieldauer in dieser Variante erhöht.

Das mathematische Potential des Spiels beim Spielen nach Variante 1 entspricht im Wesentlichen demjenigen nach Grundregeln. Neu hinzu

4.1 Spiele zur Förderung des Zahlverständnisses

kommt die Differenzbeziehung als einem Teilaspekt des relationalen Zahlverständnisses. Die Differenzbeziehung ist für Kindergartenkinder, aber auch für Schulanfängerinnen und -anfänger ein überaus wichtiges, aber zugleich schwieriges Konzept. Es wird deutlich später erworben als bspw. der Mengenvergleich oder das Aufsagen der Zahlwortreihe. Eine typische falsche Antwort auf die Frage: »*Wie viele Steine hast du mehr als ich?*« ist das Nennen der Gesamtanzahl, also zehn statt vier (▶ Abb. 4.5, links). Diese Spielvariante ist eine gute Möglichkeit, dass Kinder erste Erfahrungen zur Differenzbeziehung machen. Durch das Aneinanderlegen der Streifenunterlagen, kann die Differenz zwischen den Mengen sichtbar gemacht werden. Wenn der Blick der Kinder für die Differenz noch nicht entwickelt ist, kann diese durch die Verwendung eines Schaschlikspießes hervorgehoben werden (▶ Abb. 4.5, rechts): Um herauszufinden, welcher der drei Spieler die wenigsten Steine hat, können zur Bestimmung der Differenz die Streifenunterlagen auch im Spiel stets aneinandergeschoben werden (▶ Abb. 4.6).

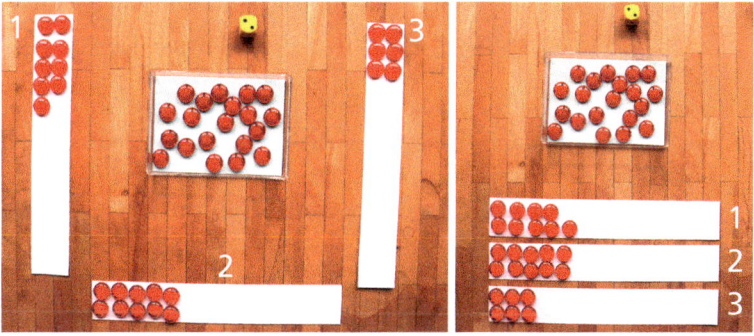

Abb. 4.6: Eine Zwei würfeln und die Differenz bestimmen

4 Spielbasierte mathematische Lernsettings

Variante 2 zu Muggelsteine sammeln

In dieser auf die bisherigen Ausführungen aufbauenden Variante des Spiels werden drei Veränderungen in Bezug auf des Spielmaterial vorgenommen:

1. In der Dose sind zu Beginn eine für die Spieler und Spielerinnen unbekannte Anzahl an Muggelsteinen. Die Größenordnung sollte ca. 200 Muggelsteine sein (▶ Abb. 4.7).
2. Die Spieler und Spielerinnen sammeln die Muggelsteine in Zehnerfeldern, die in größerer Anzahl zur Verfügung stehen[16]. Dabei wird ein neues Feld immer erst dann begonnen, wenn ein Zehnerfeld bereits gefüllt ist. Auf diese Weise werden die erwürfelten Steine beim Sammeln zu Zehnern gebündelt und die Anzahlen können während des Spiels und am Ende unter Nutzung dieser Struktur bestimmt und miteinander verglichen werden.
3. Es wird ein zwölfseitiger Würfel mit den Zahlsymbolen von null bis zehn verwendet. So kann das Spiel bei der deutlich erhöhten Anzahl an zu erwürfelnden Muggelsteinen beschleunigt werden. Wird die Krone gewürfelt (Joker), darf ein bereits angefangenes Zehnerfeld vollständig gefüllt werden.

Die besonderen Regeln beim Würfeln von eins, zwei und sechs entfallen bei dieser Variante und werden durch die ›Kronenregel‹ ersetzt: »*Jedes Kind darf würfeln und dann so viele Muggelsteine aus der Schachtel nehmen, wie der Würfel mit den Zahlen zeigt. Die Muggelsteine legt jedes Kind in ein Zehnerfeld. Wenn ein Feld voll ist, dürft ihr euch ein weiteres Zehnerfeld nehmen und dieses auch füllen usw. Es gibt außerdem wieder eine besondere Regel: Wenn man eine Krone*

---

16 Vorlagen für leere Zehnerfelder finden sich im Onlinematerial 4.1.1.3 und 4.1.1.4.

würfelt, darf man ein angefangenes Zehnerfeld ganz füllen. Die Krone ist ein Joker. Wenn die Schachtel leer ist, wird wieder geschaut, wer die meisten Steine gesammelt hat. Dieses Kind hat gewonnen.«

Abb. 4.7: Spielaufbau Variante 2 mit Zehnerfeldern und zwölfseitigem Würfel

Das mathematische Potential des Spiels beim Spielen nach Variante 2 ändert sich geringfügig. Es entfällt die Zahlauffassung von Würfelbildern, stattdessen müssen die Zahlzeichen von null bis zehn erkannt werden und eine entsprechende Anzahl an Muggelsteinen aus der Schachtel genommen werden. Fast alle Kinder zu Schulbeginn kennen die Zahlzeichen von null bis neun und können diesen eine entsprechende Anzahl an Objekten zuordnen (Clarke et al. 2008, S. 273 f.). Unsicherheiten können jedoch bei der Unterscheidung der Sechs und der Neun sowie der Eins und der Sieben bestehen. Auch das Erkennen der Zehn als erstes Zahlzeichen, das aus zwei Ziffern besteht, gelingt nicht allen Kindern.

Das Auslegen von Spielkarten mit Zahlzeichen[17] in aufsteigender Reihe am Tischrand stellt eine einfache Möglichkeit der Unterstützung dar (▶ Abb. 4.7). Anhand der ausgelegten Zahlzeichenfolge kann die Zahlwortreihe aufgesagt und das zum gewürfelten Zahlzeichen passende Zahlwort gefunden werden.

Neu hinzu kommt bei dieser Variante neben der Verwendung von Zahlzeichen die Teile-Ganzes-Beziehung als einem Teilaspekt des relatio-

---

17 Z. B. einen Kartensatz in einer Farbe des Spiels *Fünfer raus* (▶ Kap. 4.1.5) verwenden.

nalen Zahlverständnisses. Durch die Verwendung von Zehnerfeldern kann die Zahlauffassung der bereits erwürfelten Muggelsteine auch mithilfe der Struktur der Zehnerfelder erfolgen. So kann in Abbildung 4.7 die Menge vier als zusammengesetzt aus zwei und zwei erkannt werden. Oder die Menge neun kann durch die Beziehung zur zehn erkannt werden: Sind alle Felder gefüllt, wären es zehn, es ist aber ein Feld leer, daher sind es neun. Wenn das Kind außerdem weiß, dass in einem vollen Zehnerfeld immer zehn Muggelsteine liegen und es mit dem Zählen in Zehnerschritten vertraut ist, kann die Mächtigkeit größerer Mengen auch ohne ein Zählen aller Muggelsteine bestimmt werden. Dass in einem Zehnerfeld immer genau zehn Muggelsteine Platz finden, mag für Erwachsene selbstredend sein, ist es für Kinder zu Beginn des Lernprozesses aber nicht unbedingt. Bezeichnungen wie »*Zehner*-Feld« müssen inhaltlich gehört und verstanden werden: Das Feld heißt *Zehner*feld, da es zehn Felder hat, zwei Reihen mit je fünf Feldern. Anlass zur Zwischen- oder Abschlussreflexion ist das Würfeln der Krone (➔ OM 4.1.1.1 und OM 4.1.1.2).

4.1.2 Muggelsteinspiel

Das *Muggelsteinspiel*[18] ist wie *Muggelsteine sammeln* ein Spiel, das beim Erwerb des Zahlverständnisses eher am Anfang des Lernprozesses steht. Auch dieses Spiel fördert primär das kardinale Zahlverständnis im Zahlenraum bis sechs.

---

18 Im Original heißt das Spiel *Bohnenspiel* (Köppen 1988; Schuler 2010b), da die Spielpläne mit Bohnen belegt werden. Wir verwenden Muggelsteine. Diese sind auch für jüngere Kinder gut zu handhaben und bleiben stabiler auf den Spielplänen liegen.

4.1 Spiele zur Förderung des Zahlverständnisses

Grundregeln des Spiels

Spielmaterial: ein Augenwürfel; für jedes Kind ein Spielplan mit je anderen Zahlbildern (drei verschiedene Pläne: Würfelbilder, Blockdarstellung, ungeordnete Zahlbilder, → OM 4.1.2.3[19]); Muggelsteine in drei verschiedenen Farben (rot, blau, grün) in drei Schachteln.

Spielregeln: Jedes Kind wählt sich einen Spielplan aus und legt ihn vor sich. Es ist wichtig, dass jedes Kind einen anderen Spielplan verwendet und so alle drei Spielplanversionen auf dem Tisch liegen (▶ Abb. 4.8). In der Tischmitte stehen drei Dosen mit vielen Muggelsteinen in den Farben rot, grün und blau. Es wird reihum gewürfelt. Je nach gewürfelter Augenzahl darf die entsprechende Anzahl an Steinen aus der Schachtel genommen und auf ein passendes Feld auf dem eigenen Spielplan gelegt werden. Es ist darauf zu achten, dass jedes Zahlbild auf dem Spielplan stets mit Muggelsteinen in nur *einer* Farbe belegt wird, die schwarzen Felder werden mit grünen Steinen, die dunkelgrauen mit roten Steinen und die hellgrauen Felder mit blauen Steinen belegt. So werden benachbarte Felder stets in verschiedenen Farben belegt. Dies hilft, die verschiedenen Felder und die Zahlbilder zu unterscheiden. Sind bereits alle passenden Felder zu einer gewürfelten Augenzahl auf dem Spielplan belegt (auf jedem Spielplan finden sich zwei Zahlbilder zu jeder Zahl von eins bis sechs), muss das Kind aussetzen und das nächste ist an der Reihe. Wer als erstes alle Felder auf dem Spielplan belegt hat, hat gewonnen.

---

[19] Im Onlinematerial finden sich zwei verschiedene Dokumente zum Ausdrucken der Spielpläne. Im Onlinematerial 4.1.2.3 sind die Punktebilder in drei verschiedenen Grautönen gestaltet, im Onlinematerial 4.1.2.4 sind alle Punktbilder im gleichen Grauton zu sehen. Beide Dokumente können sowohl auf DIN A4 ausgedruckt als auch auf DIN A3 vergrößert (141 %) werden. Beim Druck auf DIN A4 müssen kleinere Muggelsteine verwendet werden, beim Druck auf DIN A3 können die transparenten Muggelsteine mit 2 cm Durchmesser verwendet werden. Die Pläne mit nur einem Grauton eignen sich für das gemeinsame Spiel auf einem Spielplan (s. weiter unten im Text).

4 Spielbasierte mathematische Lernsettings

Abb. 4.8: Spielaufbau

In Tabelle 4.3 ist das mathematische Potential des Spiels beim Spielen nach den Grundregeln dargestellt (▶ Tab. 4.3).

Seinen Schwerpunkt hat das Spiel im Bereich der *Zahlauffassung* (Augenzahlen von eins bis sechs auf dem Würfel und Zahlbilder in anderen Anordnungen auf dem Spielplan bestimmen) und der *Zahldarstellung* (entsprechende Anzahl an Muggelsteinen aus der Schachtel nehmen und auf das passende Zahlbild auf dem Spielplan legen), also dem Bestimmen und Herstellen von Mengen einer bestimmten Mächtigkeit. Der Unterschied zum vorherigen Spiel besteht darin, dass nicht nur Würfelbilder als Zahlbilder verwendet werden, sondern auch andere Anordnungen, nämlich auf dem Spielplan. D. h. die Spielerinnen und Spieler müssen beim Spielen in jedem Fall auch Nicht-Würfelbilder auffassen. Grundsätzlich kann die Zahlauffassung von Zahlbildern zählend oder nicht-zählend erfolgen. Ziel ist es, dass die Kinder zunehmend Zahlbilder ohne zu zählen auffassen und dies nicht nur bei Würfelbildern, sondern bei Zahlbildern in ganz unterschiedlichen Anordnungen, indem Teile-Ganzes-Beziehungen genutzt werden (s. u. Infokasten Zahlbilder und Infokasten Nicht-zählende Auffassung von Zahlbildern).

4.1 Spiele zur Förderung des Zahlverständnisses

Tab. 4.3: Mathematisches Potential *Muggelsteinspiel* nach Grundregeln

Spiel	Gruppen-größe	Ordinales ZV		Kardinales ZV		Relationales ZV		
		Zahlwort-reihe	Zahlzei-chenfolge	Zahlauf-fassung	Zahldar-stellung	Mengen-vergleich	Teile-Ganzes-Beziehung	Differenz-beziehung
Muggelstein-spiel	2–3	bis 6		bis 6	bis 6			

> **Infokasten: Zahlbilder**
>
> Grundsätzlich kann man verschiedene Arten von Zahlbildern unterscheiden. Die wohl bekanntesten Zahlbilder im Zahlenraum bis sechs sind die *Würfelbilder*, die man auf gängigen Spielwürfeln findet. Dabei werden Punkte in einem quadratischen Neunerraster auf eine bestimmte Art angeordnet (▶Abb. 4.9). In manchen Dominospielen finden sich auch Zahlbilder der Sieben, Acht und Neun. Würfelbilder werden von Kindern häufig nicht (mehr) als Quantitäten aufgefasst, sondern in ihrer Gestalt als räumliche Muster wiedererkannt. Das Würfelbild der Drei wird also nicht als Drei erkannt aufgrund dessen, dass das Kind drei Punkte erkennt, sondern weil es die ›schräge‹ Linie als das Bild der Drei wiedererkennt. Daher ist es wichtig, nicht nur mit Würfelbildern zu arbeiten, sondern die verwendeten Zahlbilder zu variieren.

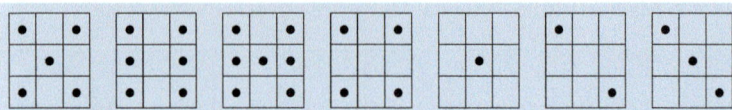

Abb. 4.9: Würfelbilder

Fingerbilder sind ebenfalls aus dem Alltag bekannte Zahlbilder. Fingerbilder weisen eine Fünferstruktur auf. So wird bspw. die Sechs als zusammengesetzt aus einer Hand (Fünf) und einem Daumen dargestellt (▶ Abb. 4.10). Bei Fingerbildern kann, im Unterschied zu Würfelbildern, immer auch erkannt werden, wie viele Finger zur Zehn fehlen, nämlich die Anzahl der umgeklappten Finger. Im abgebildeten Beispiel sind dies vier.

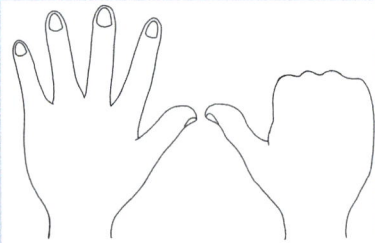

Abb. 4.10: Fingerbild

In der Schule werden *Zahlbilder mit einer Zehner- und Fünfergliederung* verwendet, da die Bündelungseinheit Zehn die Basis unseres dekadischen Stellenwertsystems darstellt. Die weitere Untergliederung der Basis zehn in zwei Fünfer ist notwendig, damit Zahlbilder größer als vier nicht-zählend aufgefasst werden können. Weiter dient diese Untergliederung der Erarbeitung von Zahlzerlegungen. Die Zehner- und Fünfergliederung wird nicht nur in Zahlbildern bis zehn, sondern auch bis 20, 100 und darüber hinaus verwendet (▶ Abb. 4.11).

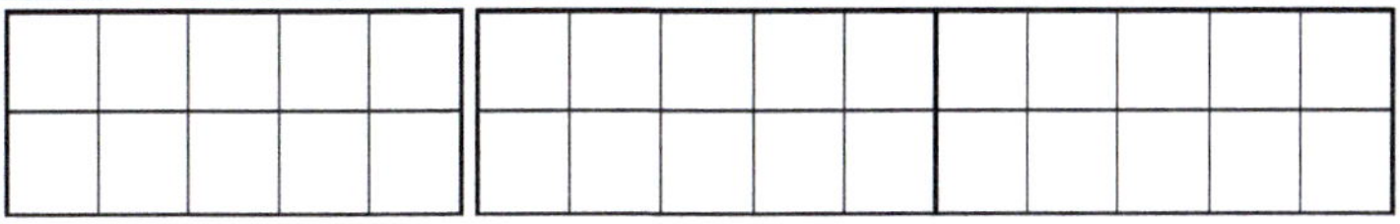

4.1 Spiele zur Förderung des Zahlverständnisses

Abb. 4.11: Leeres Zehner- und Zwanzigerfeld

Im *Zehner- und Zwanzigerfeld* können Zahlbilder auf zwei verschiedene Arten darstellt werden:

- Abb. 4.12, links: Blockdarstellung, Nähe zu Würfelbildern, Betonung der Zahleigenschaft gerade und ungerade durch eine paarweise Anordnung
- Abb. 4.12, rechts: Reihendarstellung. Nähe zu Fingerbildern, Betonung der Kraft der Fünf durch das Füllen der Fünferreihe

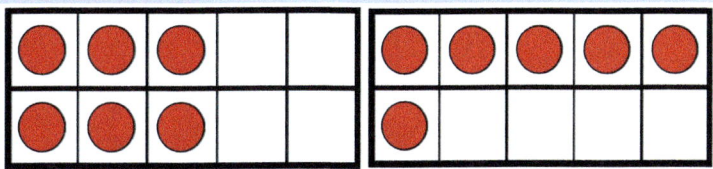

Abb. 4.12: Block- (links) und Reihendarstellung (rechts)

Eine weitere Möglichkeit sind *Zahlbilder ohne eine erkennbare regelmäßige Anordnung*. Die Verwendung dieser Zahlbilder hat im Übergang einen hohen didaktischen Wert, da sie die Kinder zum Nachdenken über bereits bekannte Zahlbilder anregt. So kann die Vier im Zahlbild (▶ Abb. 4.13, links) als zwei und zwei oder auch als eins und drei wahrgenommen werden, während im Zahlbild (▶ Abb. 4.13, rechts) vielleicht eine gedrehte Würfelvier erkannt wird. Beide Darstellungen dienen dazu, bekannte, aber oft nicht mehr in Bezug auf ihre Bestandteile und Quantität bewusst wahrgenommene Darstellungen wie das Würfelbild der Vier zu reflektieren.

4 Spielbasierte mathematische Lernsettings

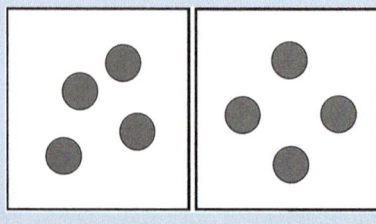

Abb. 4.13: Unstrukturierte Zahlbilder

Infokasten: Nicht-zählende Zahlauffassung von Zahlbildern

Die Zahlauffassung von Zahlbildern kann zählend oder nicht-zählend erfolgen. Ziel ist es, dass die Kinder Zahlbilder bis sechs, später bis zehn und darüber hinaus, auf einen Blick, also nicht-zählend erfassen. Das (Wieder-)Erkennen und Nutzen von Strukturen spielt dabei eine wichtige Rolle. Ohne diese Kompetenz besteht die Gefahr, dass Kinder dauerhaft zählen, statt zu rechnen. Beim Erfassen auf einen Blick unterscheiden wir die Simultan- und die Quasi-Simultanerfassung. Die Simultanerfassung ist nur bei Mengen von eins bis vier möglich. Teilweise wird in der Literatur auch die Fünf als Obergrenze genannt. Ab einer Mächtigkeit von fünf bzw. sechs können Mengen nicht mehr simultan, sondern nur noch quasi-simultan erfasst werden. Jetzt kann man einwenden, dass das Würfelbild der Fünf oder der Sechs in derselben Art zu erkennen ist wie das Würfelbild der Drei oder Vier. Oder dass man mittels der üblichen Fingerbilder sogar Mengen von eins bis zehn unmittelbar erkennen. Das ist richtig. Man erkennt diese Zahlbilder, die Würfelbilder von eins bis sechs oder die Fingerbilder von eins bis zehn, da deren Gestalt verinnerlicht wurde und diese wiedererkannt wird. Man kann sich den Unterschied zwischen einer simultanen und einer quasi-simultanen Zahlauffassung gut am Beispiel unstrukturierter Zahlbilder oder auch eher ungewohnter Zahlbilder verdeutlichen (▶ Abb. 4.14).

4.1 Spiele zur Förderung des Zahlverständnisses

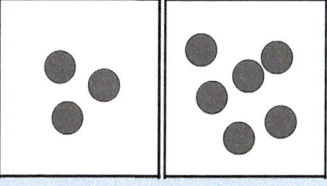

Abb. 4.14: Unstrukturierte Zahlbilder

Sowohl das Nicht-Würfelbild der Drei als auch das Nicht-Würfelbild der Sechs können nicht-zählend aufgefasst werden. Das Zahlbild der Drei lässt sich aber simultan erfassen, also ohne dass weitere Untergliederungen vorgenommen werden müssen. Das Zahlbild der Sechs hingegen lässt sich nur quasi-simultan erfassen, z. B. als Zusammensetzung aus den Teilmengen vier und zwei. Die Simultanerfassung bis vier kann also für die Quasi-Simultanerfassung von Mengen größer als vier verwendet werden.

Aber auch bereits bekannte Strukturen können für die Quasi-Simultanerfassung größerer Mengen genutzt werden. So kann im untenstehenden Bild der Sechs die Nähe zum bekannten Zahlbild der Fünf erkannt werden (▶ Abb. 4.15). Aus der Tatsache, dass sich in der Mitte zwei Punkte statt einem befinden, kann geschlossen werden, dass es insgesamt sechs sind. (Schuler, 2010a)

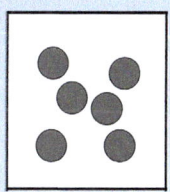

Abb. 4.15: Unstrukturiertes Zahlbild der Sechs

Anbieten, Beobachten und Unterstützen

Im Kindergarten wird das Spiel entsprechend der oben beschriebenen Grundregeln gespielt. Optimal ist eine Gruppengröße von drei Spielerinnen und Spielern, da so alle drei verschiedenen Spielpläne gleichzeitig Verwendung finden und die dort abgebildeten drei Arten von Zahlbildern – Würfelbilder, Blockdarstellung, ungeordnetes Zahlbild – miteinander verglichen werden können. Das Spiel kann aber auch nur zu zweit gespielt werden. Im Idealfall spielt die Fachkraft mit, um eine optimale Lernbegleitung (s. Skript ➔ OM 4.1.2.1) zu ermöglichen. In der Phase des Anbietens wird das Spielmaterial vorgestellt und die Spielregeln sukzessive während der ersten Spielrunden eingeführt: »*Das Spiel, das wir jetzt zusammenspielen, heißt Muggelsteinspiel.*«

Bei der Einführung der Spielregeln und der Spielvorbereitung können bereits verschiedene Beobachtungen gemacht und die Kinder durch Impulse herausgefordert werden. Ein erster Lernanlasse kann dadurch initiiert werden, dass jede Mitspielerin und jeder Mitspieler zu Beginn seinen Spielplan beschreibt: »*Wie sieht dein Spielplan aus? Was kannst du darauf erkennen? Wie viele Felder hat dein Spielplan? Wie viele Felder mit vier Punkten gibt es?*«

Auch die Fachkraft sollte im Sinne das Modellierens (Vormachens) ihren Spielplan beschreiben. Dabei kann sie Anzahlen bestimmen – »*auf diesem Feld sehe ich zwei Punkte*« –, Anordnungen beschreiben – »*dieses Feld sieht so ähnlich aus wie eine Würfelfünf, hat aber zwei Punkte in der Mitte*« – oder auch auf die Gesamtanzahl der Felder eingehen – »*mein Plan hat insgesamt zwölf Felder*«.

Beim Beschreiben der Spielpläne können bereits folgende Beobachtungen zum kardinalen Zahlverständnis der Kinder gemacht werden:

- Fasst das Kind die Zahlbilder auf dem Spielplan zählend oder nichtzählend auf?
- Wenn das Kind zählt, zählt es auch bei kleinen Mengen wie eins, zwei und drei oder nur bei den Mengen ab einer Mächtigkeit von vier?
- Wenn das Kind zählt, zählt es insbesondere bei Anordnungen, die wenig Ähnlichkeit mit Würfelbildern aufweisen und hier insbesondere bei Mengen ab einer Mächtigkeit von vier oder fünf?

4.1 Spiele zur Förderung des Zahlverständnisses

- Treten Fehler bei der Zahlauffassung von Zahlbildern auf, z. B. durch asynchrones Zählen (s. Infokasten Asynchrones Zählen ▶ Kap. 4.1.1)?
- Äußert sich das Kind spontan zu erfassten Teilmengen in Zahlbildern, z. B. »Das sind vier, zwei und zwei.«?

Zum ordinalen Zahlverständnis können bei diesem Spiel beim Aufsagen der Zahlwortreihe vergleichbare Beobachtungen gemacht werden wie beim Spiel *Muggelsteine sammeln* (▶ Kap. 4.1.1).

»Jedes Kind darf jetzt würfeln und dann so viele Muggelsteine in einer Farbe aus der Schachtel nehmen, wie es gewürfelt hat. Die Muggelsteine legt jedes Kind dann auf das passende Feld auf seinem Spielplan. Auf schwarze Felder legen wir blaue Steine, auf die dunkelgrauen rote und auf die hellgrauen grüne Steine. Wenn ich eine Zwei würfle, dann suche ich das Bild der Zwei auf meinem Spielplan und lege z. B. zwei rote Muggelsteine auf die Zwei. Wenn kein Feld mit zwei Muggelsteinen mehr frei ist, kann ich leider keine Muggelsteine legen und der nächste ist an der Reihe. Wer als erster alle seine Felder belegt hat, hat gewonnen.«

Beim nun folgenden Spiel können weitere Beobachtungen zum kardinalen Zahlverständnis gemacht werden:

- Nimmt das Kind nach dem Würfeln sofort eine entsprechende Anzahl an Muggelsteinen aus der Schachtel oder sucht es zunächst das passende Zahlbild auf dem Spielplan, auch um zu kontrollieren, ob noch passende Zahlbilder frei sind?
- Wie geht das Kind beim Finden des zum Würfelbild passenden Zahlbildes auf dem Spielplan vor? Geht es Feld für Feld durch oder erkennt es das passende Bild nach kurzer Zeit? Braucht es lange, um das entsprechende Zahlbild zu finden? Gelingt ihm dies bei kleinen Mengen schneller als bei größeren? Treten Fehler bei der Wahl des passenden Zahlbildes auf?
- Nimmt das Kind nach dem Würfeln die Steine einzeln aus der Schachtel oder nimmt es zwei/mehrere auf einmal?
- Treten beim Nehmen der Steine, also der Zahldarstellung Fehler auf, z. B. durch asynchrones Zählen?

Um die Kinder im weiteren Spielverlauf zum Verbalisieren und auch zum Legen von Zahlbildern anzuregen, sollte die Fachkraft als Modell fungieren: »*Ich habe eine Sechs gewürfelt. Eine Sechs auf meinem Spielplan habe ich schon belegt, nämlich mit den sechs grünen Steinen. Aber da ist noch eine Sechs, die habe ich schnell erkannt, da sie wie eine Würfelsechs aussieht, drei und drei. Ich belege sie jetzt mit sechs blauen Steinen: eins, zwei, drei, vier, fünf, sechs (oder: zwei, vier, sechs).*«

Vergleichbares gilt für die Spielsituation, wenn kein Feld mehr frei ist: »*Ich habe eine Sechs gewürfelt. Jetzt habe ich schon beide Felder mit der Sechs belegt und darf mir daher keine Muggelsteine nehmen. Du bist an der Reihe.*«

Um weitere Lerngelegenheiten zur Zahlauffassung und zum Mengenvergleich zu schaffen, wird das Spiel von der Fachkraft nach jeder Würfelrunde kurz unterbrochen: »*Jetzt schauen wir mal, wie viele Felder jedes Kind schon belegt hat.*«

In der ersten und zweiten Würfelrunde kann jeder Mitspieler und jede Mitspielerin in jedem Fall ein Feld belegen. Erst ab der dritten Runde kann es sein, dass ein Kind kein Feld belegen kann und aussetzen muss. Die Zahlauffassung der belegten Felder kann von den Kindern auf unterschiedliche Weisen vorgenommen werden, die jeweils Gegenstand der Beobachtung durch die Fachkraft sind:

- Erkennt das Kind zu Spielbeginn ohne zu zählen, ob es ein, zwei oder drei Felder belegt hat oder zählt es alle Felder einzeln?
- Erinnert sich das Kind in der Folgerunde, wie viele Felder es davor bereits belegt hat, z. B. drei, und zählt in der nächsten Runde dann einfach um eins weiter, also dann vier belegte Felder, oder zählt es alle Felder erneut?
- Erinnert sich das Kind in der Folgerunde, dass es kein Feld belegen konnte und sich daher die Anzahl der belegten Felder nicht verändert hat, oder zählt es erneut?

Die Fachkraft kann die Kinder dabei durch folgende Fragen und Impulse unterstützen: »*Letzte Runde hatten wir alle bereits ein Feld (zwei/drei Felder) belegt. Wie sieht es jetzt aus?*«, »*Du konntest in der letzten Runde kein Feld belegen. Wie viele belegte Felder hast du also?*«

Auch die Beziehung zwischen belegten und noch leeren Feldern kann in den Blick genommen werden:

- »*Ich habe ein Feld belegt. Elf Felder sind noch leer. Wie ist das bei dir?*«

- »Letzte Runde hatte ich vier belegte Felder und acht leere. Jetzt habe ich fünf belegte Felder und sieben leere. Wie ist das bei dir?«
- »Letzte Runde hatte ich zehn belegte Felder und zwei leere. Jetzt habe ich ein belegtes Feld mehr und ein leeres Feld weniger. Wie ist das bei dir?«

Wenn ein Kind alle Felder belegt hat, ist das Spiel zu Ende.

Gegen Ende des Spiels kann – wie bereits erwähnt – die Situation eintreten, dass die Spielerinnen und Spieler würfeln und kein Feld mehr belegt werden kann. Dies kann im Spiel Leerlauf erzeugen und das Spiel in die Länge ziehen. Dem kann, wenn gewünscht, durch folgende Regelvariation begegnet werden: Wenn eine Spielerin oder ein Spieler eine Zahl würfelt und kein passendes Feld mehr belegen kann, dürfen alle Mitspieler und Mitspielerinnen auf ihrem Plan das entsprechende Feld belegen, falls dieses noch leer sein sollte.

Alternativ kann die Spielzeit dadurch verringert werden, dass alle drei (oder auch zwei) Spielerinnen und Spieler von Anfang an nur auf einem großen Spielplan spielen (▶ Abb. 4.16, → OM 4.1.2.4). Auch hier wird reihum gewürfelt, jedes Kind belegt sein Feld nun allerdings immer in derselben Farbe: Kind 1 verwendet nur grüne Muggelsteine, Kind 2 nur rote und Kind 3 nur blaue. Wenn der Spielplan vollständig belegt ist, gewinnt das Kind, das in seiner Farbe die meisten Felder belegt hat. Zur Ermittlung des Gewinners muss jedes Kind die Anzahl seiner belegten Felder bestimmen und diese mit der Anzahl der anderen beiden Kinder vergleichen.

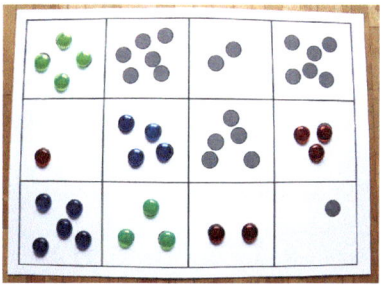

Abb. 4.16: Spiel zu dritt auf einem Spielplan, Rot liegt vorne

Die folgenden Fragen und Impulse können von der Fachkraft gestellt werden, wenn die Kinder ihre Spielhandlungen nicht von selbst als Reaktion auf die Modellierungstätigkeit der Fachkraft verbal begleiten: »*Was wäre, wenn ich jetzt eine Drei würfeln würde (beide Dreier sind bereits belegt oder nur noch das Feld der Drei ist leer)?*«, »*Welche Zahl musst du würfeln, um ein Feld belegen zu können? Bei welchen Zahlen kannst du kein Feld belegen? Welche Zahl musst du würfeln, um zu gewinnen?*«

Moderieren

Anlässe für Zwischen- und Abschlussreflexionen ist das Bestimmen der bereits belegten und der noch leeren Felder. Die Bilder im Onlinematerial 4.1.2.2 können daraufhin untersucht werden: »*Wie viele Felder hat jedes Kind belegt? Wie viele sind leer?*«, »*Was müssten die Spielerinnen und Spieler würfeln, um ein weiteres Feld zu belegen?*«

Anknüpfen

Im Weiteren gilt es, an die beobachteten und bisher erworbenen Kompetenzen der Kinder anzuknüpfen und ein neues, herausforderndes und darauf aufbauendes Angebot zu machen. Beim Einsatz von Regelspielen kann dies durch die Variation des Spielmaterials und/oder der Spielregeln erfolgen. Im Folgenden finden sich zwei Vorschläge für Variationen.

Variante zum Muggelsteinspiel

In dieser Variante des Spiels kann eine der zwei folgenden Veränderungen in Bezug auf das Spielmaterial vorgenommen werden, um die kardinale Deutung von Zahlzeichen zu fördern:

1. Verwendung eines Würfels mit den Ziffern von eins bis sechs statt eines Augenwürfels von eins bis sechs.
2. Alternativ wird weiterhin mit einem Augenwürfel gewürfelt. Jeder Spieler und jede Spielerin belegt den Spielplan jedoch statt mit Muggelsteinen mit Ziffernkarten von eins bis sechs (▶ Abb. 4.17), die für jede Mitspielerin und jeden Mitspieler in doppelter Ausfertigung vorliegen. Neben der Förderung des Erkennens der Zahlzeichen von eins bis sechs wird durch das Belegen mit Ziffernkarten die nicht-zählende Zahlauffassung bereits belegter Felder auf dem Spielplan erleichtert, da sich die belegten und nicht belegten Felder nun deutlicher voneinander abheben.

Abb. 4.17: Spielaufbau mit Ziffernkarten

Das mathematische Potential des Spiels beim Spielen nach Variante 1 entspricht im Wesentlichen demjenigen nach Grundregeln. Zusätzlich müssen die Zahlzeichen von eins bis sechs entweder auf dem Ziffernwürfel oder auf den Ziffernkarten erkannt werden und dem entsprechenden

Zahlbild auf dem Spielplan zugeordnet werden. Zu Spielbeginn werden die Ziffernkarten von jedem Spieler und jeder Spielerin unterhalb seines bzw. ihres Spielplans entsprechend der Zahlzeichenfolge geordnet.

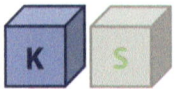

4.1.3 Stechen

Das Spiel *Stechen* ist ein Spiel, das an die in den beiden vorherigen Spielen geförderten Kompetenzen anknüpft und diese vertieft. Auch hier steht das kardinale Zahlverständnis im Zahlenraum bis sechs im Zentrum. Mit den weiter unten vorgestellten Varianten wird der Zahlenraum sukzessive bis zehn bzw. 20 erweitert.

> **Grundregeln des Spiels**
>
> Spielmaterial: ca. 60 Spielkarten mit Zahlbildern von eins bis sechs in verschiedenen Anordnungen und in vier oder fünf verschiedenen Farben (Punktekarten, ➔ OM 4.1.3.3).
>
> Spielregeln: Die Karten werden gemischt und auf alle Mitspielerinnen und Mitspieler gleichmäßig verteilt. Jedes Kind legt seine Karten verdeckt vor sich auf einen Stapel. Reihum deckt jedes eine Karte auf. Wer die meisten (oder die wenigsten) Punkte auf seiner Karte hat, gewinnt den Stich und bekommt alle aufgedeckten Karten. Wenn mehrere Spielerinnen und Spieler die meisten (die wenigsten) Punkte haben, decken alle Mitspieler und Mitspielerinnen erneut eine Karte auf und legen sie auf ihre bereits aufgedeckte Karte und der nächste Stich entscheidet. Wer am Ende die meisten Karten hat, hat gewonnen.

4.1 Spiele zur Förderung des Zahlverständnisses

Abb. 4.18: Spielaufbau

In Tabelle 4.4 ist das mathematische Potential des Spiels beim Spielen nach Grundregeln dargestellt (▶ Tab. 4.4).

Tab. 4.4: Mathematisches Potential *Stechen* nach Grundregeln

Spiel	Gruppen-größe	Ordinales ZV		Kardinales ZV			Relationales ZV	
		Zahlwort-reihe	Zahlzei-chenfolge	Zahlauf-fassung	Zahldar-stellung	Mengen-vergleich	Teile-Ganzes-Beziehung	Differenz-beziehung
Stechen	3–4	bis 6		bis 6				

Im Unterschied zu den beiden bisherigen Spielen liegt der Schwerpunkt einzig auf der *Zahlauffassung* von Zahlbildern, die *keine* Würfelbilder sind. Mit dem Spiel sollen die Kinder vor dem Hintergrund ihres bisher erworbenen Wissens über Würfelbilder dazu befähigt werden, unterschiedliche Zahlbilder bis sechs bzw. bis zehn durch das (Wieder-)Erkennen und Nutzen von Strukturen nicht-zählend aufzufassen. Die Zahldarstellung, also das Herstellen von Mengen einer bestimmten Mächtigkeit, spielt bei diesem Spiel keine Rolle. Um den Stichgewinn nach jeder Runde zu klären, müssen *Mengen* im Hinblick auf ihre Mächtigkeit *verglichen werden*: Wer hat weniger/mehr/gleich viele Punkte auf der aufgedeckten Spielkarte? Am Ende des Spiels muss die Gesamtanzahl der gewonnenen Karten verglichen werden: Wer hat die meisten Karten und folglich gewonnen? Durch die Verwendung von ganz unterschiedlichen Anordnungen auf den Spielkarten kann bei diesem Spiel auch die Teile-Ganzes-Beziehung gefördert werden. So kann bspw. die Menge Vier als eine Zusammensetzung aus den Mengen Zwei und Zwei oder aus den Mengen Drei und Eins erkannt werden (▶ Abb. 4.19).

Soll diese Spielvariante nicht im Kindergarten, sondern in der Schule mit der ganzen Klasse gespielt werden, müssen zahlreiche Kartensätze hergestellt werden. Dies ist nicht nur zeitlich aufwändig, sondern ggf. auch kostenintensiv. Alternativ kann das Spiel *Stechen* auch mit Spielwürfeln gespielt werden.[20] Die Kinder spielen dann paarweise mit normalen Spielwürfeln. Günstig ist, wenn jedes Kind einen eigenen Würfel hat, da so der Stich sichtbar bleibt. Jedes Kind würfelt mit dem Spielwürfel, wer die größere Augenzahl hat, gewinnt die Runde. Um die Rundengewinne festzuhalten und am Ende den Gewinner bzw. die Gewinnerin ermitteln zu können, muss ein Spielprotokoll geführt werden (➔ OM 4.1.3.4). Ein Nachteil dieser Materialveränderung (Spielwürfel statt Spielkarten) ist, dass nur mit Würfelbildanordnungen und nicht mit anderen Anordnungen gespielt werden kann.

---

20 Diese Spielidee stammt aus dem Schulbuch Schütte (2004). Weitere Ausführungen zum Einsatz des Spiels *Stechen* im Kindergarten finden sich in Schuler 2010c, zum Einsatz im Übergang und in der Schule in Schuler 2015a.

4.1 Spiele zur Förderung des Zahlverständnisses

Anbieten, Beobachten und Unterstützen

Im Kindergarten wird das Spiel zunächst entsprechend der oben beschriebenen Grundregeln gespielt. Der Kartensatz ist so aufgebaut, dass die Anzahlen von eins bis sechs in unterschiedlichen Anordnungen auf den Karten in Form von Punktebildern abgedruckt sind. So unterscheiden sich die gelben Punktebilder in ihrer Anordnung von den roten und diese wiederum von den grünen, blauen und lilafarbenen Punktebildern. Die Ähnlichkeit zu den üblichen Würfelbildern ist unterschiedlich stark ausgeprägt. Das sichere (Er-) Kennen der Würfelbilder begünstigt die nicht-zählende Zahlauffassung dieser Anordnungen. Würfelbilder stellen dabei eine Interpretationsfolie dar, vor deren Hintergrund die anderen Anordnungen erfasst werden können (Schuler 2010a). Günstig für dieses Spiel ist eine Gruppengröße von drei bis vier Spielern und Spielerinnen. Bei dieser Spieleranzahl können sich in der Tischmitte verschiedene interessante Kartenkonstellationen ergeben (▶ Abb. 4.19), die sich bei nur zwei Spielerinnen und Spielern nicht ergeben können: Zwei oder mehr Spieler und Spielerinnen haben die gleiche Anzahl an Punkten, so dass kein Kind den Stich in dieser Runde gewinnt. Aufgrund der unterschiedlichen Anordnungen der Punkte ist dies aber für die Kinder ggf. nicht sofort erkennbar und regt daher zum Austausch an.

Abb. 4.19: Beispiele für interessante Kartenkonstellationen bei vier Spielerinnen und Spielern

4 Spielbasierte mathematische Lernsettings

Im Idealfall spielt die Fachkraft mit, um eine optimale Lernbegleitung zu ermöglichen. In der Phase des Anbietens wird das Spielmaterial vorgestellt und die Spielregeln sukzessive während der ersten Spielrunden eingeführt (s. Skript ➔ OM 4.1.3.1). »*Das Spiel, das wir jetzt zusammen spielen, heißt ›Stechen‹. Es gibt Karten mit Punkten darauf. Schauen wir uns die Karten einmal an.*«

Bei der Einführung des Spielmaterials können bereits verschiedene Beobachtungen gemacht und die Kinder durch Impulse herausgefordert werden. Ein erster Lernanlass wird dadurch initiiert, dass zu Spielbeginn eine Auswahl an Karten (ca. acht bis zwölf Karten) – unterschiedliche Zahlbilder der Drei, Vier, Fünf und Sechs – gemeinsam betrachtet werden (▶ Abb. 4.20, ➔ OM 4.1.3.3; vgl. Fallbeispiel ▶ Kap. 2.3.4): »*Wie viele Punkte seht ihr? Wie habt ihr so schnell erkannt wie viele es sind?*«

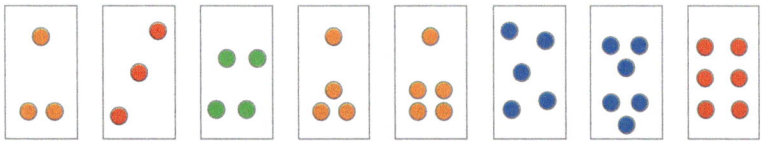

Abb. 4.20: Auswahl an Punktekarten mit drei bis sechs Punkten

In einem nächsten Schritt werden die ausgewählten Spielkarten den Kindern kurz gezeigt. Das Zeigen sollte nicht mehr als eine Sekunde betragen: »*Ich zeige euch die Karten jetzt nur ganz kurz. Mal sehen, ob ihr trotzdem erkennen könnt, wie viele Punkte auf der Karte sind.*«

Nachfragen geben Aufschluss darüber, wie das Kind das Zahlbild erkannt bzw. strukturiert hat: »*Wie viele Punkte hast du gesehen? Woher weißt du, dass es fünf Punkte sind?*« Hierzu können die Spielkarten von der pädagogischen Fach- bzw. Lehrperson auch wieder aufgedeckt werden, damit die Kinder ihre Überlegungen am Zahlbild zeigen können.

Es können folgende Beobachtungen zum kardinalen Zahlverständnis der Kinder gemacht werden:

- Werden alle Zahlbilder auch bei einer Aufdeckzeit von nur einer Sekunde korrekt aufgefasst?

- Wenn Fehler auftreten: Ist dies nur bei den Zahlbildern der Fünf und der Sechs der Fall, oder auch bei Zahlbildern der Drei und der Vier?
- Werden Zahlbilder, die den Würfelbildern sehr ähnlich sind, besser bzw. schneller erkannt? Gilt dies für alle Anzahlen?
- Äußert sich das Kind spontan zu erfassten Teilmengen in Zahlbildern, z. B. »Ich habe zwei und drei gesehen, das sind zusammen fünf.«?
- Kann das Kind auf Nachfrage beschreiben, wie es das Zahlbild erkannt hat, z. B. die Sechs als Zusammensetzung aus Zwei und Vier, oder weil sie aussieht wie das Bild auf dem Würfel?

Anschließend werden alle Karten verteilt. In einer ersten Spielrunde kann dies die Fachkraft übernehmen, indem sie reihum immer je eine Karte gibt, bis der ganze Stapel verteilt ist. Wenn die Kinder bereits Erfahrungen im gleichmäßigen Verteilen von Karten haben, kann dies auch von den Kindern übernommen werden. *»Ich mische jetzt die Karten, dann bekommt jeder von uns gleich viele Karten.«*

Zur Kontrolle, ob alle tatsächlich gleich viele Karten haben, kann jedes Kind die Anzahl der erhaltenen Karten bestimmen: *»Haben wir alle gleich viele Karten?«*

Beim Bestimmen der Anzahl der Karten, können Beobachtungen zum ordinalen und kardinalen Zahlverständnis gemacht werden:

- Sagt das Kind die Zahlwortreihe laut auf oder spricht es nicht beim Zählen der Spielkarten?
- Wird die Zahlwortreihe bis 10/15 stabil aufgesagt oder treten Fehler auf wie das Auslassen eines Zahlwortes oder das Nennen eines falschen Zahlwortes?
- Wenn das Kind die Zahlwortreihe in Einerschritten aufsagt: Wird jedem Zahlwort genau eine Spielkarte zugeordnet oder treten Fehler bei der Eins-zu-Eins-Zuordnung von Zahlwort und Objekt auf, zählt das Kind also asynchron (s. Infokasten Asynchrones Zählen ▶ Kap. 4.1.1)?
- Zählt das Kind nicht immer nur eine Spielkarte, sondern bspw. immer zwei Karten und zählt dazu in Zweierschritten: zwei, vier, sechs, acht, zehn?

»*Jedes Kind legt jetzt seinen Kartenstapel verdeckt vor sich hin. Wir decken reihum nacheinander (wichtig!) die oberste Karte auf. Jeder sagt beim Aufdecken dazu, wie viele Punkte er auf seiner Karte sieht. Wer die meisten Punkte hat, erhält alle Karten. Wer am Ende die meisten Karten besitzt, hat gewonnen.*«

Es hat sich als günstig erwiesen, wenn die Kinder ihre Spielkarten nicht gleichzeitig, sondern nacheinander aufdecken. So nehmen alle Kinder nach und nach jede aufgedeckte Spielkarte in Augenschein und jedes nennt zu seiner Karte das passende Zahlwort. Im Anschluss daran kann dann je nach Spielregel herausgefunden werden, wer die meisten bzw. die wenigsten Punkte auf seiner oder ihrer Spielkarte hat und den Stich gewinnt. In dem Zuge kann auch festgestellt werden, dass zwei oder mehr Kinder gleich viele Punkte haben. Haben diese Kinder mehr Punkte auf ihren Karten als die anderen, decken alle Kinder erneut nacheinander eine Karte auf und legen sie auf die bereits aufgedeckten Karten (▶ Abb. 4.21), um den Stich zu entscheiden: »*Kind 3 und 4 haben gleich viele Punkte, niemand hat am meisten. Jetzt decken wir alle noch einmal eine Karte auf. Wer hat jetzt die meisten Punkte auf seiner Karte? Wie habt ihr das erkannt?*«

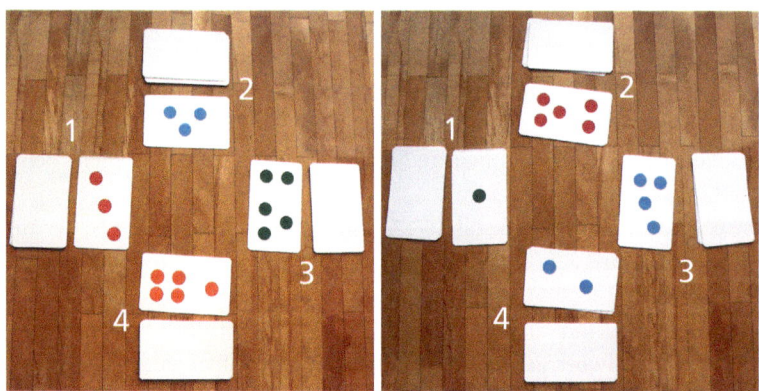

Abb. 4.21: Unentschiedener Stich und Stichentscheid nach erneutem Aufdecken

Während des Spiels können folgende Beobachtungen zum ordinalen, kardinalen und relationalen Zahlverständnis gemacht werden:

- Erkennt das Kind die verschiedenen Zahlbilder von eins bis sechs auf einen Blick oder zählt es die Punkte auf der Spielkarte z. B. durch Antippen mit dem Finger; erfolgt die Zahlauffassung also ohne oder mit Zählen?
- Wenn das Kind zählt, zählt es dann bei allen Zahlbildern oder bspw. nur bei sehr ›untypischen‹ Zahlbildern?
- Treten (immer noch) Fehler bei der Zahlauffassung auf, z. B. durch asynchrones Zählen?
- Äußert sich das Kind spontan dazu, dass es mehr/weniger/gleich viele Punkte wie seine Mitspielerinnen und Mitspieler hat?
- Erkennt das Kind sofort, wenn die Anzahl an Punkten auf zwei oder mehr Karten gleich groß ist, auch wenn die Anordnung der Mengen unterschiedlich ist?
- Äußert sich das Kind spontan zu erfassten Teilmengen in Zahlbildern, z. B.»Ich habe vier Punkte, zwei und zwei.«?
- Kann das Kind auf Nachfrage beschreiben, wie es das Zahlbild erkannt hat, z. B. die Sechs als Zusammensetzung aus drei und drei, oder weil sie aussieht wie das Bild auf dem Würfel?
- Äußert sich das Kind spontan dazu, wie viele Punkte es mehr als ein Mitspieler bzw. eine Mitspielerin hat, bestimmt es also die Differenz zwischen zwei Mengen (»Ich habe drei Punkte mehr als Maja.«)?

Um die Kinder im Spielverlauf zur Verbalisierung ihrer Spielhandlungen anzuregen, kann die Fachkraft als Modell fungieren (▸ Abb. 4.22): »*Ich habe vier Punkte auf meiner Karte, zwei auf dieser Seite und zwei hier. Das sind (zwei) mehr als Maja und (einer) weniger als Julian. Julian gewinnt den Stich, da fünf Punkte auf seiner Karte sind.*«

Im Weiteren sollte darauf geachtet werden, dass die Kinder die Spielhandlungen – Karte aufdecken, Anzahl der Punkte auf der aufgedeckten Karte bestimmen, Anzahl der Punkte mit den anderen Karten vergleichen – verbal begleiten. Es sei jedoch angemerkt, dass die Bestimmung der Differenz ein schwieriges Konzept ist, das nur von manchen Kindern bereits vor Schulbeginn erworben wird. Daher kann nicht davon ausgegangen werden, dass *alle* Kinder bestimmen können, wie viele Punkte mehr oder weniger sie als ein anderes haben. Es gibt aber durchaus Kinder, für die dieser Impuls eine passende Herausforderung darstellt.

Abb. 4.22: Stichbeschreibung durch die Fachkraft beim Spiel zu dritt

Wenn sich zeigt, dass die Zahlauffassung bei den Zahlbildern mit den Punkteanzahlen drei bis sechs durchgängig zählend erfolgt, kann das Spiel mit Spielkarten in Würfelbildanordnung gespielt werden und so der Schwierigkeitsgrad reduziert werden. Dazu können Spielkarten des Spiels *Halli Galli* (Amigo) oder *Speed* (Adlung) verwendet werden.

Wenn die Kinder während des Spiels angemessen gefordert sind, können durch Impulse weitere Lerngelegenheiten geschaffen werden. So kann die Fachkraft nach etwa der Hälfte des Spiels, also nach ungefähr sechs Stichen, anregen, dass alle Spielerinnen und Spieler vorab unter die nächste aufzudeckende Karte schauen und auf dieser Grundlage Vorhersagen über den Stichgewinn machen:

- »*Ich schaue jetzt vor dem Aufdecken unter meine Karte ... Ich gewinne eher nicht/Ich könnte gewinnen. Welche Karte könnte ich haben? Warum denkt ihr das?*«
- »*Schau mal unter deine Karte. Wirst du gewinnen? Warum denkst du, dass du gewinnst/nicht gewinnst?*«

- »*Welche Karte bräuchtest du, um zu gewinnen?*«
- »*Ich kann nicht mehr/noch gewinnen. Welche Karte könnte ich haben?*«
- »*Mit welchen Karten kann man bei diesem Spiel gewinnen? Mit welchen Karten verliert man? Ist das immer so?*«

Diese Impulse und Fragen, regen die Kinder an, vorab Vermutungen über den Stichgewinn anzustellen, diese zu begründen und zu prüfen, aber auch über ›bessere/schlechtere‹ Karten sowie über sicheres und wahrscheinliches Gewinnen bzw. Verlieren eines Stiches nachzudenken. So kann bspw. mit einem Punkt nicht gewonnen werden, womöglich aber ein Patt auftreten, wenn nämlich der unwahrscheinliche Fall eintritt, dass alle Spielerinnen und Spieler eine Eins aufdecken. Mit sechs Punkten ist die Wahrscheinlichkeit zu gewinnen sehr hoch, aber es kann auch der Fall eintreten, dass ein oder mehrere Mitspieler und Mitspielerinnen ebenfalls eine Sechs aufdecken, so dass man den Stich nicht zwingend gewinnt.

Wurden alle Karten aufgedeckt, ist das Spiel zu Ende und der Gewinner oder die Gewinnerin wird ermittelt: »*Wer hat das Spiel gewonnen?*«

Zur Ermittlung des Gewinners/der Gewinnerin können die Kinder unterschiedlich vorgehen. Meist wählen die Kinder von sich aus entweder das Nebeneinanderlegen der Kartenstapel oder das Zählen der Spielkarten. Das Nebeneinanderlegen eignet sich für den Vergleich von deutlich unterschiedlich hohen Stapeln, das Zählen wird notwendig, wenn ungefähr gleich hohe Kartenstapel gewonnen wurden und man nicht direkt erkennt oder Unsicherheiten bestehen, wer mehr Karten gewonnen hat.

Moderieren

Anlässe für Zwischen- oder Abschlussreflexionen sind besondere Spielsituationen. Beim *Stechen* sind dies Stichgewinne und Vermutungen über Stichgewinne: »*Welches Kind gewinnt den Stich?*«, »*Kann Kind 4 den Stich noch gewinnen?*«

Die Bilder im Onlinematerial 4.1.3.2 können im Hinblick auf diese beiden Fragen untersucht werden. Teilweise ausgefüllte Spielprotokollen können im Hinblick auf den Spielgewinn untersucht werden (➔ OM 4.1.3.4, 4.1.3.5): »*Wer hat das Spiel gewonnen?*«

Anknüpfen

Im Weiteren gilt es, an die beobachteten und bisher erworbenen Kompetenzen der Kinder anzuknüpfen und ein neues, herausforderndes und darauf aufbauendes Angebot zu machen. Beim Einsatz von Regelspielen kann dies durch die Variation des Spielmaterials und/oder der Spielregeln erfolgen. Im Folgenden finden sich drei Vorschläge für Variationen.

Variante 1 zu Stechen

Durch diese Variation der Spielregel, können Kinder vor Schulbeginn weiter herausgefordert werden. Es werden zwei Veränderungen vorgenommen:

1. Es gewinnt nicht das Kind, das die meisten bzw. die wenigsten Punkte auf seiner Spielkarte hat, sondern das Kind, das die ›mittlere‹ Punkteanzahl hat.
2. Das Spiel kann aus diesem Grund nur mit genau drei Spielerinnen bzw. Spielern gespielt werden.[21]

Um die mittlere Zahl zu finden, können die Karten zur Unterstützung in der Tischmitte nach der Größe geordnet werden. In dem Fall, dass zwei Spieler und Spielerinnen gleich viele Punkte haben, gewinnt keiner den Stich, da niemand die ›mittlere‹ Zahl hat.

---

21 Denkbar wäre grundsätzlich auch ein Spiel zu fünft, dann müssten fünf Anzahlen in eine Reihenfolge gebracht werden, um die mittlere Zahl zu bestimmen.

Das mathematische Potential des Spiels beim Spielen nach Variante 1 entspricht demjenigen nach Grundregeln. Allerdings ist die Bestimmung des Stichgewinns durch das Vergleichen nach oben und unten komplexer und damit herausfordernder.

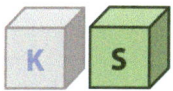

Variante 2 zu Stechen

In dieser auf die bisherigen Ausführungen aufbauenden Variante des Spiels werden zwei Veränderungen in Bezug auf das Spielmaterial vorgenommen:

1. Der Zahlenraum wird bis zehn erweitert, indem Punktebilder von null bzw. eins bis zehn in Zehnerfeldern auf den Spielkarten verwendet werden.
2. Die Punktebilder in den Zehnerfeldkarten werden sowohl in der Block- als auch in der Reihendarstellung verwendet (je zwei Sätze von null bzw. eins bis zehn).

Im Unterricht zu Beginn des ersten Schuljahrs bietet es sich an, dass sich jedes Kind in leeren Zehnerfeldkarten selbst Punktebilder in der Block- und Reihendarstellung herstellt. Jedes Kind sollte für Aktivitäten im Unterricht über 22 Karten verfügen: Zahlbilder von null bis zehn in Blockdarstellung und Zahlbilder von null bis zehn in Reihendarstellung (➔ OM 4.1.3.6, 4.1.3.7). Alternativ kann die Lehrperson die Karten für jedes Kind ausdrucken und laminieren. Es ist sinnvoll, mit den Bildern in der Blockdarstellung zu beginnen, da diese Zahlbilder eine größere Nähe zu den bereits bekannten Würfelbildern aufweisen (▶ Abb. 4.23). Jedes Kind bringt also einen Satz von elf Karten ein, so dass insgesamt mit 44 Karten gespielt wird. Im Weiteren kann das Spiel auch mit Karten in der Reihendarstellung oder aus einer Mischung von Block- und Reihendarstellung gespielt werden. Bei vier Kindern sollte der Kartensatz allerdings nicht über 66 liegen, da das Spiel sonst zu langatmig wird.

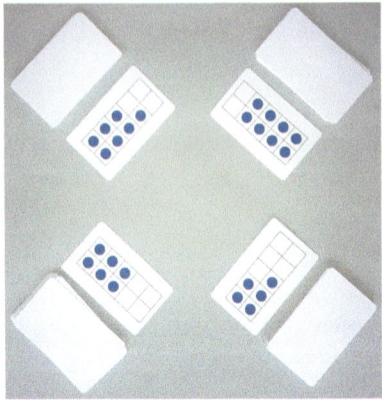

Abb. 4.23: Spielaufbau mit Zehnerfeldern in Blockdarstellung

Auch diese Spielvariante kann nach der Regel gespielt werden, dass die ›mittlere‹ Punkteanzahl gewinnt. Hier reduziert sich die Spieleranzahl auf drei.

Das mathematische Potential des Spiels beim Spielen nach Variante 2 entspricht im Wesentlichen demjenigen nach Grundregel. Eine Veränderung besteht in der Erweiterung des Zahlenraums von sechs auf zehn. Durch die Darstellung der Anzahlen in Zehnerfeldern (▶ Abb. 4.23) können darüber hinaus in den Zahlbildern Teilmengen erkannt werden, z. B. die Sieben als Zusammensetzung aus sechs und eins oder die Acht als Zusammensetzung aus vier und vier. Damit kann bei dieser Variante durch Nachfragen (»Woher weißt du, dass es sieben Punkte sind?«) die Teile-Ganzes-Beziehung gefördert werden.

4.1 Spiele zur Förderung des Zahlverständnisses

Variante 3 zu Stechen

In dieser Variante des Spiels wird eine Materialveränderung vorgenommen: Das Spiel wird mit Zahlenkarten von eins bis zehn (ggf. auch von eins bis zwanzig, ▶ Abb. 4.24) oder mit einem zwölfseitigen Würfel von null bis zehn plus Krone (Joker) gespielt. Die Verwendung von Würfeln empfiehlt sich für das Spielen mit der ganzen Klasse (vgl. Spiel nach Grundregeln). Wird die Krone gewürfelt, kann das Kind einen Zahlenwert zwischen null und zehn wählen. Da je nach Spielregel die größere bzw. die kleinere Zahl gewinnt, können unterschiedliche Zahlen zum Rundengewinn führen.

Günstig ist es, wenn in der Klasse immer drei Kinder zusammen spielen, wobei ein Kind die Protokollierung (→ OM 4.1.3.5) übernimmt und zwei Kinder gegeneinander antreten (▶ Abb. 4.24). Die Rollen werden nach jeder Spielrunde durchgewechselt, so dass jedes Kind sowohl spielt als auch protokolliert.

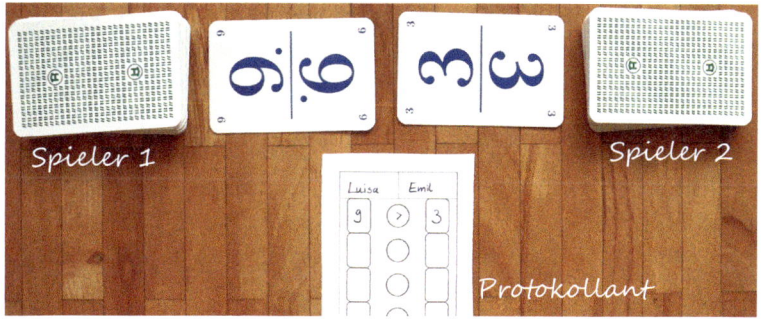

Abb. 4.24: Spielaufbau mit Zahlenkarten und Spielprotokoll

Das mathematische Potential des Spiels beim Spielen nach Variante 3 hat einen anderen Schwerpunkt. Durch die Verwendung von Zahlzeichen auf den Karten bzw. auf den Würfeln steht das ordinale Zahlverständnis im Mittelpunkt. Die aufgedeckten Zahlzeichen müssen im Hinblick auf die Größe der Zahlen miteinander verglichen werden.

4.1.4 Fünfer raus & Co

Das Spiel *Fünfer raus*[22] ist ein Spiel, das an die in den bisherigen Spielen erworbenen Kompetenzen zum Erkennen von Zahlzeichen anknüpft. Es fördert insbesondere das ordinale Zahlverständnis bis zehn.

> **Grundregeln des Spiels**
>
> Spielmaterial: 40 Spielkarten mit den Zahlzeichen von eins bis zehn in vier verschiedenen Farben[23]; Kartenhalter aus Holz für jedes Kind.
>
> Spielregeln: Die Karten werden gemischt, jedes Kind bekommt acht Karten. Jedes steckt seine acht Karten in seinen Kartenhalter. Ziel des Spiels ist es, ausgehend von der Fünf die Karten der Reihe nach anzulegen. Es entstehen vier Reihen bzw. Stapel (blau, rot, gelb, grün). Gewonnen hat, wer als erstes alle seine Karten abgelegt hat. Ein Kind beginnt und legt eine Fünf aus. Hat es keine, muss es eine Karte aufnehmen. Das nächste Kind ist an der Reihe und legt entweder auch eine Fünf oder es legt die nächsthöhere bzw. nächstniedrigere Zahl in der gleichen Farbe an. Jedes Kind kann beliebig viele passende Karten

---

22 Die Spielidee *Fünfer raus* stammt aus Hauser et al. (2015).
23 Das im Handel käuflich zu erwerbende Spiel *Elfer raus* (Ravensburger) enthält insgesamt 80 Karten: je 20 Karten in einer Farbe mit den Zahlzeichen von 1 bis 20.

ablegen, man muss aber nicht alle passenden Karten ablegen. Eine Karte muss jedoch abgelegt werden. Wer keine Karte auslegen kann, muss eine Karte ziehen, diese kann sofort ausgelegt werden, wenn sie passt. Wenn kein Nachziehstapel mehr vorhanden ist, wird ausgesetzt.

Abb. 4.25: Spielaufbau

In Tabelle 4.5 ist das mathematische Potential des Spiels *Fünfer raus* dargestellt (▶ Tab. 4.5).

Tab. 4.5: Mathematisches Potential *Fünfer raus*

Spiel	Gruppengröße	Ordinales ZV		Kardinales ZV		Relationales ZV		
		Zahlwortreihe	Zahlzeichenfolge	Zahlauffassung	Zahldarstellung	Mengenvergleich	Teile-Ganzes-Beziehung	Differenzbeziehung
Fünfer raus	3–4	bis 10	bis 10					

Im Unterschied zu den bisherigen Spielideen müssen die Zahlzeichen bei diesem Spiel nicht nur erkannt oder im Hinblick auf die Größe miteinander verglichen werden, sondern die Zahlzeichenfolge wird im Rahmen dieses Spiels von fünf aus in beide Richtungen hergestellt. Dazu müssen die Kinder Nachfolger und Vorgänger zu gegebenen Zahlzeichen bestimmen und die entsprechende Karte legen. Der Schwerpunkt dieses Spiels liegt also auf dem ordinalen Zahlverständnis, im Speziellen auf dem Herstellen und Untersuchen der Zahlzeichenfolge bis zehn.

Anbieten, Beobachten und Unterstützen

Die Variante *Fünfer raus* kann sowohl zu Schulbeginn als auch im Kindergarten gespielt werden. Günstig ist eine Gruppengröße von drei bis vier Spielerinnen und Spielern. Wird nur mit drei Spielern und Spielerinnen gespielt, ist es insbesondere im Kindergarten sinnvoll, nur mit drei Kartensätzen von eins bis zehn zu spielen. So wird die Spieldauer verkürzt, da auf dem Nachziehstapel lediglich noch sechs Karten liegen und daher i. d. R. angelegt werden kann (s. Skript → OM 4.1.4.1). Der vierte Kartensatz kann zur Unterstützung bei Unsicherheiten im Erkennen der Zahlzeichen von eins bis zehn am Tischrand ausgelegt werden (► Abb. 4.25, links). In der Schule kann, wenn die Kinder die Zahlzeichen sicher erkennen, durchaus auch mit vier Kartensätzen gespielt werden, dadurch wird das Spiel interessanter, da zu Beginn noch nicht alle Karten im Spiel sind: »*Das Spiel, das wir jetzt zusammen spielen, heißt ›Fünfer raus‹. Es gibt Karten mit Zahlen darauf in drei/vier verschiedenen Farben. Schauen wir uns die Karten einmal an.*«

Bei der Präsentation des Spielmaterials können verschiedene Beobachtungen gemacht und die Kinder durch Impulse herausgefordert werden. Ein erster Lernanlass wird dadurch initiiert, dass ein Kartensatz in einer Farbe von eins bis zehn ungeordnet auf dem Tisch ausgelegt wird und die Kinder die Zahlzeichen auf den Karten benennen. Anschließend legt die Fachkraft die Fünf in die Mitte: »*Die Fünf beginnt. Was kommt nach der Fünf? Was kommt vor der Fünf?*«

Die Kinder nehmen reihum eine Karte und legen sie in beide Richtungen an die Fünf an. Bei drei Mitspielerinnen und Mitspielern wird diese Kartenreihe anschließend an den Tischrand geschoben, so dass im Spiel durch Aufsagen der Zahlwortreihe das passende Zahlzeichen gefunden werden kann.

Während der Einführung des Spielmaterials können bereits folgende Beobachtungen zum Erkennen von Zahlzeichen und zum ordinalen Zahlverständnis gemacht werden:

- Erkennt das Kind alle Zahlzeichen von null bis zehn?
- Zeigt das Kind Unsicherheiten bei der Unterscheidung der Sechs und der Neun? Ist das Kind mit der Verwendung der Punkte auf den Spielkarten zur Unterscheidung der Sechs und der Neun vertraut?
- Erkennt das Kind Zahlzeichen in verschiedenen Schriftarten, also die Sieben auch ohne den Querstrich? Zeigt das Kind Unsicherheiten bei der Unterscheidung der Eins und der Sieben?
- Erkennt das Kind die Zifferndarstellung für die Zahl zehn?
- Kann das Kind den Nachfolger zu einer Zahl bestimmen? Nennt es diesen sofort bzw. greift es sofort zur richtigen Karte oder sagt es zunächst die Zahlwortreihe von eins an auf?
- Kann das Kind den Vorgänger zu einer Zahl bestimmen? Nennt es diesen sofort bzw. greift es sofort zur richtigen Karte oder sagt es zunächst die Zahlwortreihe von eins an auf und benennt dann die Zahl davor?

Fast alle Kinder zu Schulbeginn kennen die Zahlzeichen von null bis neun, es gelingt aber noch nicht allen, die Zahlzeichen zu ordnen, also in die richtige Reihenfolge zu bringen (Clarke et al. 2008, S. 274). Insbesondere das Bestimmen des Vorgängers ist für die Kinder unter Umständen eine neue Herausforderung und mit Unsicherheiten behaftet. Zum Bestimmen des Vorgängers kann das Kind rückwärts zählen. Falls dies noch nicht gelingt, muss es zunächst bis zur gegebenen Zahl vorwärts zählen und sich merken, welche Zahl es davor genannt hat. Diese Vorgehensweise belastet das Arbeitsgedächtnis sehr viel stärker als das Rückwärtszählen.

Wenn das Bestimmen des Vorgängers für die Kinder zu herausfordernd ist, sollte zunächst die Variante *Einser raus* und dann *Zehner raus* gespielt werden (s. u. Varianten). Bei *Einser raus* muss stets nur der Nachfolger bestimmt werden, bei *Zehner raus* nur der Vorgänger.

Wenn nur kleine Unsicherheiten im Hinblick auf das Bestimmen des Vorgängers bestehen, kann die Lehrperson das Ordnen der Zahlenkarten wiederholen. Ergänzend kann sie weitere Zahlenreihen von eins bis zehn mit Fehlern auslegen und die Kinder die Fehler finden lassen.

Anschließend werden die Karten verteilt. In einer ersten Spielrunde kann dies die Fachkraft übernehmen, indem sie reihum immer je eine Karte gibt, bis jedes Kind acht Karten hat. Wenn die Kinder bereits Erfahrungen im gleichmäßigen Verteilen von Karten haben, kann dies auch von den Kindern übernommen werden: »*Ich mische jetzt die Karten, dann bekommen wir alle acht Karten. Wir stellen unsere Karten vor uns in den Kartenhalter. Sortiert eure Karten nach Farbe.*«

Zur Kontrolle, ob alle tatsächlich acht Karten haben, bestimmt jedes Kind die Anzahl der Karten in seinem Kartenhalter: »*Ziel des Spiels ist es, alle Karten abzulegen und zwar immer der Reihe nach in der passenden Farbe. Wer zuerst alle seine Karten abgelegt hat, hat gewonnen. Das Spiel heißt Fünfer raus, d. h., wer eine Fünf hat, darf beginnen.*«

Wenn mehrere Kinder eine Fünf haben, dann darf das jüngste Kind mit dem Auslegen beginnen. Da bei diesem Spiel auch mehrere Karten in einem Spielzug ausgelegt werden dürfen, muss dies mit den Kindern thematisiert werden. Die Kinder überblicken i. d. R. nicht alle ihre Legemöglichkeiten, sondern benötigen beim Finden passender Karten Unterstützung. Als günstig erwiesen hat es sich, auf die verschiedenen Anlegemöglichkeiten mit dem Finger zu zeigen und jeweils zu fragen, welche Karte man an dieser Stelle anlegen könnte. Dann kann das Kind auf seinem Kartenhalter nachschauen, ob es eine passende Karte hat. Wenn es nicht weiß, wie die passende Karte aussieht, kann das Zahlzeichen in der Zahlenreihe am Tischrand gezeigt werden (▶ Abb. 4.26): »*Du kannst noch weitere Karten legen, wenn du welche hast, die passen.*«, »*Welche Karte kann man hier anlegen?*«

Wenn die Kinder eine Karte anlegen, sollte *stets* nachgefragt werden, warum die Karte passt. Dabei macht es keinen Unterschied, ob das Kind eine passende oder eine nicht passende Karte legt. So haben das Kind oder die Mitspieler und Mitspielerinnen die Möglichkeit, beim Formulieren einer Begründung – die blaue Sechs passt, weil sie nach der Fünf kommt – den Fehler ggf. selbst zu erkennen, ohne dass die pädagogische Fach- bzw. Lehrperson direkt darauf hinweist.

Während des Spiels können folgende Beobachtungen zum ordinalen Zahlverständnis gemacht werden:

- Durchsucht das Kind seine Karten selbständig nach passenden Karten oder braucht es hierbei Unterstützung?
- Legt es passende Karten an oder treten Fehler in Bezug auf die Farbe oder das Zahlzeichen auf?
- Kann das Kind das Legen einer passenden Karte adäquat begründen: Die rote Vier passt, weil sie vor der roten Fünf kommt?
- Treten Fehler insbesondere beim Bestimmen des Vorgängers auf oder auch beim Bestimmen des Nachfolgers?
- Treten Fehler nur bei bestimmten Zahlzeichen auf?
- Bemerkt das Kind seinen Fehler oder den Fehler anderer Mitspielerinnen und Mitspieler, wenn nach einer Begründung gefragt wird?
- Kann das Kind die am Tischrand ausgelegte Zahlenreihe bei Unsicherheiten nutzen?

Abb. 4.26: Legemöglichkeiten aufzeigen

Um die Kinder im Spielverlauf zur Verbalisierung ihrer Spielhandlungen anzuregen, kann die Fachkraft auch bei diesem Spiel als Modell fungieren:

»Ich kann die blaue Zwei anlegen, weil die Zwei vor der Drei kommt. Mehr passende Karten habe ich nicht.«

Im Weiteren ist zudem darauf zu achten, dass die Kinder die Spielhandlungen – Karte anlegen, Passung der Karte begründen, weitere Karte suchen – verbal begleiten.

Um weitere Lerngelegenheiten zur Bestimmung das Nachfolgers und des Vorgängers zu schaffen, wird das Spiel von der Fachkraft nach jeder zweiten Spielrunde kurz unterbrochen: *»Jetzt schauen wir uns mal die Karten zusammen an. Welche Karten könnte man in der roten Reihe anlegen? Welche in der blauen? Welche in der gelben? Welche in der grünen? Warum würden diese Karten passen?«*

Außerdem kann die Fachkraft nach etwa der Hälfte des Spiels anregen, dass vor dem Ablegen der eigenen Karte, nur die Farbe der passenden Karte genannt wird und die anderen herausfinden sollen, welche Karte abgelegt werden soll: *»Ich kann eine gelbe Karte anlegen. Könnt ihr euch denken, welche Karte ich habe?«*, *»Hast du eine passende Karte gefunden? Welche Farbe hat sie? Vielleicht können wir herausfinden, welche Karte du hast.«*

Wenn noch weitere Herausforderungen geschaffen werden sollen, dann können die Karten statt in Reihen ausgelegt auch aufgestapelt werden (▶ Abb. 4.27). Die Bestimmung des Vorgängers und des Nachfolgers ist dadurch im Schwierigkeitsgrad erhöht, da nicht mehr die gesamte bisher ausgelegte Zahlenreihe sichtbar ist.

Abb. 4.27: Aufstapeln der Karten statt Auslegen von Reihen

Das Spiel endet, wenn ein Kind alle seine Karten ablegen konnte.

4.1 Spiele zur Förderung des Zahlverständnisses

Moderieren

Anlässe für Zwischenreflexionen sind das Betrachten der bereits ausgelegten Karten im Hinblick auf weitere Anlegemöglichkeiten. Anhand von Bildern wie im Onlinematerial 4.1.4.2 kann folgende Frage gestellt und geklärt werden: »*Welche Karten kann man anlegen?*«

Anknüpfen

Um weitere Herausforderungen und Lerngelegenheiten zu schaffen, kann das Sperren von Reihen angesprochen werden. So darf man zwar mehrere Karten legen, man muss aber nur eine Karte anlegen. d. h., man kann bewusst Karten zurückhalten, um andere am Ablegen zu hindern. Das ist insbesondere gegen Ende interessant, wenn man selbst noch eine Eins oder eine Zehn ablegen muss und andere am Legen ihrer Einser bzw. Zehner hindern möchte. Dies kann die pädagogische Fach- bzw. Lehrperson durch entsprechende Modellierung anregen. So können die Kinder nach und nach auch strategische Elemente in ihre Spielhandlungen einbauen: »*Ich habe eine grüne Sieben gelegt. Ich hätte noch eine grüne Acht, aber da warte ich mal noch mit dem Legen.*«

Falls Anforderungen reduziert werden sollen, sollte die Variante *Einser raus* oder *Zehner raus* gespielt werden. Für manche Kinder kann die Originalvariante Elfer raus für neue Herausforderungen angeschlossen werden.

Varianten: Einser raus/Zehner raus

In der vorgestellten Variante des Spiels wird eine Regelveränderung vorgenommen.

- *Einser raus*: Zu Beginn werden die Einser ausgelegt, an die dann angelegt werden kann. Es muss also jeweils nur der Nachfolger bestimmt werden (▶ Abb. 4.28, links).

- *Zehner raus*: Zu Beginn werden die Zehner ausgelegt, an die dann angelegt werden kann. Es muss also jeweils nur der Vorgänger bestimmt werden (▶ Abb. 4.28, rechts).

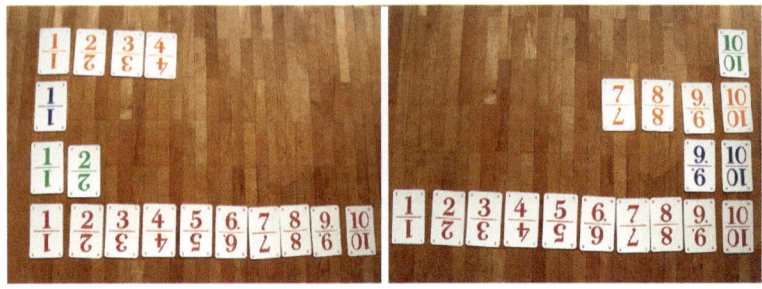

Abb. 4.28: Spielaufbau *Einser raus* (links), Spielaufbau *Zehner raus* (rechts)

In Bezug auf das mathematische Potential des Spiels gibt es im Vergleich zu *Fünfer raus* keine Veränderungen. Allerdings sind beide Varianten einfacher als *Fünfer raus*, da die Zahlzeichenfolge lediglich von eins an vorwärts bzw. von zehn an rückwärts hergestellt werden muss. Wenn die Kinder noch wenig vertraut mit den Zahlzeichen sind, sollten diese beiden Varianten zuerst gespielt werden.

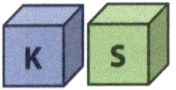

4.1.5 Hamstern

Das Spiel *Hamstern*[24] fördert Kompetenzen, die das kardinale Zahlverständnis festigen und den Lernprozess der Kinder im Hinblick auf das

---

[24] Die Spielidee *Hamstern* stammt aus dem Schulbuch Schütte (2004) und wurde von Verboom (2010) genauer beschrieben. Nührenbörger et al. (2017) haben dieses Spiel aufgegriffen und für den Kindergarten und den Schulbeginn weiterentwickelt.

relationale Zahlverständnis, genauer gesagt das Verstehen der Differenzbeziehung, weiter vorantreiben. Damit schließt es an Erfahrungen zum Spiel *Muggelsteine sammeln* (▶ Kap. 4.1.1, Variante 1) an.

Grundregeln des Spiels

Spielmaterial: Muggelsteine in zwei verschiedenen Farben (rot und grün), von jeder Farbe mindestens 16 in zwei kleinen Schachteln; zwei Augenwürfel in passender Farbe (rot und grün) mit abgeklebter Sechs; ein Zehnerfeld als Spielplan (farblich abgehoben), zwei Zehnerfelder als Gewinnfelder (➔ OM 4.1.5.3).

Spielregeln: Das farblich leicht abgehobene Zehnerfeld (hellgelb) dient als Spielplan, die beiden weißen Zehnerfelder als Gewinnpläne. Der hellgelbe Spielplan zeigt zwei Spalten à fünf Felder, eine Reihe für jedes Kind. Der Spielplan kann auch in zwei Fünferstreifen zerschnitten werden. Jedes Kind benötigt eine Schachtel mit Muggelsteinen in einer Farbe und einen Würfel in der passenden Farbe. Jedes Kind belegt nach seinem Wurf so viele Felder seiner Spalte im Spielplan, wie der Würfel Augen zeigt. Das Kind, das mehr Muggelsteine hat, darf die Steine, die es mehr hat, hamstern (wegnehmen) und in sein Gewinnfeld legen. Nach jeder Spielrunde wird der Spielplan geleert. Das Spiel endet, wenn einer der Spieler und Spielerinnen zehn Muggelsteine gehamstert hat, also das Gewinnfeld ganz gefüllt ist.

Abb. 4.29: Spielaufbau

In Tabelle 4.6 ist das mathematische Potential des Spiels beim Spielen nach Grundregeln dargestellt (▶ Tab. 4.6).

Tab. 4.6: Mathematisches Potential *Hamstern* nach Grundregeln

Spiel	Gruppengröße	Ordinales ZV		Kardinales ZV			Relationales ZV	
		Zahlwortreihe	Zahlzeichenfolge	Zahlauffassung	Zahldarstellung	Mengenvergleich	Teile-Ganzes-Beziehung	Differenzbeziehung
Hamstern	2	bis 5/10		bis 5/10	bis 5/10			

Seinen Schwerpunkt hat das Spiel im Bereich der *Zahlauffassung* (Augenzahlen von null bis fünf auf dem Würfel bestimmen und Zahlbilder von eins bis zehn im Gewinnerfeld bestimmen), der *Zahldarstellung* (entsprechende Anzahl an Muggelsteinen aus der Schachtel nehmen, diese in den Spielplan legen und Steine im Gewinnfeld anordnen), des *Mengenvergleichs* (vergleichen, wer mehr Steine auf dem Spielplan, aber auch im Gewinnfeld liegen hat) und der *Differenzbeziehung*. Primäres Ziel des Spiels ist es, dass die Kinder ein Verständnis für die Differenz, also den Unterschied zwischen zwei Mengen aufbauen und diesen quantitativ, also mithilfe einer Zahl benennen können. Das Kind sollte also nicht nur erkennen, dass fünf Muggelsteine mehr als drei Muggelsteine sind, sondern v. a., dass fünf Muggelsteine *zwei mehr als* drei Muggelsteine sind. Ebenso auch umgekehrt: Drei Muggelsteine sind *zwei weniger als* fünf Muggelsteine. Im Gewinnfeld kann außerdem die Differenz zur Gesamtanzahl zehn bestimmt werden (▶ Abb. 4.30). Das Konzept der Differenz ist, wie bereits erwähnt, ein zentrales, aber auch schwieriges auf dem Weg vom Zählen zum Rechnen. Auch Lerngelegenheiten zur *Teile-Ganzes-Beziehung* können bei diesem Spiel auftreten, wenn Zahlbilder im Gewinnfeld in Teilmengen zerlegt werden.

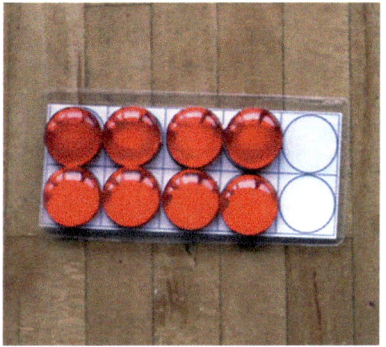

Abb. 4.30: Es fehlen noch zwei Steine zur Zehn oder Acht sind Vier und Vier

Soll das Spiel *Hamstern* mit einer ganzen Klasse und nicht im Rahmen der Freiarbeit oder einer Förderstunde gespielt werden, kann es auch nur mit Spielwürfeln, also ohne Spielplan, Gewinnfelder und Muggelsteine, gespielt werden.[25] Die Kinder spielen dann paarweise mit normalen Spielwürfeln. Günstig ist, wenn jedes Kind einen eigenen Würfel hat, da so der Stich sichtbar bleibt. Jedes Kind würfelt mit dem Spielwürfel. Wer die *kleinere* Augenzahl hat, bekommt die Differenz »gutgeschrieben«. Um ›gutgeschriebene‹ Differenzen festzuhalten und am Ende den Gewinner ermitteln zu können, muss ein Spielprotokoll geführt werden (→ OM 4.1.5.5). Ein Nachteil dieser Materialveränderung (Spielwürfel statt Steine im Spielplan) ist, dass die Differenz nicht so gut sichtbar gemacht werden kann wie im Spielplan mit den beiden Zehnerfeldreihen.

---

25 Diese Spielidee stammt aus dem Schulbuch Schütte (2004).

Anbieten, Beobachten und Unterstützen

Sowohl im Kindergarten als auch in der Schule wird das Spiel nach den Grundregeln gespielt. Das Spiel kann im Unterschied zu den bisherigen Spielen nur zu zweit gespielt werden. Die pädagogische Fach- bzw. Lehrperson kann bei diesem Spiel also nicht selbst mitspielen, sondern begleitet das Spiel als Zuschauerin. Bei den verwendeten Würfeln wird die Sechs abgeklebt, da nur fünf Muggelsteine in eine Reihe im Zehnerfeld gelegt werden können. Das abgeklebte Feld steht für null Punkte und damit für das Nehmen von null Muggelsteinen. Die höchste Differenz, die auftreten kann, ist die Differenz fünf. Sie kann nur beim Wurf null und fünf Punkte erreicht werden, einmal zugunsten des einen und einmal zugunsten des anderen Kindes. Die geringste Differenz ist null, die bei insgesamt sechs Würfen – null, null; eins, eins; zwei, zwei; drei, drei; vier, vier und fünf, fünf – erreicht wird. Die Anzahl weiterer Differenzen ergibt sich entsprechend: Die Differenz vier kann insgesamt viermal, die Differenz drei sechsmal, die Differenz zwei achtmal und die Differenz eins zehnmal auftreten.

In der Phase des Anbietens wird das Spielmaterial vorgestellt und die Spielregeln während der ersten Spielrunden eingeführt. Die pädagogische Fach- bzw. Lehrperson unterstützt dabei durch Fragen und Impulse (s. Skript → OM 4.1.5.1): »*Das Spiel, das wir jetzt spielen heißt ›Hamstern‹. Das ist der Spielplan. Jedes Kind bekommt einen Würfel in einer anderen Farbe und ein Gewinnfeld. Ziel ist es, das Gewinnfeld mit Muggelsteinen zu füllen.*«

Zunächst sollte der Blick nochmals auf die Anzahl der Felder im Zehnerfeld gelenkt werden: »*Wie viele Steine passen in euer Gewinnfeld? Wie hast du herausgefunden, dass es zehn sind?*«, »*Jetzt würfelt ihr beide immer abwechselnd. Jedes Kind darf dann so viele Steine in seiner Farbe auf den Spielplan legen, wie es gewürfelt hat.*«

Nach dem Legen der Steine in den Spielplan (▶ Abb. 4.31), wird zunächst der Mengenvergleich angeregt: »*Wer hat mehr Steine? Wie hast du herausgefunden, dass du mehr Steine hast?*«

Kinder sagen häufig, dass man das doch sieht, und beziehen sich in ihrer Begründung auf die unterschiedliche Länge der beiden Muggelsteinreihen. Erst anschließend wird die Differenz bestimmt: »*Wie viele Muggelsteine hast du mehr als …?*«

Abb. 4.31: Erste Spielrunde

Die Formulierung »*Wie viele hast du mehr als…?*« verstehen viele Kinder im Sinne von »*Wie viele hat der, der mehr hat?*« und nehmen statt der Bestimmung der Differenz eine Anzahlbestimmung der größeren Menge vor, in diesem Fall also zwei. Zur Verdeutlichung, was die Formulierung »*Wie viele hast du mehr als…?*« bedeutet, kann die Differenz wie bereits beim *Muggelsteine sammeln* (Variante 1) mithilfe eines Schaschlikspießes sichtbar gemacht werden (▶ Abb. 4.32): »*Bis hierher (auf die sichtbar gemachte Linie zeigen) sind es gleich viele Muggelsteine. Du hast einen Muggelstein mehr als dein Mitspieler. Diesen Stein, den du mehr hast, darfst du in dein Gewinnfeld legen.*«

Abb. 4.32: Differenz bestimmen

Anschließend werden die verbliebenen Steine vom Spielplan genommen und das Spiel wird fortgesetzt.

Im Hinblick auf das ordinale, kardinale und relationale Zahlverständnis können bereits folgende Beobachtungen gemacht werden:

- Erkennt das Kind die Würfelbilder von eins bis fünf auf einen Blick oder zählt es die Augen auf dem Würfel z. B. durch Antippen mit dem Finger – erfolgt die Zahlauffassung also ohne oder mit Zählen?
- Nimmt das Kind nach dem Würfeln die Steine einzeln aus der Schachtel oder nimmt es zwei oder mehrere bzw. die entsprechende Anzahl auf einmal?
- Gelingt der Mengenvergleich? Kann es diesen über die Länge der Reihen begründen?
- Gelingt dem Kind die Bestimmung der Differenz bereits vor oder erst nach der Sichtbarmachung mit dem Schaschlikspieß?

Bei den nun folgenden Würfelrunden sollte insbesondere beobachtet werden, ob die Bestimmung der Differenz von beiden Kindern vorgenommen werden kann oder (weiterhin) Fehler auftreten. Wenn weiterhin Unsicherheiten bestehen, sollte die pädagogische Fach- bzw. Lehrperson die Kinder die Differenz zunächst ohne Hilfe bestimmen lassen, aber im Anschluss mithilfe des Schaschlikspießes und einer entsprechenden verbalen Begleitung den Konzeptaufbau unterstützen. Auch bei einer beobachteten korrekten Bestimmung der Differenz ist es sinnvoll, wenn die Fachkraft ihre Modellfunktion immer mal wieder wahrnimmt. »*Bis hierher (mit Schaschlikspieß zeigen) sind es gleich viele Steine. Maja hat aber noch einen mehr. Diesen Stein, den Maja mehr als Julian hat, darf Maja in ihr Gewinnfeld legen.*«

Um weitere Lerngelegenheiten zum relationalen Zahlverständnis zu schaffen, können nach jeder Würfelrunde folgende Fragen und Impulse eingesetzt werden:

- Ein Kind, das keine Steine gewonnen hat, kann man fragen: »*Was hättest du würfeln müssen, um Steine zu gewinnen?*«
- »*Wie viele Steine liegen bereits in euren Gewinnfeldern? Wie hast du erkannt, dass es ... sind?*«

- *»Wie viele Felder sind in euren Gewinnfeldern noch leer? Wie viele Steine fehlen dir noch, damit dein Zehnerfeld voll ist? Wie hast du das erkannt?«*

Das Spiel sollte von den Kindern mehrfach nach den Grundregeln gespielt werden, damit die Kinder Sicherheit im Bestimmen der Differenz gewinnen. Dies kann sich auch über einen längeren Zeitraum erstrecken.

Moderieren

Anlässe für Zwischen- oder Abschlussreflexionen sind beim *Hamstern* Vorabüberlegungen dazu, mit welchen Augenzahlen man noch gewinnen kann: *»Was muss Kind 2 würfeln, um die Runde zu gewinnen? Begründe.«*, *»Was muss Kind 2 würfeln, um das Spiel zu gewinnen? Begründe.«*

Die Bilder im Onlinematerial 4.1.5.2 können im Hinblick auf diese beiden Fragen untersucht werden. Aber auch die nachträgliche Betrachtung von teilweise ausgefüllten Spielprotokollen im Hinblick auf den Spielgewinn kann Anlass für einen Austausch sein (➔ OM 4.1.5.5): *»Wer hat das Spiel gewonnen?«*

Anknüpfen

Wenn den Kindern das Bestimmen der Differenz gelingt – das kann bereits nach einem Spiel oder auch erst nach mehreren Spielen der Fall sein –, können die Kinder durch folgende Erweiterung erneut herausgefordert werden:

Zunächst würfelt nur ein Kind. Das zweite Kind wird vor dem Würfeln aufgefordert zu überlegen, welche Augenzahl es würfeln müsste, um zu gewinnen: *»Jetzt würfelt zuerst nur Maja. Maja hat eine Drei gewürfelt. Welche Zahl müsstest du, Julian, jetzt würfeln, um zu gewinnen?«*

Das Kind kann nur eine Zahl, bspw. die Vier, nennen, oder alle möglichen Ausgänge bedenken: vier oder fünf, aber nicht drei, zwei, eins oder null. Eine weitere Steigerung besteht darin, eine bestimmte Anzahl an gewonnenen Steinen zu erreichen: *»Maja hat eine Drei gewürfelt. Welche Zahl müsstest du, Julian, jetzt würfeln, um zwei weitere Steine zu gewinnen/dein Gewinnfeld vollmachen zu können?«*

Erst nach diesen Überlegungen würfelt das zweite Kind und das Würfelergebnis wird mit den vorab angestellten Überlegungen verglichen. Im Weiteren gilt es, an die beobachteten und bisher erworbenen Kompetenzen der Kinder anzuknüpfen und ein neues, darauf aufbauendes Angebot zu machen. Beim Einsatz von Regelspielen kann dies durch die Variation des Spielmaterials und/oder der Spielregeln erfolgen.

Variante zu Hamstern

Durch die folgende Variation im Spielmaterial, können Kinder in der Schule weiter herausgefordert werden und Kompetenzen zur Teile-Ganzes- und zur Differenzbeziehung im Zahlenraum bis zehn bzw. 20 erwerben.

1. Statt Zehnerfeldern werden Zwanzigerfelder als Spielplan und Gewinnfelder verwendet (➜ OM 4.1.5.4).
2. Statt mit einem abgeklebten Spielwürfel würfeln die beiden Kinder mit je zwei abgeklebten Würfeln, so dass höchstens zehn Muggelsteine in den Spielplan gelegt werden können. Die höchste Differenz beträgt zehn, die kleinste Differenz null.

Das mathematische Potential des Spiels beim Spielen nach dieser Variante entspricht im Wesentlichen demjenigen nach Grundregeln. Der Unterschied zum Spiel nach Grundregeln besteht lediglich im unterschiedlichen Zahlenraum. Auch diese Variante kann wie das Spiel Stechen (▶ Kap. 4.1.3) in der ganzen Klasse mit normalen Würfeln und einem entsprechend angepassten Spielprotokoll gespielt werden (➜ OM 4.1.5.5).

4.1.6 Siebenfresser & Co

Das Spiel *Siebenfresser*[26] fördert Kompetenzen, die das ordinale und kardinale Zahlverständnis festigen und den Lernprozess der Kinder im Hinblick auf das relationale Zahlverständnis, genauer gesagt die Teile-Ganzes-Beziehung weiter vertiefen. Durch die Verwendung von zwei Würfeln wird bspw. die Menge Sieben als Zusammensetzung aus den Augenzahlen Sechs und Eins, Fünf und Zwei oder auch Vier und Drei dargestellt. Das Spiel schließt also an Erfahrungen beim Spiel *Hamstern* (Variante ▶ Kap. 4.1.5) an, bei dem ebenfalls mit zwei Würfeln gewürfelt wird. In der Schule kann auch der kombinatorische Hintergrund des Spiels in den Blick genommen werden. Hier bietet sich ein Würfelexperiment mit zwei Würfeln an, das man ab dem zweiten Schuljahr durchführen kann (➔ OM 4.1.6.6). Dabei erwerben die Schülerinnen und Schüler Kompetenzen im Bereich der Leitidee »Daten, Häufigkeit und Wahrscheinlichkeit«.

> **Grundregeln des Spiels**
>
> Spielmaterial: ca. 30 Muggelsteine in einer Farbe (grün)[27] in einer Schachtel; zwei Augenwürfel (rot und grün)[28]; ein Spielplan (➔ OM 4.1.6.3).
>
> Spielregeln: Jedes Kind bekommt sieben Muggelsteine. Der Spielplan zeigt den »Siebenfresser« und hat für jede Zahl von zwei bis zwölf ein

---

26 Die Spielidee stammt ursprünglich aus der Zeitschrift *Praxis Grundschule*. Sie geht zurück auf das Familienspiel *Warum immer ich?*, das käuflich erworben werden kann und nur mit einem Augenwürfel gespielt wird. Das Spiel mit zwei Würfeln findet sich unter dem Namen *Drachen füttern* z. B. im Schulbuch Schütte (2004).
27 Wir verwenden grüne Muggelsteine, damit man nach dem Belegen der Felder die Zahlzeichen noch erkennt.
28 Wir verwenden zwei unterschiedlich gefärbte Spielwürfel, damit man die Würfel bei Beschreibungen unterscheiden kann.

Feld. Es wird reihum mit zwei Würfeln gewürfelt. Wer an der Reihe ist, legt einen Muggelstein auf das Feld mit der gewürfelten Zahl. Das Kind darf entscheiden, ob es ein weiteres Mal würfeln möchte. Wenn das Feld bereits belegt ist, muss es den Stein, der dort liegt, nehmen. Sein Zug endet nun automatisch.

Ein Kind darf so lange würfeln, bis es einen Stein nehmen muss. Es kann sich aber entscheiden, vorher aufzuhören. Jedes Kind muss in einer Würfelrunde mindestens einmal würfeln. Dann ist das nächste Kind an der Reihe. Lediglich in der ersten Würfelrunde würfelt jedes Kind nur einmal, da sonst ist das Spiel unter Umständen sofort beendet ist.

Das Feld mit der Sieben ist der Mund des Siebenfressers – wer mit beiden Würfeln eine Sieben würfelt, dessen Stein wird vom Siebenfresser gefressen (der Stein wird zurück in die Schachtel gelegt und belegt nicht das Feld mit der Sieben). Auch in diesem Fall darf erneut gewürfelt werden. Wer als erstes keine Steine mehr hat, hat gewonnen.

Abb. 4.33: Spielaufbau

In Tabelle 4.7 ist das mathematische Potential des Spiels beim Spielen nach Grundregeln dargestellt (▶ Tab. 4.7).

Seinen Schwerpunkt hat das Spiel im Bereich der *Zahlauffassung* (Augenzahlen von eins bis sechs auf dem Würfel bestimmen) und der *Teile-Ganzes-Beziehung*. Da stets mit zwei Würfeln gewürfelt wird, muss nicht nur ein Würfelbild von eins bis sechs erkannt werden, sondern es muss die Augensumme beider Würfelbilder bestimmt werden. Das kann auf verschiedene Weise erfolgen (▶ Abb. 4.33): (1) Einmal durch Zählen aller Augen (eins, zwei, drei, vier, fünf), (2) durch das Weiterzählen von einer Augenzahl um die zweite Augenzahl (drei, vier, fünf) oder (3) durch das Erfassen beider Teilmengen und deren Zusammensetzen (zwei und drei, zusammen fünf). Bei der dritten Vorgehensweise kann sich ein Verständnis dafür aufbauen, dass sich die Fünf aus Teilmengen zusammensetzt und es verschiedene Zusammensetzungen gibt: nämlich aus zwei und drei, aber auch aus eins und vier. Die Zusammensetzung fünf und null tritt bei diesem Spiel nicht auf. Sie tritt aber bei der Variante *Fünffresser* (s. u.) und beim Spiel *Hamstern* (Variante ▶ Kap. 4.1.5) auf.

Tab. 4.7: Mathematisches Potential *Siebenfresser*

Spiel	Gruppengröße	Ordinales ZV		Kardinales ZV			Relationales ZV	
		Zahlwortreihe	Zahlzeichenfolge	Zahlauffassung	Zahldarstellung	Mengenvergleich	Teile-Ganzes-Beziehung	Differenzbeziehung
Siebenfresser	3–4	bis 12	2 bis 12	bis 12				

Weiter müssen beim Spiel *Siebenfresser* Zahlzeichen erkannt werden. So muss die erwürfelte Augensumme dem entsprechenden Zahlzeichen auf dem Spielplan zugeordnet werden. Passend zu allen möglichen Augensummen mit zwei Spielwürfeln – zwei bis zwölf – sind diese Zahlzeichen auf dem Spielplan abgebildet (▶ Abb. 4.33). Die Ziffemdarstellungen der Zahlen zwei bis sechs sowie acht bis zwölf finden sich im Uhrzeigersinn der Größe nach geordnet auf dem Spielplan, die Sieben findet sich in der Mitte. Die Anordnung im Uhrzeigersinn der Größe nach erleichtert es den Kindern, sich ggf. unbekannte Zahlzeichen wie die Elf oder die Zwölf zu erschließen. Die Anordnung der Zahlzeichen auf dem Spielplan ist nicht zufällig, sondern die symmetrische

Anordnung gibt die Symmetrie der Wahrscheinlichkeiten der unterschiedlichen Augensummen wieder. So ist die Wahrscheinlichkeit mit zwei Würfeln die Summe Zwei bzw. die Summe Zwölf zu würfeln gleich groß, dasselbe gilt für drei und elf, vier und zehn, fünf und neun sowie sechs und acht. Die Summe Sieben zu würfeln hat die höchste Wahrscheinlichkeit, nämlich 6/36 = 1/6 (▶ Tab. 4.8), daher steht sie in der Mitte und nimmt im Spiel eine Sonderrolle ein. Die Steine, die auf dieses Feld gelegt werden, werden vom Siebenfresser gefressen. Damit bleibt dieses Feld immer frei und es muss folglich nie ein Stein genommen werden, wenn man eine Sieben würfelt, sondern man kann stets einen Stein loswerden. Es ist das einzige sichere Feld im Spiel. Bei allen anderen Feldern kann es sein, dass man einen Stein nehmen muss, was im Hinblick auf das Gewinnen ungünstig ist, da man alle sieben Steine loswerden möchte. Wenn viele Felder leer sind, ist es günstig, mehrfach zu würfeln, um in einer Runde mehrere Steine loszuwerden. Wenn hingegen mehrere Felder bereits belegt sind, ist es unter Umständen sinnvoll, auf einen weiteren Wurf zu verzichten. Allerdings kommt es auch darauf an, welche Felder bereits belegt sind. So ist die Wahrscheinlichkeit eine Acht zu würfeln sehr viel höher (5/36) als eine Elf (2/36): So kann die Acht auf fünf unterschiedliche Arten mit zwei Würfeln gewürfelt werden, wohingegen es für die Elf nur zwei Möglichkeiten gibt, nämlich die Fünf mit dem roten und die Sechs mit dem grünen Würfel und die Fünf mit dem grünen und die Sechs mit dem roten Würfel (▶ Tab. 4.8, ▶ Abb. 4.34). Wenn also die Acht bereits belegt ist, würde man ggf. eher überlegen, nicht nochmals zu würfeln, als wenn die Elf belegt ist.

Abb. 4.34: Augensumme elf mit zwei Würfeln

4.1 Spiele zur Förderung des Zahlverständnisses

Tab. 4.8: Anzahl der Möglichkeiten, die Summen zwei bis zwölf mit zwei Augenwürfeln zu würfeln

2		3		4		5		6		7		8		9		10		11		12	
rot	grün	rot	grün	rot	grün	rot	grün	rot	grün	rot	grün	rot	grün	rot	grün	rot	grün	rot	grün	rot	grün
										1+6		2+6		3+6		4+6		5+6		6+6	
				1+3		1+4		1+5		2+5		3+5		4+5		5+5		6+5			
		1+2		2+2		2+3		2+4		3+4		4+4		4+4		5+4					
1+1		2+1		3+1		3+2		3+3		4+3		5+3		5+4		6+4					
						4+1		4+2		5+2		6+2		6+3							
								5+1		6+1											
1		2		3		4		5		6		5		4		3		2		1	
1/36		2/36		3/36		4/36		5/36		6/36		5/36		4/36		3/36		2/36		1/36	

Anbieten, Beobachten und Unterstützen

Das Spiel nach Grundregeln eignet sich aufgrund der Verwendung von zwei normalen Augenwürfeln und damit einer maximalen Augensumme von zwölf für den Einsatz in der Schule. Für den Kindergarten, aber auch zu Schulbeginn sollten ggf. zunächst beide oder eine der beiden Varianten (*Vier-* und *Fünffresser*) eingesetzt werden. Die optimale Spieleranzahl ist für alle drei Varianten drei bis vier Kindern.

In der Phase des Anbietens (s. Skript ➔ OM 4.1.6.1) wird das Spielmaterial vorgestellt und die Spielregeln während der ersten Spielrunden eingeführt: »*Das Spiel, das wir jetzt zusammen spielen, heißt ›Siebenfresser‹. Jedes Kind darf sich zu Beginn sieben Muggelsteine nehmen. Legt eure Muggelsteine so vor euch hin, dass alle leicht sehen können, wie viele Steine ihr habt.*«

Beim Entnehmen der sieben Muggelsteine aus der Schachtel können die bereits bekannten Beobachtungen zur Zahldarstellung gemacht werden:

- Sagt das Kind beim Nehmen der Steine die Zahlwortreihe laut auf oder spricht es nicht beim Nehmen der Steine?
- Wird die Zahlwortreihe bis sieben stabil aufgesagt oder treten Fehler auf wie das Auslassen eines Zahlwortes oder das Nennen eines falschen Zahlwortes?
- Wenn das Kind die Zahlwortreihe in Einerschritten aufsagt: Wird jedem Zahlwort genau ein Muggelstein zugeordnet oder treten Fehler bei der Eins-zu-Eins-Zuordnung von Zahlwort und Objekt auf, zählt das Kind also asynchron (s. Infokasten Asynchrones Zählen ► Kap. 4.1.1)?
- Nimmt das Kind nicht immer nur einen Stein, sondern bspw. immer zwei Steine und zählt dazu in Zweierschritten: zwei, vier, sechs, sieben?

Beim Legen der sieben Steine, kann beobachtet werden, ob auf bekannte Zahlbilder wie Würfelbilder, eine paarweise Anordnung oder eine Zerlegung in bekannte Teilmengen zurückgegriffen wird (► Abb. 4.35).

»*Wer als erster alle seine Muggelsteine auf den Spielplan gelegt hat, also keine Muggelsteine mehr hat, hat gewonnen. Schauen wir uns den Spielplan mal an. Was seht ihr? Warum heißt das Spiel ›Siebenfresser‹?*«

4.1 Spiele zur Förderung des Zahlverständnisses

Abb. 4.35: Spielaufbau *Siebenfresser*

Die Kinder benennen i. d. R. die Zahlzeichen und sprechen die Lokalisierung der Sieben im Mund des Siebenfressers an, was auch der Grund der Namensgebung ist. Beim Erkennen der Zifferndarstellung der zehn, elf und zwölf und bei der Unterscheidung von sechs und neun kann es zu Unsicherheiten kommen. Zur Unterstützung kann auf die Anordnung der Zahlzeichen im Uhrzeigersinn verwiesen werden. Wenn die Kinder von sich aus ansprechen, dass es keine Eins auf dem Plan gibt, sollte darauf Bezug genommen werden: »*Welches ist die kleinste/größte Zahl, die man mit zwei Würfeln würfeln kann?*«.

»*Jedes Kind darf jetzt mit beiden Würfeln würfeln und dann auf dem Spielplan einen Muggelstein auf die passende Zahl legen. Wenn du eine Sieben würfelst* (auf das Feld mit der Sieben zeigen), *wird der Muggelstein vom Siebenfresser gefressen. Dann legen wir ihn zurück in die Schachtel. Wer will beginnen?*«

In der ersten Runde würfelt jedes Kind nur einmal. Ab der zweiten Runde dürfen alle so oft würfeln wie man möchte, der Zug endet aber, wenn man einen Stein nehmen muss. Es muss aber mindestens einmal gewürfelt werden.

Die pädagogische Fach- bzw. Lehrperson fragt alle Mitspielerinnen und Mitspieler in der ersten Runde: »*Was hast du gewürfelt? Wie viele sind es zusammen? Auf welches Feld, darfst du einen Muggelstein legen?*«

Häufig bestimmen die Kinder zu Beginn die beiden Würfelbilder einzeln: Drei und vier. Sie werden dann dazu aufgefordert herauszufinden, wie viele es zusammen sind: Sieben. Oftmals werden Kinder zunächst zählend vorgehen. Ein wesentliches Ziel des Spiels ist es, dass die Kinder zunehmend die Gesamtmenge ohne Zählen bestimmen. Dies wird zu Beginn nur für kleinere Summen wie zwei, drei und vier und ggf. auch für die Summen fünf oder sechs gelingen. Wenn das Kind beim Bestimmen der Summe nicht zählt, kann weiter gefragt werden: »*Woher weißt du, dass das ... sind?*«

Falls Kinder auch kleine Augensummen (zwei bis vier) stets zählend bestimmen, sollte zunächst die Variante *Vierfresser* gespielt werden.

Im Idealfall kann bereits in der ersten Würfelrunde der Sonderfall »Augensumme Sieben« und das Nehmen eines Steins geklärt werden: »*Du hast zusammen sieben. Jetzt frisst der Siebenfresser den Stein.*«, »*Auf der Zehn liegt schon ein Stein, den musst du jetzt nehmen. Wie viele Muggelsteine hast du jetzt?*« Die wesentlichen Regeln sind damit geklärt. Ab der zweiten Würfelrunde muss nun nur noch die Möglichkeit des mehrfachen Würfelns thematisiert werden: »*Wenn du möchtest, darfst du jetzt noch einmal würfeln. Aber: Wenn du eine Zahl würfelst, auf der schon ein Muggelstein liegt, also jetzt z. B. wieder eine Neun, dann musst du diesen nehmen und der nächste ist an der Reihe.*«

Bei den nun folgenden Würfelrunden sollte insbesondere beobachtet werden, wie die Kinder die Summe der beiden Würfelbilder bestimmen:

- Erkennt das Kind die Würfelbilder einzeln?
- Zählt das Kind alle Augen auf beiden Würfeln?
- Zählt das Kind von der Augenzahl auf einem Würfel weiter?
- Kann das Kind kleine Summen ohne zu zählen sofort erkennen?
- Welche (weiteren) Summen kann das Kind ohne zu zählen sofort erkennen (z. B. sechs als drei und drei, acht als vier und vier, zehn als fünf und fünf)?

Da die Kinder mit den Zerlegungen einer Zahl, also den Teile-Ganzes-Beziehungen, i. d. R. nur bei kleinen Zahlen vertraut sind, ist es bei diesem Spiel sinnvoll, wenn die pädagogische Fach- bzw. Lehrperson die eigenen und die Spielzüge der Kinder nochmals verbal beschreibt. Ziel der Modellierung ist es wie bisher, dass die Kinder im Laufe des Spiels vergleichbare Verbalisierungen selbst vornehmen:

- »*Ich habe eine Drei und eine Fünf gewürfelt, das sind zusammen acht. Die Acht ist hier. Jetzt habe ich nur noch ... Steine.*«

4.1 Spiele zur Förderung des Zahlverständnisses

- »*Du hast eine Drei und eine Fünf gewürfelt, das sind zusammen acht. Die Acht ist hier, da liegt bereits ein Muggelstein, den musst du jetzt nehmen. Jetzt hast du wieder ... Steine.*«
- »*Ich habe eine Drei und eine Vier gewürfelt, das sind zusammen sieben. Die Sieben ist hier in der Mitte, mein Stein wird gefressen. Jetzt habe ich nur noch ... Steine.*«

Um während des Spiels noch weitere Lerngelegenheiten zu schaffen, kann nach jeder Würfelrunde der Zwischenstand an Muggelsteinen betrachtet werden: »*Wie viele Muggelsteine hat Julian noch?*«

Die pädagogische Fach- bzw. Lehrperson sollte darauf achten, dass die Kinder nicht die eigene Anzahl an Muggelsteinen bestimmen, sondern die der anderen. So kann das Erfassen und Legen von Zahlbildern erneut angesprochen werden: »*Wie hast du erkannt, dass er noch ... Steine hat? Wie könnte man die Steine anordnen, dass die anderen gut erkennen, wie viele Steine es sind?*«

Abschließend wird geschaut, wer vorne liegt, also die wenigsten Steine hat: »*Wer hat am meisten, wer am wenigsten? Liegt Maja immer noch vorne? Hat Julian aufgeholt?*«

Eine andere Möglichkeit, die Kinder weiter herauszufordern, ist die Thematisierung des strategischen Elements des mehrfachen Würfelns bzw. der bewusste Verzicht auf ein erneutes Würfeln. Dazu können in der zweiten Spielhälfte oder in weiteren Spielrunden folgende Impulse und Fragen eingesetzt werden:

- »*Warum hast du dich entschieden, noch einmal zu würfeln/nicht noch einmal zu würfeln?*«
- »*Wie viele Felder auf dem Spielplan sind bereits belegt? Wie viele sind noch leer? Was musst du würfeln, damit du einen Stein loswerden kannst?*«
- »*Was möchtest du jetzt gerne würfeln/nicht so gerne würfeln?*«
- »*Was denkt ihr, soll Maja noch einmal würfeln?*«

Auch hier kann die pädagogische Fach- bzw. Lehrperson durch die Versprachlichung der eigenen Überlegungen, die Kinder zu strategischem Spielhandeln anregen: »*Auf dem Spielplan ist nur die Fünf und die Drei belegt. Da habe ich gute Chancen, dass ich noch mehr Steine loswerden kann. Ich würfle*

noch einmal. Vielleicht würfle ich ja auch eine Sieben, da werde ich auf jeden Fall einen Stein los.«, »Auf dem Spielplan sind jetzt fast alle Felder belegt. Da würfle ich nicht noch einmal, sonst muss ich wahrscheinlich einen Stein nehmen.« Eine weitere Möglichkeit, Herausforderungen zu schaffen, besteht darin, dass die pädagogische Fach- bzw. Lehrperson zunächst nur mit einem Würfel würfelt, wenn sie an der Reihe ist. Sie kann dann laut überlegen, bei welcher Augenzahl des zweiten Würfels sie einen Stein legen kann und wann nicht: *»Wenn ich eine Eins würfle, dann kann ich… belegen. Bei einer Zwei wären es zusammen…, da muss ich einen Stein nehmen…«*
Manche Kinder werden dieses Gedankenspiel gerne aufgreifen, wenn sie selbst an der Reihe sind. Die pädagogische Fach- bzw. Lehrperson kann die Kinder aber auch dazu anregen: *»Willst du das auch einmal probieren?«*

Das Spiel sollte von den Kindern mehrfach nach den Grundregeln gespielt werden, damit die Kinder Sicherheit im Bestimmen der Augensummen gewinnen. Dies kann sich auch über einen längeren Zeitraum erstrecken.

Moderieren

Anlässe für Zwischen- oder Abschlussreflexionen sind besondere Spielsituationen. Beim Spiel *Siebenfresser* sind dies strategische Überlegungen zum wiederholten Würfeln sowie zu günstigen bzw. ungünstigen Würfen mit dem zweiten Würfel: *»Willst du noch einmal würfeln? Warum?«*, *»Welche Augenzahl soll der zweite Würfel zeigen? Welche nicht?«*

Die Bilder im Onlinematerial 4.1.6.2 können im Hinblick auf diese beiden Fragen untersucht werden.

Anknüpfen

Da das Spiel auch für Schulkinder zahlreiche Herausforderungen bietet, sollte es wie bereits erwähnt, wiederholt gespielt werden. So erlernen die Kinder verschiedene Zerlegungen der Zahlen zwei bis zwölf. Außerdem werden sie ihr Würfelverhalten zunehmend strategischer gestalten. Sollen Anforderungen reduziert werden, kann die Variante *Vier-* oder *Fünffresser* gespielt werden.

Während des Spiels werden machen Kinder die Beobachtung machen, dass nicht alle Augenzahlen gleich häufig auftreten: Bspw., dass die Augensumme Zwei oder die Augensumme Zwölf nur selten gewürfelt wird. Solche Beobachtungen sind mit einer gewissen Vorsicht zu betrachten, denn aufgrund der relativ geringen Anzahl an Würfen in einem Spiel ist auch die Variabilität in den Daten hoch. Kurz gesagt: Es kann in einem Spiel durchaus sein, dass die Augensumme Zwölf mehrfach auftritt und die Augensumme Sieben gar nicht oder selten und die Kinder formulieren könnten, dass die Augensumme Zwölf öfter als die Augensumme Sieben auftritt, was auf lange Sicht nicht der Fall ist. Falls Kinder solche Beobachtungen machen, dann sollten und können diese im Unterricht aufgegriffen werden. Da der kombinatorische Hintergrund für Grundschulkinder aber nicht trivial ist, sollte das im Onlinematerial 4.1.6.6 beschriebene Würfelexperiment erst im zweiten Schuljahr durchgeführt werden.

Variante 1: Vierfresser

Durch diese Variation des Spielmaterials, kann das Spiel bereits im Kindergarten gespielt werden. Die Kinder können zu kleinen Zahlen (zwei bis sechs) erste Erfahrungen zu Teile-Ganzes-Beziehungen machen.

1. Es werden zwei Würfel verwendet, die nur die Augenzahlen eins bis drei aufgedruckt haben, dafür aber jede Augenzahl zweimal.
2. Dadurch ändern sich die möglichen Summen und damit auch der Aufbau des Spielplans (➔ OM 4.1.6.4): Die kleinste Summe ist die Zwei, die größte die Sechs.

Das mathematische Potential des Spiels *Vierfresser* entspricht im Wesentlichen demjenigen nach Grundregeln. Inhaltlich besteht kein Unterschied zum Spiel nach den Grundregeln, aber der Zahlenraum und die Anzahl der möglichen Zahlzerlegungen ist stark reduziert.

Variante 2: Fünffresser

Die folgende Variation des Spielmaterials bietet gegenüber der Variante *Vierfresser* deutlich mehr Herausforderungen, da Zahlzerlegungen bis zur Zahl zehn vorkommen. Sie ist aber im Vergleich zum Spiel nach Grundregeln in den Anforderungen reduziert, so dass es sowohl im Kindergarten als auch in der Schule eingesetzt werden kann. Die Kinder können zu den Zahlen zwei bis zehn Erfahrungen zu Teile-Ganzes-Beziehungen machen.

1. Es werden zwei Würfel verwendet, bei denen die Sechs jeweils abgeklebt ist (vgl. Hamstern ▶ Kap. 4.1.5)
2. Dadurch ändern sich die möglichen Summen und damit auch der Aufbau des Spielplans (→ OM 4.1.6.5): Die kleinste Summe ist null, die größte Summe ist zehn.

Das mathematische Potential des Spiels *Fünffresser* entspricht im Wesentlichen demjenigen nach Grundregeln. Es erfolgt eine Reduktion des Zahlenraums bis zehn.

4.1.7 Häuser füllen

Das Spiel *Häuser füllen*[29] fördert Kompetenzen, die das kardinale Zahlverständnis festigen und den Lernprozess der Kinder im Hinblick auf das

---

29 Die Spielidee ist angelehnt an ein Spiel von Johanna Roessler: http://www.roessler-lernmittel.de.

relationale Zahlverständnis, genauer gesagt die Teile-Ganzes-Beziehung und die Differenzbeziehung weiter vertiefen. Das Spiel schließt an Erfahrungen beim Spiel *Hamstern* (▶ Kap. 4.1.5) und *Fünf-* bzw. *Siebenfresser* (▶ Kap. 4.1.6) an.

Grundregeln des Spiels

Spielmaterial: 18 oder 24 Zahlenkarten mit den Zahlzeichen von fünf bis zehn[30]; ca. zwanzig Augenwürfel in einer Farbe in einer Schachtel.

Spielregeln: Es werden vier Zahlenkarten aufgedeckt – die Häuser. Die restlichen Zahlenkarten werden auf einen verdeckten Stapel rechts danebengelegt. Reihum wird nun mit je einem Würfel gewürfelt. Ziel ist es die Häuser zu füllen, d. h. bspw. die Zahl Sechs mit einem oder mehreren Würfeln zu erreichen. Der Würfel wird jeweils unter eine passende Zahlenkarte gelegt. Kann man das Haus mit dem Würfel füllen, so gewinnt man das Haus und darf sich die Zahlenkarte nehmen. Alle unter der Zahlenkarte abgelegten Würfel werden wieder in die Schachtel gelegt und die Zahlenkarte wird vom Nachziehstapel ersetzt. Passt der Würfel in keines der vier Häuser, da die Augenzahl insgesamt zu groß ist, so ist der nächste Spieler bzw. die nächste Spielerin an der Reihe. Wer am Ende die meisten Häuser gefüllt, also die meisten Karten hat, gewinnt das Spiel.

---

30 Drei oder vier Sätze Zahlenkarten mit den Zahlzeichen von fünf bis zehn aus dem Spiel *Elfer raus* (Ravensburger) verwenden.

4 Spielbasierte mathematische Lernsettings

Abb. 4.36: Spielaufbau

In Tabelle 4.9 ist das mathematische Potential des Spiels beim Spielen nach Grundregeln dargestellt (▶ Tab. 4.9).

Tab. 4.9: Mathematisches Potential *Häuser füllen*

Spiel	Gruppengröße	Ordinales ZV		Kardinales ZV			Relationales ZV	
		Zahlwortreihe	Zahlzeichenfolge	Zahlauffassung	Zahldarstellung	Mengenvergleich	Teile-Ganzes-Beziehung	Differenzbeziehung
Häuser füllen	3–4	bis 10		bis 6	bis 10			

Seinen Schwerpunkt hat das Spiel im Bereich der *Zahlauffassung* (Augenzahlen von eins bis sechs auf dem Würfel bestimmen), der *Zahldarstellung* (z. B. die Zahl Sieben durch zwei oder mehr Teilmengen in Form von Würfelbildern darstellen), der *Teile-Ganzes-Beziehung* (Zerlegen einer Zahl in zwei oder mehr Teilmengen) und der *Diffe-*

4.1 Spiele zur Förderung des Zahlverständnisses

renzbeziehung (Bestimmen fehlender Teilmengen zum Füllen des Hauses). Soll bspw. das Haus der Sieben gefüllt werden (▶ Abb. 4.37), so können dazu alle Teilmengen von eins bis sechs genutzt werden. Die Sieben wird dabei in zwei oder mehr Teile zerlegt, z. B. in eins und sechs, fünf und zwei, aber auch in drei, drei und eins. Wenn ein Haus bereits teilweise gefüllt ist, also unter der Sieben z. B. bereits eine Würfelvier liegt, dann muss herausgefunden werden, wie viel noch fehlt, damit das Haus ganz voll ist, also die Differenz bestimmt werden. Damit fördert dieses Spiel insbesondere das relationale Zahlverständnis, der vielleicht wichtigste Aspekt auf dem Weg vom Zählen zum Rechnen.

Abb. 4.37: Das Haus der Sieben füllen

Anbieten, Beobachten und Unterstützen

Das Spiel nach Grundregeln eignet sich aufgrund der hohen Anforderungen im Bereich des relationalen Zahlverständnisses – Teile-Ganzes-Beziehung und Differenzbeziehung – insbesondere für den Einsatz in der Schule. Wenn die Kinder aber bereits zuvor Spielerfahrungen zum Spiel *Hamstern* sowie zum Spiel *Vier-* und *Fünffresser* gesammelt haben, kann es auch im Kindergarten eingesetzt werden. Im Kindergarten kann auch zunächst nach der Variante (s. u.) gespielt werden. Die optimale Spieleranzahl für beide Varianten ist drei bis vier Kinder.

In der Phase des Anbietens (s. Skript ➜ OM 4.1.7.1) wird das Spielmaterial vorgestellt und die Spielregeln während der ersten Spielrunden eingeführt: »*Das Spiel, das wir jetzt zusammen spielen, heißt ›Häuser füllen‹. In diesem Spiel gibt es Häuser unterschiedlicher Größe. In einem Haus mit der Zahl Fünf können insgesamt fünf Kinder wohnen. Schauen wir uns mal an, welche unterschiedlichen Häuser es gibt.*«

Vor den Kindern wird eine Auswahl an Zahlenkarten in einer Farbe von fünf bis zehn ausgelegt. Diese werden in einem ersten Schritt nach der Zahlzeichenfolge geordnet. Bei dieser Gelegenheit kann das Erkennen von Zahlzeichen nochmals wiederholt werden und die pädagogische Fach- bzw. Lehrperson kann beobachten, ob es noch Unsicherheiten gibt: »*Zu Beginn decken wir vier Häuserkarten auf* (▶ Abb. 4.38). *Die anderen Häuserkarten legen wir verdeckt auf einen Stapel. In diesem Haus können fünf Kinder wohnen, z. B. vier* (Würfelvier legen), *dann ist es aber noch nicht voll. Wie viele Kinder passen noch in das Haus?* (Würfeleins legen)«

Abb. 4.38: Regeleinführung *Häuser füllen*

»*Jetzt darf jedes Kind reihum würfeln und seinen Würfel zu einer Häuserkarte legen. Wer das Haus voll machen kann, bekommt das Haus/die Karte. Die Würfel unter der Karte legen wir wieder in die Schachtel und wir decken eine neue Karte vom Stapel auf. Wer am Ende die meisten Häuser/Karten hat, hat gewonnen.*«

Bei den nun folgenden Würfelrunden sollte insbesondere Folgendes beobachtet werden:

4.1 Spiele zur Förderung des Zahlverständnisses

- Legt das Kind seinen Würfel sofort ab oder zögert es bzw. überlegt es zunächst?
- Erkennt das Kind, dass es mit einer Würfelfünf bzw. einer Würfelsechs die Häuser der Fünf bzw. der Sechs auch mit einem Würfel ganz füllen kann?
- Erkennt das Kind, in welchen Häusern sein Würfel ggf. nicht passen kann, z. B. eine Sechs ins Haus der Fünf, oder eine Sechs ins Haus der Sechs, wenn dort bereits ein Würfel liegt …?
- Sind dem Kind bestimmte Zerlegungen bekannt wie die der Sechs in drei und drei, oder der Zehn in fünf und fünf oder der Sieben in sechs und eins …?
- Wie ermittelt das Kind noch freie Plätze in einem Haus: Zählt es alle Augen bereits ausgelegter Würfel und zählt dann weiter, erfasst es bereits ausgelegte Würfelbilder auf einen Blick und zählt dann weiter oder erkennt es, ohne zu zählen, welche Zahl noch fehlt?

Weiter ist es wichtig, dass die Kinder ihre Spielzüge verbalisieren. Dies kann die pädagogische Fach- bzw. Lehrperson durch folgende Fragen unterstützen:

- *»Was hat Maja gewürfelt?«*
- *»In welches Haus passt der Würfel?«* oder *»Passt der Würfel in dieses Haus?«* (die Häuser der Reihe nach durchgehen)
- *»Wie viele Plätze sind im Haus jetzt belegt?«*
- *»Ist im Haus noch Platz oder ist es bereits voll?«*
- *»Woher wisst ihr, dass es voll/noch nicht voll ist?«*
- *»Wie viel Platz ist noch? Wie viele Kinder passen noch hinein?«*

Eine weitere Unterstützungsmöglichkeit besteht im Modellieren des eigenen Spielzugs und der dabei stattfindenden Überlegungen durch die pädagogische Fach- bzw. Lehrperson: *»Ich habe eine Zwei gewürfelt. Im Sechserhaus ist noch etwas frei, da liegt bisher nur eine Drei. Wenn ich jetzt die Zwei dazu lege, dann sind es zusammen fünf, das Haus ist also fast voll. Ein Platz ist noch frei.«*

Da das Spiel für die Kinder durchaus herausfordernd ist, können Fehler beim Legen der Würfel auftreten. Diese Fehler stellen Lerngelegenheiten für alle Kinder dar und sollten produktiv genutzt werden. Es ist wichtig, wie bei allen anderen Spielen auch, dass auf Fehler zunächst nicht anders reagiert wird, als wenn das Kind den Würfel passend ablegt, auch nicht in Gestik und Mimik. D. h., dass auch beim falschen Legen eines Würfels die vier folgenden Fragen an alle mitspielenden Kinder gestellt werden:

- »*Wie viele Plätze sind im Haus jetzt belegt?*«
- »*Ist im Haus noch Platz oder ist es bereits voll?*«
- »*Woher wisst ihr, dass es voll/noch nicht voll ist?*«
- »*Wie viel Platz ist noch? Wie viele Kinder passen noch rein?*«

*Wenn alle Kinder in diesen Prozess einbezogen sind, dann wird in d*en meisten Fällen an irgendeiner Stelle der Fehler vom Kind selbst oder von den Mitspielerinnen und Mitspielern erkannt. Sollte dies nicht der Fall sein, sollte zur einfacheren Variante (s. u.) oder zum Spiel *Hamstern* (▶ Kap. 4.1.5) gewechselt werden.

Um weitere Lerngelegenheiten zum relationalen Zahlverständnis zu schaffen, können folgende Fragen und Impulse im Wechsel eingesetzt werden:

- »*Kannst du den Würfel auch in ein anderes Haus legen? In welches? Warum?*«
- »*In welches Haus/welche Häuser passt der Würfel nicht? Warum passt er nicht?*«
- »*Es gibt noch ein weiteres Haus, in das der Würfel passt? Ist es dann voll/noch nicht voll?*«
- »*Welches Würfelbild brauchst du, damit das Haus voll ist?*«

Außerdem kann die pädagogische Fach- bzw. Lehrperson in der zweiten Spielhälfte vor dem Würfeln laut überlegen, mit welcher Augenzahl sie ein Haus füllen kann: »*Wenn ich eine Eins würfle, dann kann ich das Fünfer-Haus voll machen. Hier bräuchte ich eine Vier…*«

Manche Kinder werden dieses Gedankenspiel gerne aufgreifen, wenn sie selbst an der Reihe sind. Die pädagogische Fach- bzw. Lehrperson kann die Kinder aber auch dazu anregen: »*Mit welchen Augenzahlen kann Julian ein Haus füllen?*«

Das Spiel sollte von den Kindern mehrfach nach den Grundregeln gespielt werden, damit die Kinder Sicherheit im Zerlegen von Zahlen in

Teilmengen und im Bestimmen der Differenz gewinnen. Ziel ist es, dass die Kinder zunehmend besser erkennen, welches Haus sie ganz füllen können. Dazu müssen sie verschiedene Anlegemöglichkeiten vergleichen und die beste auswählen.

Moderieren

Anlässe für Zwischenreflexionen können Fehler beim Legen der Würfel oder das Nachdenken über Anlegemöglichkeiten zum Füllen eines Hauses sein: »*Finde den Fehler. Wie wäre es richtig?*«, »*Mit welchen Augenzahlen kann man ein Haus füllen?*«

Die Bilder im Onlinematerial 4.1.7.2 können im Hinblick auf diese beiden Fragen untersucht werden.

Anknüpfen

Da das Spiel auch für Schulkinder zahlreiche Herausforderungen bietet, sollte es wie bereits erwähnt, wiederholt gespielt werden. So erlernen die Kinder verschiedene Zerlegungen der Zahlen fünf bis zehn und verstehen zunehmend das Konzept der Differenz (Wie viele Plätze sind im Haus noch frei?). Sollen Anforderungen reduziert werden, kann das Spiel nach folgender Variante gespielt werden.

Variante zu Häuser füllen

Durch die folgende Variation des Spielmaterials und der Regeln können die Anforderungen reduziert werden (▶ Abb. 4.39): Unter jede Häuserkarte wird zu Spielbeginn das passende Zahlbild gelegt (➔ OM 4.1.7.3). Es können Zahlbilder in der Block- oder in der Reihendarstellung verwendet werden. Es wird nur ein Würfel benötigt, mit dem reihum gewürfelt wird. In die Zehnerfelder darf dann die entsprechende Anzahl an gelben Muggelsteinen auf die abgebildeten Punkte gelegt werden.

Abb. 4.39: Spielaufbau Variante Häuser füllen

Durch die Verwendung der Zahlbilder im Zehnerfeld ist es für die Kinder deutlich einfacher zu erkennen, wie viele Plätze bereits belegt sind, wie viele noch frei sind oder ob das Haus bereits voll ist. Ein Nachteil ist, dass gezählt werden kann, was Kinder ggf. auch tun. Wenn die Kinder bei dieser Variante sicher agieren, sollte in jedem Fall wieder nach Grundregeln gespielt werden.

Das mathematische Potential des Spiels beim Spielen nach dieser Variante entspricht demjenigen nach Grundregeln.

4.2 Spiele zur Förderung räumlicher Fähigkeiten

Zur Förderung räumlicher Fähigkeiten, also der *visuellen Wahrnehmung* (s. gleichnamigen Infokasten ▶ Kap. 3.1.3) und des *räumlichen Vorstellungsvermögens* (s. gleichnamigen Infokasten ▶ Kap. 3.3.3), gibt es eine Vielzahl im

Handel erhältlicher Regelspiele. Zum Training der *visuellen Wahrnehmung* sind für Kinder ab ca. drei Jahren bspw. bekannte Spiele wie *Memory*, *Bilderlotto*, *Bilderdomino*, *Differix*, *Schau genau*, *Schnipp Schnapp* (Ravensburger), aber auch nachträglich entwickelte einfachere Varianten zu gängigen Familienspielen wie *Halli Galli Junior* (Amigo), zu nennen. Bei den genannten Spielen geht es im Wesentlichen darum, dass zwei gleiche Bilder einander zugeordnet (*Bilderlotto*, *Bilderdomino*, *Differix*, *Schau genau*) oder zwei (oder mehr) gleiche Bilder aus einer größeren Auswahl als solche (schnell) erkannt werden (*Schnipp Schnapp*, *Halli Galli Junior*). Je geringer die Unterschiede zwischen den Bildern in Bezug auf das Motiv als Ganzes (äußere Gestalt, Färbung, ▶ Abb. 4.40, links) sind, desto höher der Schwierigkeitsgrad.

Ein erhöhter Schwierigkeitsgrad ist auch dann gegeben, wenn die Bilder lediglich in Bezug auf *einzelne Teile* des Gesamtmotivs unterscheiden (▶ Abb. 4.40, rechts) sind. So unterscheiden sich die Clowns auf den Karten des Spiels *Halli Galli Junior* nur im Hinblick auf die Form des Mundes, die Form des Halsschmucks und das Vorhanden- bzw. Nicht-Vorhandensein einer Kopfbedeckung. Je ähnlicher sich die Bilder sind, desto herausfordernder ist es für die Kinder, Gemeinsamkeiten bzw. Unterschiede (schnell) wahrzunehmen, also eine *visuelle Unterscheidung* vorzunehmen.

Abb. 4.40: Paarweise ähnliche *Schnipp-Schnapp*-Karten[31] (links), *Halli-Galli-Junior*-Karten (rechts)

---

[31] Diese Variante von *Schnipp Schnapp* (Ravensburger) ist leider vergriffen. Neuere Auflagen weisen in den Motiven i. d. R. keinerlei Ähnlichkeiten auf, was das Potential des Spiels zur Förderung der visuellen Differenzierung deutlich schmälert.

Die Ähnlichkeit der Motive ist, wie in Abbildung 4.41 links und rechts zu sehen, Anlass für den genauen Vergleich und die Beschreibung der Gemeinsamkeiten und Unterschiede der Bilder.

Abb. 4.41: Vergleich von Krokodil und Drache (links), Vergleich von Kipplaster und Abschleppwagen (rechts)

Bilderlottos, *Bilderdominos* und *Schnipp Schnapp* sind durch die Gestaltung der Karten in Form von deutlich verschiedenen Motiven einfacher als *Differix*, *Schau genau* oder *Halli Galli Junior*, die gezielt nur einzelne Bestandteile der Abbildungen variieren (mit Hut – ohne Hut, Fliege – Halskrause, fröhlich – traurig, ▶ Abb. 4.40, rechts).

Beim Spiel *Memory*, bei dem ebenfalls zwei gleiche Bilder gefunden werden müssen, ist hingegen weniger die visuelle Unterscheidung, sondern vielmehr das *visuelle Gedächtnis* gefordert. So muss man sich merken, an welcher Stelle ein bestimmtes Bild liegt, und beim späteren Aufdecken des passenden zweiten Bildes diese Stelle erinnern.

Der Spielcharakter ist bei den bisher genannten Spielen durchaus unterschiedlich ausgeprägt. Spiele wie *Differix* oder *Schau genau* haben eher den Charakter von Lernspielen, die auch durchaus alleine gespielt werden können. Das gilt auch für Domino- und Lottospiele. *Schnipp Schnapp*, *Halli Galli Junior* oder *Memory* sind hingegen gut für das Spiel in einer Kleingruppe im Kindergarten geeignet. Sie sind jedoch nur bedingt im schulischen Bereich einsetzbar, da sich neue Herausforderungen durch Material- und Regelvariation nicht wirklich erzeugen lassen. Der Einsatz im Schulalter empfiehlt sich daher eher im Freizeit- oder Hausaufgabenbetreuungsbereich.

Weiter gibt es für den schulischen Bereich eigens entwickelte didaktische Spiele, die neben der visuellen Wahrnehmung auch das räumliche Vorstellungsvermögen fördern wie z. B. *Potz Klotz*, *Umspannwerk*, *Spiegeltangram* oder *Multicubi* (Kallmeyer). Diese Spiele werden zwar teilweise auch für den Einsatz im Kindergarten empfohlen, sie sind aber in Bezug auf das räumliche Vorstellungsvermögen oftmals sehr anspruchsvoll, da sie nicht nur das Erfassen räumlicher Beziehungen und das räumliche Vorstellen, sondern auch das räumliche Denken, also das gedankliche Operieren mit geometrischen Figuren erfordern (s. Infokasten Räumliches Vorstellungsvermögen ► Kap. 3.3.3) – insbesondere bei den drei erst genannten Spielen. Sie können in ihren Anforderungen i. d. R. nicht ohne die Aufgabe der zentralen Spielidee reduziert werden. Für dieses Buch wurden daher drei Spiele ausgewählt, die

1. einerseits eine umfassende Förderung der visuellen Wahrnehmung und des räumlichen Vorstellungsvermögens ermöglichen
2. und andererseits mit geringen Variationen des Spielmaterials und/oder der Spielregeln sowohl im Kindergarten als auch im ersten Schuljahr eingesetzt werden können.

Zunächst wird ein Spiel zur Förderung der visuellen Wahrnehmung vorgestellt und anschließend zwei Spiele, die zusätzlich auch das räumliche Vorstellungsvermögen fördern. Die Abfolge der Darstellung der ausgewählten Spiele stellt zugleich auch eine Empfehlung eines zeitlichen Nacheinanders des Einsatzes dieser Spiele im Kindergarten bzw. im ersten Schuljahr dar. Grundsätzlich kann aber jedes Spiel auch für sich eingesetzt werden.

Tabelle 4.10 liefert einen Überblick über das mathematische Potential der Spiele zur Förderung *räumlicher Fähigkeiten*, die in diesem Buch vorgestellt werden (vgl. auch Schuler 2015b). Alle drei Spiele sind im Handel käuflich zu erwerben. Bei allen Spielen ist eine Gruppengröße von drei bis vier Kindern optimal. Bei *Dobble* kann es aufgrund des Wettkampfcharakters des Spiels sinnvoll sein, dass die Fachkraft das Spielgeschehen als Beobachterin und Impulsgeberin begleitet, also nicht mitspielt. In Bezug auf die Förderung räumlicher Fähigkeiten haben die Spiele unterschiedliches Potential. In der Tabelle sind die *Schwerpunkte* der jeweiligen Spiele durch eine dunkelgraue Färbung gekennzeichnet, weitere Förderbereiche sind hellgrau unterlegt. Es wird deutlich, dass die Spiele ihren Schwerpunkt in unterschiedlichen Bereichen haben, aber insgesamt alle Bereiche abgedeckt sind (▶ Tab. 4.10).

Tab. 4.10: Schwerpunkte des mathematischen Potentials der ausgewählten Spiele im Überblick

Spiel	Gruppengröße	Visuelle Wahrnehmung					Räumliches Vorstellungsvermögen			
		Figur-Grund-Unterscheidung	Wahrnehmungskonstanz	Visuelle Differenzierung	Visuelles Gedächtnis	Auge-Hand-Koordination	Räumliche Beziehungen	Perspektivwechsel	Räumliches Vorstellen	Räumliches Denken
Dobble	3–4									
Make ›n‹ Break	3–4									
Ubongo	3–4									

4.2.1 Dobble

Das Spiel *Dobble*[32] ist ein Spiel, das die visuelle Wahrnehmung fördert (▶ Tab. 4.10). Das Spielen erfordert insbesondere die *Figur-Grund-Unterscheidung*, die *Wahrnehmungskonstanz*, die *visuelle Unterscheidung* und das *visuelle Gedächtnis*. Auf jeder Karte sind je acht Gegenstände, Tiere oder Symbole abgebildet.

> **Grundregeln des Spiels**
>
> Spielmaterial: 55 Spielkarten mit je acht Bildern
>
> Spielregeln: Alle Karten werden als offener Stapel in die Tischmitte gelegt. Jedes Kind nimmt sich eine Karte und legt sie verdeckt vor sich. Ziel des Spiels ist es möglichst viele Karten vom offenen Stapel zu gewinnen. Alle Kinder decken ihre Karte gleichzeitig auf und vergleichen sie mit der obersten Karte auf dem offenen Stapel in der Tischmitte. Wer als erster ein übereinstimmendes Symbol auf der Karte in der Mitte und seiner aufgedeckten Karte gefunden hat und dieses benennt, darf die oberste Karte vom Stapel auf seinen Stapel legen. Diese Karte ist nun für dieses Kind die neue Vergleichskarte. Wenn der Stapel in der Mitte leer ist, ist das Spiel zu Ende. Wer die meisten Karten auf seinem Stapel vor sich liegen hat, hat gewonnen.

---

32 Abdruck der Spielkarten mit freundlicher Genehmigung der Asmodee Group, © 2017 Asmodee Group: Dobble® – These characters are the property of Asmodee Group. All Reserved Elements. Dobble is a game created by Asmodee. Das Spiel ist im Handel käuflich zu erwerben. In der Spielanleitung werden fünf Spielvarianten beschrieben. Dabei stellen die hier beschriebenen Grundregeln die Variante 1 dar.

4 Spielbasierte mathematische Lernsettings

Abb. 4.42: Spielaufbau

Da jedes Kind aus einem anderen Blickwinkel auf die Karten in die Tischmitte schaut und ein und derselbe Gegenstand in unterschiedlichen Größen auf den Karten abgebildet ist, müssen die Abbildungen stabil in unterschiedlichen Lagen und Größen erkannt werden (▶ Abb. 4.43). Außerdem gibt es Gruppen an Bildern, die in Form und/oder Farbe Ähnlichkeiten aufweisen, die also eine visuelle Unterscheidung erschweren (▶ Abb. 4.44). Durch ihre Größe und Färbung werden manche Figuren stärker hervorgehoben als andere, sie drängen sich sozusagen in der Wahrnehmung in den Vordergrund (vgl. Mund, ▶ Abb. 4.44, rechts). Kleinere und weniger kräftig gefärbte Abbildungen müssen ggf. bewusst in den Vordergrund geholt werden (vgl. Gespenst, ▶ Abb. 4.43, rechts). Die Besonderheit des Kartensatzes besteht darin, dass je zwei Karten genau ein Symbol gemeinsam haben. Die anderen sieben Symbole unterscheiden sich. Bei allen Spielvarianten geht es darum, möglichst schnell herauszufinden, welches Symbol zwei Karten gemeinsam haben und dieses zu benennen. Dazu müssen Unterschiede und Gemeinsamkeiten zwischen den Karten wahrgenommen und gespeichert werden und die zwei gleichen Motive aus einem komplexen Hintergrund erkannt werden. Wichtiges muss in den Vordergrund geholt und Unwichtiges ausgeblendet werden (Figur-Grund-Unterscheidung).

4.2 Spiele zur Förderung räumlicher Fähigkeiten

Abb. 4.43: Dinosaurier in unterschiedlichen Lagen und Größen

Abb. 4.44: Kerze, Vogel, Schere, Auge in gleicher Farbe (links), Schlüssel, Anker, Notenschlüssel in gleicher Farbe und ähnlicher Form (rechts)

Das Spiel *Dobble* vereinigt also das Potential des Spiels *Memory* (visuelles Gedächtnis) und der o. g. Spiele zur Förderung der visuellen Unterscheidung wie *Schnipp Schnapp* oder *Halli Galli Junior*. Dies gelingt, indem auf einer Karte nicht nur ein Motiv, sondern mehrere Motive in unterschiedlichen Größen und mehr oder weniger dominanten Färbungen abgebildet sind. Dadurch erweitert sich das mathematische Potential um die Figur-Grund-Unterscheidung und die Wahrnehmungskonstanz. Es ist außerdem ein Spiel, bei dem die Wahrnehmungsgeschwindigkeit entscheidend ist. Daher ist es für die Aufrechterhaltung der Spielmotivation günstig, das Spiel in weitgehend leistungshomogenen Spielgruppen zu spielen. Währenddessen kann die pädagogische Fach- bzw. Lehrperson das Spielgeschehen beobachten.

Das Spiel nach den Grundregeln kann sowohl in der Schule als auch im Kindergarten gespielt werden. Es gibt aber auch eine vereinfachte Variante, *Dobble Kids* (s. u. Variante), die sich insbesondere für den Einsatz im Kindergarten eignet. Günstig ist eine Gruppengröße von drei bis vier Kindern. Die Anzahl der verwendeten Karten kann jederzeit reduziert werden.

Anbieten, Beobachten und Unterstützen

In der Phase des Anbietens (➔ OM 4.2.1.1) wird das Spielmaterial vorgestellt und die Spielregeln während der ersten Spielrunden eingeführt: »*Das Spiel, das wir jetzt zusammen spielen, heißt ›Dobble‹. Bei diesem Spiel gibt es Karten, auf denen verschiedene Dinge abgebildet sind. Schauen wir uns eine Karte einmal an.*«

In der Tischmitte wird zunächst *eine* Karte aufgedeckt. Die Kinder werden aufgefordert, reihum die abgebildeten Gegenstände, Tiere und Symbole zu benennen. Bei Unsicherheiten in der Bezeichnung ist es wichtig, passende Bezeichnungen einzuführen, damit die Kinder im Spiel gemeinsame Motive auf zwei Karten benennen können. Anschließend wird eine weitere Karte aufgedeckt (▶ Abb. 4.45). Wieder benennen die Kinder die abgebildeten Dinge reihum.

Abb. 4.45: Gemeinsames Motiv auf zwei Karten

»Auf den beiden Karten sind viele unterschiedliche Dinge abgebildet. Habt ihr herausgefunden, was die beiden Karten gemeinsam haben?« Mit dieser Frage wird die Aufmerksamkeit der Kinder auf das zentrale Kennzeichen des Kartenaufbaus – je zwei Karten haben genau ein gemeinsames Symbol – gelenkt. Die Kinder sollen erkennen, dass es nur diese eine Übereinstimmung gibt und alle anderen Symbole sich unterscheiden. Im Weiteren werden noch mehrfach zwei neue Karten aufgedeckt. Dabei werden die abgebildeten Dinge von den Kindern benannt und stets das gemeinsame Symbol gesucht: *»Was ist auf diesen beiden Karten zu sehen? Haben diese beiden Karten auch etwas gemeinsam? Welches Symbol haben diese beiden Karten gemeinsam?«*

Auf diese Weise lernen die Kinder die im Spiel verwendeten Symbole und deren Bezeichnungen kennen und üben sich im Erkennen von Gemeinsamkeiten in einer komplexen Zusammenstellung von Bildern.

»Wir legen jetzt alle Karten auf einen Stapel in die Tischmitte mit der Bildseite nach oben. Alle von uns nehmen sich eine Karte und legen sie verdeckt vor sich. Ziel des Spiels ist es, möglichst viele Karten vom Stapel zu gewinnen. Dazu decken wir unsere Karten jetzt gleichzeitig auf und vergleichen sie mit der obersten Karte auf dem offenen Stapel in der Tischmitte. Wer als erstes auf seiner Karte das Bild findet, das sie mit der Karte in der Mitte gemeinsam hat und dieses richtig benennt, darf die oberste Karte auf seinen Stapel legen. Und dann geht es immer so weiter. Wenn der Stapel in der Mitte leer ist, ist das Spiel zu Ende. Wer die meisten Karten auf seinem Stapel vor sich liegen hat, hat gewonnen.«

Das Vergleichen der eigenen Karte mit der Karte auf dem Stapel in der Tischmitte sollte die pädagogische Fach- bzw. Lehrperson einmal vormachen, indem sie auf die gleichen Symbole auf ihrer Karte und der Karte auf dem Stapel zeigt.

Hat das Spiel einmal begonnen, ist im Spielablauf nach Grundregeln keine Pause vorgesehen. Das unterscheidet dieses Spiel grundlegend von den bisher vorgestellten Spielen zur Förderung des Zahlverständnisses in Kapitel 4.1, bei denen Schnelligkeit keine Rolle spielt. Der Spielfluss kann sich aber je nach Alter der Kinder und Übung im schnellen Erkennen sehr unterschiedlich darstellen. In einer ersten Spielrunde bietet es sich daher an, die Kinder primär zu beobachten:

- Gewinnt das Kind Karten vom Stapel? Erhält es viele bzw. wenige Karten?
- Wenn das Kind nur wenige oder keine Karten für sich entscheiden kann: Ist das Kind in der Lage, seine Aufmerksamkeit auf den Stapel in der Mitte und seine eigene aufgedeckte Karte zu fokussieren oder beobachtet es das Spiel der anderen Kinder bzw. schweift es mit seinem Blick ab? Wenn das Kind Karten für sich entscheiden kann: Gelingt dies insbesondere bei groß abgebildeten Symbolen und/oder bei dominanten Färbungen? Hat das Nicht-Gewinnen von Karten seine Ursache darin, dass das Kind unsicher oder zu langsam im Nennen der richtigen Bezeichnung ist?
- Unterlaufen dem Kinder Fehler beim Bestimmen des gemeinsamen Symbols? Erkennt das Kind eigene Fehler oder auch, wenn andere Kinder Fehler machen?
- Hat das Kind Freude an dieser Art von Spiel? Zeigt es Ausdauer? Lässt es sich trotz Misserfolgen und Rückstand nicht entmutigen?

Um im Weiteren das Spielgeschehen zu verlangsamen und allen Kindern Möglichkeiten zum Gewinnen von Karten zu eröffnen, kann die pädagogische Fach- bzw. Lehrperson immer wieder mit der Hand die Karte auf dem offenen Stapel in der Mitte mit der Hand abdecken oder die oberste Karte des Stapels in der Mitte umdrehen (▶ Abb. 4.46) und dann einen der folgenden Impulse setzen:

- »*Schaut euch eure eigene Karte nochmals genau an. Was ist auf deiner Karte zu sehen?* (Bilder werden benannt.) *Jetzt decke ich die Karte in der Mitte gleich wieder auf und dann geht es weiter. Mal sehen, ob du jetzt das gemeinsame Symbol schnell erkennst.*«
- »*Du hast gerade diese Karte gewonnen und sie auf deinen Stapel gelegt. Zeig uns nochmal die Karte darunter, damit wir sehen können, welches Symbol beide Karten gemeinsam haben.*« (Zu den anderen) »*Welche Gemeinsamkeit hätte eure Karte mit dieser Karte gehabt?*«

Insgesamt stellt die Lernbegleitung bei Spielen mit Wettkampfcharakter eine Herausforderung dar, da durch Impulse der Spielablauf stets unterbrochen wird. Außerdem ist es für die Kinder nur sehr eingeschränkt möglich, ihre Vorgehensweise beim Erkennen von Gemeinsamkeiten und

Unterschieden auf zwei Karten zu beschreiben, da die Wahrnehmungsprozesse intuitiv ablaufen und der nachträglichen Reflexion nur schwer zugänglich sind. Dies lässt sich auch gut ausprobieren, indem man sich selbst während des Spiels beobachtet.

Abb. 4.46: Zur Unterbrechung des Spielgeschehens Karte in der Mitte mit der Hand abdecken oder die oberste Karte umdrehen

Moderieren

Zwischenreflexionen können bei Spielen, bei denen Schnelligkeit eine Rolle spielt, nur durch die Unterbrechung des Spielgeschehens anregt werden und sollten daher nur sehr dosiert eingesetzt werden.

So können bspw. zur weiteren Förderung des visuellen Gedächtnisses nach dem Abdecken der mittleren Karte folgende Impulse gesetzt werden: *»Hat sich jemand von euch gemerkt, welche Symbole auf der Karte unter meiner Hand abgebildet sind?«, »Deck jetzt deine eigene Karte mit der Hand ab. Erinnerst du dich daran, was auf deiner Karte zu sehen ist?«*

Anknüpfen

Um weitere Herausforderungen zu schaffen eignen sich die in den Spielregeln des käuflich zu erwerbenden Spiels dargelegten Spielvarianten 4 und 5. Bei Variante 4 müssen die Karten aller Mitspieler und

Mitspielerinnern mit der Karte auf dem Kartenstapel in der Tischmitte verglichen werden und nicht nur zwei Karten. Bei Variante 5 werden neun Karten in einem Feld 3 x 3 ausgelegt und es müssen stets drei Karten mit einem übereinstimmenden Symbol gefunden werden.

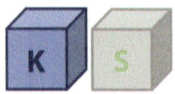

Variante: Dobble Kids

Bei *Dobble Kids* wird eine Veränderung des Spielmaterials vorgenommen. Es besteht nur aus 30 Karten und auf jeder Karte sind sechs verschiedene Tiere abgebildet (▶ Abb. 4.47).

Abb. 4.47: Karten aus *Dobble Kids*

Das mathematische Potential des Spiels ändert sich dadurch nicht, aber durch die Reduzierung der Anzahl der abgebildeten Tiere und deren realistischere und weniger symbolhafte Darstellung, ist die visuelle Unterscheidung deutlich erleichtert (▶ Abb. 4.47). Auch die Färbung und Musterung der Tiere trägt dazu bei, dass sie einfacher unterschieden werden können. So werden einzelne Tiere zwar durch ihre Größe dominant, treten aber nicht durch eine transparentere Färbung und fehlende schwarze Umrisse in den Hintergrund. Außerdem sind stets nur zwei Tiere mit einer ähnlichen Grundfärbung auf einer Karte anzutreffen (▶ Abb. 4.47, links; z. B. Elefant und Nilpferd oder Frosch und Krokodil) und nicht wie bei *Dobble* bis zu vier Motive (▶ Abb. 4.44). Die Anforderungen sind also im Hinblick auf alle vier Teilkomponenten der visuellen Wahrnehmung, die mit diesem Spiel gefördert werden können, geringer. Auch bei dieser Variante kann es sinnvoll sein, zunächst umfassende Übungen im Erkennen des gleichen Tiers auf zwei Karten durchzuführen, wie dies in Vorbereitung auf das Spiel bei *Dobble* beschrieben wurde. Dies gilt insbesondere für Kinder, die Mühe mit dem schnellen Erkennen haben und so möglicherweise schnell die Freude verlieren.

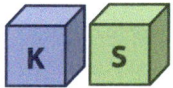

4.2.2 Make ›n‹ Break

Make ›n‹ Break[33] ist ein Spiel, das die visuelle Wahrnehmung unterstützt und zusätzlich auch das räumliche Vorstellungsvermögen fördern kann

---

33 Das Spiel *Make ›n‹ Break* (Abdruck der Spielkarten mit freundlicher Genehmigung von ©Ravensburger) ist in unterschiedlichen Versionen im Handel käuflich zu erwerben: *Make ›n‹ Break*, *Make ›n‹ Break Mitbringspiel*, *Make ›n‹ Break Junior*, *Make ›n‹ Break Extreme* usw. Alle Ausführungen in diesem Buch beziehen sich auf die Version *Make ›n‹ Break* von Andrew und Jack Lawson aus dem Jahr 2012. Die Ausgaben von 2004 und 2017 weisen veränderte Kartensätze auf, die im Vergleich zur Ausgabe von 2012 didaktisch gesehen leider einige Nachteile haben. Grundsätzlich können aber alle Ausgaben für die im Folgenden beschriebenen Ideen verwendet werden. Auch die deutlich günstigere Mitbring-Variante kann verwendet werden. Ein wesentlicher Unterschied zur Originalversion besteht darin, dass es keinen Timer gibt, statt zehn großen Bausteinen acht kleine verwendet werden und nur der einfachere Satz blauer Baukarten enthalten ist. Die großen Bausteine sind beim Bauen jedoch deutlich einfacher zu handhaben. Der schwerere rote Baukartensatz bietet für geübte und ältere Spielerinnen und Spieler außerdem weitere Herausforderungen. Die Version *Make ›n‹ Break Junior* kann für ungeübte und jüngere Spielerinnen und Spieler verwendet werden (Variante 1).

(▶ Tab. 4.10, vgl. Schuler, 2015b). Dabei müssen die Kinder unterschiedlich komplexe Bauwerke nach einer bildlichen Vorlage (Baukarten mit Schrägbildern, ▶ Abb. 4.50, ▶ Abb. 4.51, ▶ Abb. 4. 52) mit Bausteinen nachbauen. Bei den Bausteinen handelt es sich um quadratische Säulen in unterschiedlichen Farben. Die längeren Kanten sind dreimal so lang wie die kürzeren, so dass auf einer horizontal liegenden Säule genau drei vertikal stehende Säulen platziert werden können (▶ Abb. 4.48, links). Daraus ergeben sich verschiedene Lagebeziehungen, die auf den Baukarten eine Rolle spielen: Wenn ein Baustein vertikal auf einem horizontal liegenden steht, kann dies genau mittig oder bündig mit dem rechten oder linken Rand erfolgen. Wenn zwei Bausteine horizontal aufeinander liegen, können sie bündig übereinander liegen oder um ein Drittel nach links oder rechts verschoben sein (▶ Abb. 4.49). Soll der obere Stein mittig auf dem unteren liegen, muss ein dritter Stein hinzugenommen werden, da der obere Stein sonst kippt.

Abb. 4.48: Mögliche Lagebeziehungen der Bausteine

Abb. 4.49: Mögliche Lagebeziehungen der Bausteine 2

Die Baukarten weisen unterschiedliche Schwierigkeitsgrade und Anforderungen auf. Die Ziffern 1 bis 3 geben sowohl bei den blauen als auch bei den roten Karten Hinweise auf den Schwierigkeitsgrad. Dieser ändert sich aufgrund der Anzahl der verwendeten Klötze und der Komplexität der Anordnung (Überlappungen, Überhänge, Höhe). Bei Karten mit grau gefärbten Bausteinen spielt die tatsächliche Farbe der Bausteine keine Rolle.

Es muss also nur die Anordnung der Steine und ihre Beziehungen untereinander beachtet werden. Karten mit blauen Ziffern sind tendenziell einfacher (▶ Abb. 4.50) als Karten mit roten Ziffern. Letztere bieten in zweierlei Hinsicht zusätzliche Herausforderungen: Statik oder räumliche Tiefe (▶ Abb. 4.51, ▶ Abb. 4.52). Bei Bauwerken wie in Abbildung 4.51 müssen darüber liegende Bausteine verbaut werden, um darunterliegende Bausteine zu stabilisieren. Bei Bauwerken wie in Abbildung 4.52 sind die Bausteine nicht nur in einer Ebene angeordnet, sondern in zwei oder drei hintereinanderliegenden Ebenen. Hier ist nicht immer der ganze Baustein sichtbar, sondern ein Teil kann durch andere Bausteine verdeckt sein.

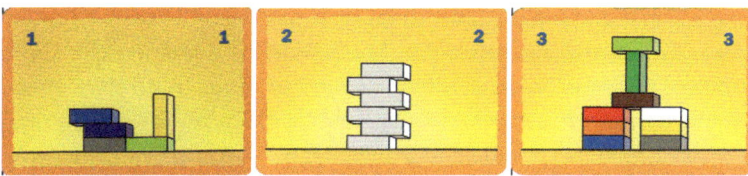

Abb. 4.50: Blaue Baukarten mit unterschiedlichem Schwierigkeitsgrad

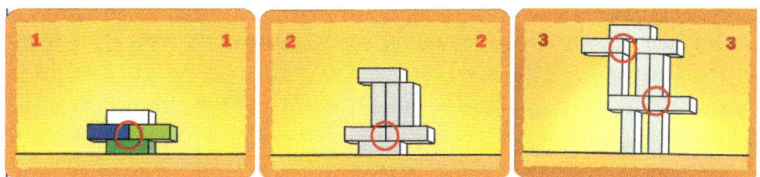

Abb. 4.51: Rote Baukarten mit besonderen statischen Anforderungen (rot markiert)

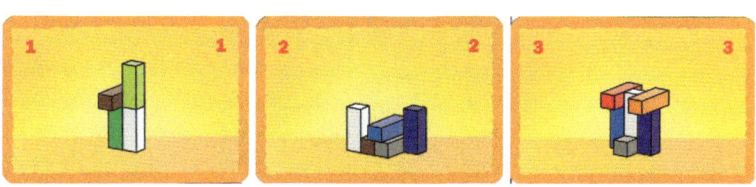

Abb. 4.52: Rote Baukarten mit besonderen räumlichen Anforderungen

> **Grundregeln des Spiels**
>
> Spielmaterial: zehn Bausteine, 80 Baukarten (Version Mitbringspiel: acht Bausteine, 60 Vorlagen), ein Timer, ggf. ein Würfel mit den Zahlen von eins bis drei.
>
> Spielregeln: Es werden drei Runden im Uhrzeigersinn gespielt. Die blauen Baukarten werden gemischt und verdeckt auf einen Stapel gelegt. Das Kind, das an der Reihe ist, legt den verdeckten Stapel und die zehn Bausteine vor sich bereit. Der Timer wird in der ersten Runde auf eins, in der zweiten auf zwei und in der dritten auf drei gestellt, um jedem Kind in jeder Runde die gleiche Bauzeit zu geben. Jedes Kind baut in dieser Zeit so viele Bauwerke wie möglich. Die Mitspielerinnen und Mitspieler kontrollieren, ob das Bauwerk richtig nachgebaut wurde. Auf Fehler muss sofort aufmerksam gemacht werden. Zur Fehlerkorrektur wird der Timer gestoppt. Korrekt vollendete Baukarten legt der jeweilige Baumeister auf seinen Stapel. Das Kind, das nach drei Spielrunden die meisten Baukarten oder die meisten Punkten hat, gewinnt das Spiel.
>
> Erweiterung: Es werden zusätzlich oder ausschließlich die roten Baukarten verwendet.
>
> Optional: Jedes Kind würfelt, je nach gewürfelter Zahl wird der Timer auf eins, zwei oder drei gestellt.
>
> Reduktion: Es werden nur Karten mit einer blauen oder roten Eins (und Zwei) verwendet.
>
>
>
> **Abb. 4.53:** Spielaufbau

Das Spiel nach Grundregeln fördert die visuelle Wahrnehmung in allen Bereichen:

- *Wahrnehmung der Raumlage*: Es muss auf der Vorlage erkannt werden, ob der Baustein vertikal oder horizontal (bei Karten mit besonderen räumlichen Anforderungen auch, ob er mit der rechteckigen oder der quadratischen Fläche parallel zur Bildebene/nach vorne) verbaut werden muss.
- *Visuelle Unterscheidung*: Es müssen Unterschiede in Anordnung und/oder Farbe der Bausteine zwischen Vorlage und Bauwerk wahrgenommen und ggf. korrigiert werden. Dies gilt sowohl für den Baumeister/die Baumeisterin als auch für die Mitspielerinnen und Mitspieler, die den Baumeister/die Baumeisterin kontrollieren.
- *Visuelles Gedächtnis*: Beim Nachbauen müssen die Farben und die Anordnung der Bausteine auf der Vorlage erinnert werden. Je weniger Informationen im Kurzzeitgedächtnis gespeichert werden können, desto öfter muss ein Abgleich zwischen Bauwerk und Vorlage vorgenommen werden. Vorlagen, bei denen nur die Anordnung der Bausteine erinnert werden muss, stellen geringere Anforderungen an das visuelle Gedächtnis. Die Anforderungen an das visuelle Gedächtnis können erhöht werden, wenn die Vorlage nur kurz gezeigt wird und aus der Erinnerung gebaut werden soll.
- *Wahrnehmung räumlicher Beziehungen*: Wenn die Beziehungen zwischen einzelnen Bausteinen oder auch zwischen Bausteingruppen wahrgenommen werden, kann dies das Nachbauen erheblich vereinfachen. Insbesondere das Memorieren von Steingruppen in ihren Beziehungen erleichtert das zügige und korrekte Nachbauen. Ein Deuten der Vorlage (▶ Abb. 4.54, links) bspw. als zwei übereinanderstehende Ts wäre einem Bauen ›Stein für Stein‹ klar überlegen. Bausteingruppen müssen in komplexen Gebäuden durch *Figur-Grund-Diskrimination* erkannt, in Beziehung zueinander gesetzt und erinnert werden: z. B. T auf einem Tor, umgedrehtes T auf Winkel (▶ Abb. 4.54, Mitte). So können im *visuellen Gedächtnis* statt vieler einzelner Informationen sog. Chunks gespeichert werden. Auch symmetrische Bauwerke können aus diesem Grund einfacher in ihrer Anordnung erinnert werden, wenn diese Beziehung erkannt wird (▶ Abb. 4.54, rechts).

- *Auge-Hand-Koordination*: Die wahrgenommenen Beziehungen müssen in eine Bautätigkeit überführt werden. Nur bei einer präzisen Wahrnehmung der Beziehungen und entsprechend abgestimmten feinmotorischen Fähigkeiten kann ein exaktes Nachbauen gelingen.

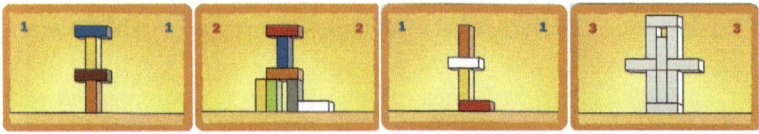

Abb. 4.54: Räumliche Beziehungen von Bausteingruppen

Das Spiel kann bei Verwendung von Karten mit besonderen räumlichen und statischen Anforderungen[34] auch das räumliche Vorstellungsvermögen, genauer gesagt das gedankliche Erschließen *räumlicher Beziehungen* bei nicht oder nur teilweise sichtbaren Objekten fördern:

- Bei Baukarten mit besonderen statischen Anforderungen kann das Erkennen der kritischen Stellen (▶ Abb. 4.51) bereits in der Vorlage den Bauprozess erleichtern bzw. ein Zusammenfallen des Bauwerks verhindern.
- Bei Baukarten mit besonderen räumlichen Anforderungen sind nicht alle Beziehungen zwischen den Bausteinen sichtbar (▶ Abb. 4.52). Diese müssen aus der zweidimensionalen Darstellung auf der Vorlage in der Vorstellung erschlossen werden.

Das Spiel nach den Grundregeln kann sowohl im Kindergarten als auch in der Schule gespielt werden. Je nach Spielerfahrung der Kinder kann, wie oben im Regelkasten beschrieben, der verwendete Kartensatz variiert werden. So können die Anforderungen durch den Einsatz von Karten mit der Ziffer 1 (und 2), durch die Verwendung lediglich blauer Karten oder

---

34 Diese besonderen Anforderungen sind nur bei einem Teil der roten Karten zu finden, vermehrt in der Ausgabe von 2012.

von Karten mit nur grau gefärbten Bausteinen reduziert werden. Es gibt aber auch eine vereinfachte Variante, *Make ›n‹ Break Junior* (s. u.), die sich insbesondere für den Einsatz im Kindergarten bzw. für Spielanfängerinnen und -anfänger eignet. Günstig ist eine Gruppengröße von drei bis vier Spielerinnen und Spielern. Die Anzahl der verwendeten Karten kann jederzeit reduziert werden.

Anbieten, Beobachten und Unterstützen

In der Phase des Anbietens (→ OM 4.2.2.1) wird das Spielmaterial vorgestellt, erste Bauerfahrungen gesammelt und die Spielregeln eingeführt: *»Das Spiel, das wir jetzt zusammen spielen, heißt ›Make ›n‹ Break‹. Bei diesem Spiel gibt es Bausteine und Karten mit Bauwerken. Schauen wir uns einmal verschiedene Karten an.«*

Die Kartenauswahl sollte alle drei Schwierigkeitsgrade von eins bis drei, Bauwerke mit einer deutlich unterschiedlichen Anzahl an Bausteinen und sowohl bunt als auch grau gefärbte Bauwerke enthalten (vgl. z. B. Auswahl auf Abb. 4.50). Wenn die Kinder nicht von sich aus die Bauwerke auf den Karten beschreiben (Anzahl und Farbe der Bauklötze, Beziehungen zueinander ...), können sie dazu aufgefordert werden:

- *»Was seht ihr? Könnt ihr die Bauwerke beschreiben? Was haben die Karten gemeinsam, was unterscheidet sie?«*
- *»Was braucht ihr, um dieses Bauwerk nachzubauen?«*
- *»Welche Karte findet ihr leicht, welche schwierig? Warum?«*

Wichtig zu klären ist, dass nicht immer alle Bausteine verwendet werden müssen und dass bei grau gefärbten Bauwerken die Farbe der verwendeten Steine keine Rolle spielt. Bei der Einschätzung des Schwierigkeitsgrades nehmen die Kinder i. d. R. Bezug auf die Anzahl der verwendeten Bausteine (wenige, viele), die Berücksichtigung der Färbung, die Ausrichtung und Anordnung der Steine (vertikal oder horizontal, bündig oder versetzt) oder auch die auf den Karten abgedruckten Ziffern.

Jeder und jede sollte vor Spielbeginn die Gelegenheit bekommen, mindestens ein Bauwerk nach Vorlage zu bauen, also Baumeister bzw.

Baumeisterin zu sein. Die Mitspielerinnen und Mitspieler werden aufgefordert, den Bauprozess genau zu beobachten, um möglicherweise auftretende Fehler zu erkennen: *»Jedes Kind darf jetzt der Reihe nach Baumeister sein. Die anderen beobachten genau. Wenn ihr einen Fehler bemerkt, sagt ihr Stopp. Dann schauen wir, ob der Baumeister den Fehler findet. Wenn nicht, dann könnt ihr dem Baumeister einen Tipp geben.«*

Beim Nachbauen können bereits verschiedene Beobachtungen gemacht werden:

- Schaut das Kind oft zwischen Vorlage und Bauwerk hin und her?
- Beachtet das Kind die räumlichen Beziehungen zwischen den Bausteinen? Wie genau bzw. exakt gelingt ihm der Nachbau? Erkennt es Abweichungen zwischen Vorlage und Bauwerk? Kann es diese korrigieren?
- Werden Fehler von den Mitspielerinnen und Mitspielern erkannt? Findet der Baumeister/die Baumeisterin den Fehler, wenn er oder sie darauf aufmerksam gemacht wird? Kann er oder sie diesen korrigieren?

Falls sich herausstellt, dass ein oder mehrere Kinder große Schwierigkeiten beim Nachbauen haben, z. B. große Abweichungen in der Anordnung zwischen Vorlage und Bauwerk oder ständiges Umfallen des Bauwerks, kann die Phase des Nachbauens zeitlich ausgedehnt werden. Günstig ist es, wenn jedes Kind dazu einen eigenen Satz Bausteine erhält. Da das Spiel nur einen Satz enthält, können ergänzend mehrere Bausteinsätze aus der deutlich preiswerteren Mitbring-Version verwendet werden. Die Kinder können angeregt werden, mit einfachen Karten (blaue Karten, Ziffer 1 und 2) zu beginnen und nach und nach schwierigere Vorlagen (höhere Ziffer, rote Karten) zu wählen. Alternativ kann auch zuerst *Make ›n‹ Break Junior* (Variante 1) gespielt werden.

»Jetzt beginnen wir das Spiel. In der ersten Runde wird die Uhr für jeden Baumeister auf die Eins gestellt, in der zweiten auf zwei, in der dritten auf drei. So lange die Zeit läuft, sollst du so viele Karten wie möglich nachbauen. Wer nach drei Runden die meisten Karten richtig nachgebaut hat, gewinnt das Spiel. Wenn ihr bemerkt, dass der Baumeister einen Fehler gemacht hat, dann sagt ihr Stopp. Dann halten wir die Uhr an und der Baumeister darf seinen Fehler suchen und

verbessern. Wenn der Baumeister den Fehler nicht selbst findet, dann geben wir ihm Tipps. Richtig nachgebaute Karten, darf der Baumeister behalten. Dann wird die Uhr wieder gestartet und es geht weiter. Ist die Zeit abgelaufen, dann ist der nächste mit Bauen an der Reihe.«[35]

Während des Spiels kann die pädagogische Fach- bzw. Lehrperson vergleichbare Beobachtungen machen wie in der Bauphase ohne Zeitdruck vor Spielbeginn. Interessant sind Fehler und Schwierigkeiten:

- Bei welchen Karten treten Fehler auf? Ziffer; Farbe/grau; symmetrisch/nicht symmetrisch; bündiges Bauen/Überlappungen/Überhänge?
- Welche Fehler treten auf? Fehler in der Farbe? Fehler in der Anordnung? Fehler in Farbe und Anordnung?
- Erkennt das Kind eigene/fremde Fehler? Kann es diese korrigieren? Kann es diese verbal beschreiben?
- Wie genau richtet das Kind seine Bauklötze aus? Werden auch kleine Abweichungen in der Anordnung von den Mitspielern und Mitspielerinnen als Fehler moniert oder nur grobe Abweichungen wie z. B. ein Baustein in falscher Farbe?
- Arbeitet das Kind schnell, aber ungenau; langsam und genau; schnell und genau …?

Ein wesentliches Ziel des Spiels ist es, dass die Kinder zunehmend genauer bauen und kleine Unterschiede zwischen Bauwerk und Vorlage erkennen, also ihre Auge-Hand-Koordination und die visuelle Unterscheidungsfähigkeit ausbauen. Wenn von den Kindern (kleine) Abweichungen nicht wahrgenommen werden (▶ Abb. 4.55), dann sollte die pädagogische Fach- bzw. Lehrperson bei Fehlern die Uhr immer mal wieder selbst anhalten. Dabei können folgende Impulse gesetzt werden: »*Ich habe einen Fehler entdeckt.*«, »*Hast du einen Tipp für Maja?*«, »*Schau an dieser Stelle nochmal genau hin (z. B. auf den dunkelgrünen Stein zeigen).*«

---

35 Die Timerregelung weicht im Originalspiel von den beschriebenen ab. Ein Spiel nach anderen Regeln ist jederzeit möglich. Das Stoppen des Timers für die Fehlerkorrektur hat den Vorteil, dass diese von Zeitdruck befreit ist und eine Kommunikation stattfinden kann.

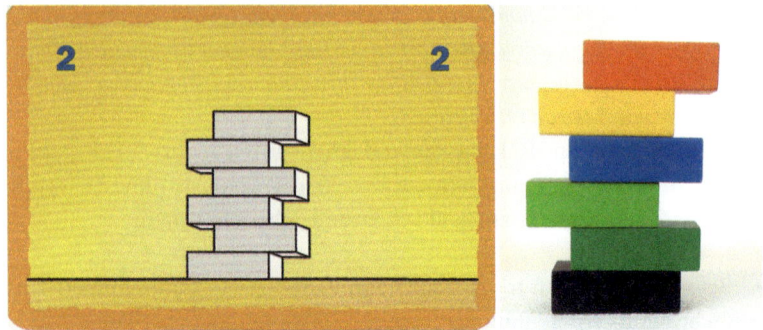

Abb. 4.55: Majas Nachbau der Vorlage

Moderieren

Fehler und Schwierigkeiten sind Anlässe für Zwischenreflexionen, z. B. zwischen zwei Spielrunden oder am Ende des Spiels.

Da Kinder i. d. R. mit größerer Unbefangenheit und Motivation in fremden Produkten nach Fehlern suchen als in ihren eigenen, können Kindern Fotos (mit und ohne Fehler, gleiche und andere Perspektive) und Baukarten vorgelegt werden. Die Kinder sollen untersuchen und begründen, ob das Bauwerk (ein oder mehrere Fotos) und die Vorlage (Karte) zusammenpassen. Die Abbildungen müssen also auf Unterschiede und Gemeinsamkeiten untersucht werden. Das visuelle Gliedern in Bausteingruppen kann den Vergleich erleichtern: »*Passt das Foto zur Baukarte? Begründe.*«

Die Bilder im Onlinematerial 4.2.2.2 können im Hinblick auf diese beiden Fragen untersucht werden.

Anknüpfen

Für Kinder, für die das Spiel in dieser Variante zu anspruchsvoll ist, können die Anforderungen durch Variante 1 reduziert werden. Durch das Hinzunehmen roter Karten, insbesondere auch der roten Karten mit besonderen statischen und räumlichen Anforderungen in weiteren Spielrunden können aber auch neue Herausforderungen geschaffen werden. Die Hinzunahme roter Baukarten schließt an die Anlässe zur Zwischenreflexion aus der Phase des Moderierens an. Auch durch Variante 2 und 3 können neue Herausforderungen in Bezug auf das räumliche Vorstellungsvermögen geschaffen werden.

Variante 1: Make ›n‹ Break Junior

Bei *Make ›n‹ Break Junior* werden Veränderungen am Spielmaterial vorgenommen[36] (▶ Abb. 4.56): Diese Variante enthält nur Baukarten mit grau gefärbten Bausteinen. Die Anzahl der Bausteine auf den Karten umfasst höchstens sechs. Auf den einfacheren gelben Karten werden drei oder vier Bausteine verwendet, auf den schwierigeren roten Karten fünf oder sechs.

Auch bei den Regeln gibt es Änderungen: Es wird nicht gegen die Uhr gespielt, sondern die Kinder messen sich direkt miteinander. Wer baut am schnellsten richtig nach? Dazu erhält jedes Kind sechs Bauklötze in je einer anderen Farbe. Auf Kommando des Spielleiters bzw. der Spielleiterin beginnen alle gleichzeitig mit ihrem Steinesatz zu bauen. Der Spielleiter bzw. die Spielleiterin überprüft anschließend, ob richtig gebaut wurde.[37]

Das Potential des Spiels ändert sich in Bezug auf die visuelle Wahrnehmung nicht. Das räumliche Vorstellungsvermögen kann bei dieser Variante nicht gefördert werden, da Karten mit besonderen Anforderungen fehlen.

---

36 Die genauen Regeln sind nachzulesen. Die Spielanleitung findet sich auch zum Download im Netz.
37 In der Junior-Version werden kleine Bausteine verwendet. Für jüngere Kinder sind große Bausteine geeigneter.

Abb. 4.56: Spielmaterial Variante 1

Variante 2 zu Make ›n‹ Break

Wenn die Kinder im Nachbauen Expertise gewonnen haben, dann kann das visuelle Gedächtnis durch eine einfache Regelveränderung stärker gefordert und damit auch gefördert werden:

- Die Baukarte wird dem Baumeister bzw. der Baumeisterin nur für eine kurze Zeit gezeigt, ungefähr fünf Sekunden. Dann wird sie wieder verdeckt. Der Baumeister bzw. der Baumeisterin versucht, das Bauwerk aus dem Gedächtnis nachzubauen.
- Wenn der Baumeister bzw. die Baumeisterin fertig ist, wird die Baukarte wieder aufgedeckt und der Spielleiter bzw. die Spielleiterin kontrolliert den Nachbau.

Das Nachbauen erfolgt auch bei dieser Variante nicht gegen die Uhr, sondern reihum baut jedes Kind ein Bauwerk aus dem Gedächtnis nach. Auch die Spielleiterin bzw. der Spielleiter, der die Karte kurz zeigt und das

Gebäude anschließend kontrolliert, wechselt reihum. Die Baukarten für diese Variante müssen gezielt ausgewählt werden. Es eignen sich insbesondere Baukarten mit wenigen Steinen (höchstens zwei bis fünf, grau oder auch gefärbt), Baukarten mit nur grau gefärbten Bausteinen, bei mehr als fünf Steinen insbesondere symmetrische Anordnungen (vertikale Symmetrieachse). Die graue Färbung und die Symmetrie erleichtern das Zusammenfassen von Steinen zu Steingruppen und damit das Memorieren.

Das mathematische Potential dieser Variante erweitert sich um das räumliche Vorstellen. Durch das Verdecken der Baukarte wird nicht nur das visuelle Gedächtnis gefördert, sondern auch das Erzeugen eines inneren Bildes des Bauwerks.

Variante 3 zu Make ›n‹ Break

Um das räumliche Vorstellungsvermögen, genauer das räumliche Denken (s. Infokasten Räumliches Vorstellungsvermögen ▶ Kap. 3.3.3) zu fördern, kann in der Schule folgende Regeländerung vorgenommen werden: Wie bei Variante 2 werden reihum Bauwerke nachgebaut. Baumeister und Spielleiterin sitzen sich stets gegenüber. Die Spielleiterin deckt eine Karte auf und zwar so, dass sie in korrekter Ausrichtung vor ihr liegt. Der Baumeister sieht die Karte also auf dem Kopf. Der Baumeister muss nun das Bauwerk nachbauen. Zur anschließenden Kontrolle kann die Spielleiterin die Karte um 180° drehen.

Bei dieser Variante kann erkannt werden, dass sich grau gefärbte symmetrischen Bauwerke einfacher nachbauen lassen als nicht symmetrische oder auch farbige. Bei letzteren muss eine Rechts-Links-Unterscheidung vorgenommen werden.

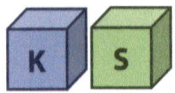

4.2.3 Ubongo

Ubongo[38] ist ein Spiel, das die visuelle Wahrnehmung unterstützt und zusätzlich auch das räumliche Vorstellungsvermögen fördern kann (▶ Tab. 4.10). Es ist ein Legespiel, bei dem eine Legetafel mit drei oder vier Legeteilen ausgelegt werden muss (▶ Abb. 4.57).

Abb. 4.57: Legetafeln und zwölf Legeteile

Bei den Legeteilen handelt es sich um sog. Quadratmehrlinge. Quadratmehrlinge bestehen aus mindestens zwei Quadraten, die mit je einer ganzen Seite aneinander liegen. Der kleinste Quadratmehrling ist der Quadratzwilling (▶ Abb. 4.57, lila), der aus zwei Quadraten besteht. Quadratdrillinge bestehen aus drei Quadraten, Quadratvierlinge aus vier usw. Ab dem Drilling gibt es erstmals mehr als eine Möglichkeit, nämlich genau zwei, für den Vierling gibt es bereits fünf Möglichkeiten und für den Fünfling sogar

---

38 Abdruck der Spielkarten mit freundlicher Genehmigung des Franckh-Kosmos Verlags, Stuttgart © 2005, 2021 Ubongo; © 2012, 2021 Ubongo Junior. Das Spiel *Ubongo* (Kosmos) ist in unterschiedlichen Versionen im Handel käuflich zu erwerben: *Ubongo, Ubongo Mitbringspiel, Ubongo Junior, Ubongo 3D* usw. Die Mitbring-Version gibt es außerdem sowohl mit Sechseck- als auch Dreieckmehrlingen als Legeteilen (*Extrem, Trigo*). Alle Ausführungen in diesem Buch beziehen sich auf die Version *Ubongo* von Grzegorz Rejchtman. Die Version Ubongo Junior kann für ungeübte und jüngere Kinder verwendet werden (s. Variante).

zwölf. Während beim Spiel *Ubongo* alle möglichen Zwillinge (1), Drillinge (2) und Vierlinge (5) verwendet werden, wurden von den zwölf möglichen Fünflingen nur vier hinzugenommen (▶ Abb. 4.57, rechts).

Auf einer Legetafel ist auf der Vorderseite eine graue Fläche abgebildet, die mit je drei Legeteilen ausgelegt werden kann (▶ Abb. 4.57, links – einfacher), auf der Rückseite findet sich jeweils eine Fläche, die mit vier Legeteilen auszulegen ist (▶ Abb. 4.57, rechts – schwieriger). Links neben der grauen Fläche sind stets sechs verschiedene Kombinationen von drei bzw. vier Legeteilen abgebildet, mit denen die graue Fläche jeweils ausgelegt werden soll. Beim Auslegen müssen die Legeteile genau in die vorgegebene graue Fläche eingepasst werden. Es darf seitlich nichts über die graue Fläche hinausragen. Dafür dürfen die Legeteile gedreht und gewendet werden. Bei elf der zwölf Legeteile führt das Drehen zu neuen Legemöglichkeiten, lediglich beim roten Quadrat ist dies aufgrund der vierfachen Achsensymmetrie nicht der Fall (▶ Abb. 4.58, links). Bei drei dieser elf Legeteile – lila, blau, braun (zweifach achsensymmetrisch) – entstehen durch Drehen zwei unterschiedliche Lagen, bei den verbleibenden acht Teilen entstehen durch Drehen je vier unterschiedliche Lagen (▶ Abb. 4.58, rechts). Bei Legeteilen, die nicht achsensymmetrisch sind (sechs dieser acht Teile: hellgrün, blau, pink, orange, gelb, grün), führt auch das Wenden zu neuen Legemöglichkeiten (▶ Abb. 4.59).

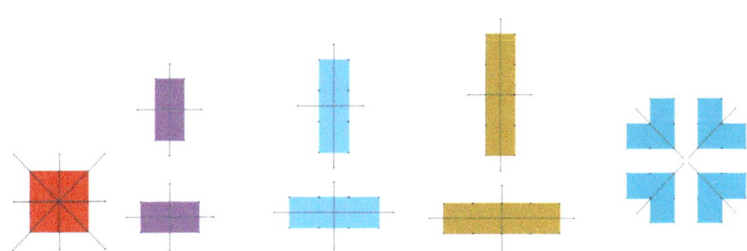

Abb. 4.58: Vierling rot – eine Lage; Zwilling lila, Drilling blau, Vierling braun – je zwei Lagen; Drilling grün – vier Lagen

Abb. 4.59: Sechs nicht achsensymmetrische Legeteile (links), blauer Vierling gewendet (rechts)

Grundregeln des Spiels

Spielmaterial: 36 Legetafeln, ein Würfel, eine Sanduhr (Laufzeit eine Minute), pro Kind zwölf Legeteile.

Spielregeln: Es empfiehlt sich, mit den leichten Legetafeln (drei Legeteile) zu beginnen. Die Legetafeln werden mit der einfachen Seite nach unten in der Tischmitte gestapelt. Jedes Kind legt seine zwölf Legeteile vor sich. Jedes deckt eine Legetafel auf und legt sie mit der leichten Aufgabe vor sich. Ein Kind würfelt und dreht die Sanduhr um. Das gewürfelte Symbol gibt an, welche Legeteile verwendet werden sollen. Jedes Kind versucht so schnell wie möglich die graue Fläche mit den vorgegebenen Legeteilen exakt auszulegen. Wer als erstes seine Aufgabe gelöst hat, ruft Ubongo. Wenn die Zeit abgelaufen ist, müssen alle Kinder mit Legen aufhören. Wer seine Tafel exakt auslegen konnte, darf die Legetafel behalten.[39] Wer am Ende die meisten Legetafeln gewonnen hat, hat auch das Spiel gewonnen.

---

39 Alternativ kann mit den Edelsteinen als Siegpunkten gearbeitet werden.

4.2 Spiele zur Förderung räumlicher Fähigkeiten

Abb. 4.60: Spielaufbau

Das Spiel nach Grundregeln fördert die visuelle Wahrnehmung in den folgenden Bereichen.

- *Wahrnehmungskonstanz (Lage, Größe)*: Zu Beginn müssen die passenden Legeteile für die aktuelle Spielrunde aus den zwölf zur Verfügung stehenden herausgesucht werden. Da die Legeteile auf der Legetafel verkleinert und in einer bestimmten Lage abgebildet sind, erfordert dies die Wahrnehmungskonstanz in Bezug auf die Größe und die Lage. Zum Heraussuchen der passenden Legeteile ist aufgrund der unterschiedlichen Maßstäbe zudem die Fähigkeit der Größenkonstanz notwendig.
- *Wahrnehmung räumlicher Beziehungen*: Beim Auslegen der grauen Flächen mit den Legeteilen müssen diese entsprechend des vorgegebenen Umrisses zueinander in Beziehung gesetzt werden. Es muss also wahrgenommen werden, wie die Legeteile miteinander kombinierbar sind.
- *Auge-Hand-Koordination*: Entsprechend ihrer Beziehungen und den noch freien Teilen der Fläche müssen die Legeteile in die graue Fläche eingepasst werden, also Drehungen und Wendungen vorgenommen werden.

Wenn die Kinder nicht nur probierend vorgehen, also durch das Legen der Legeteile, sondern Legeteile auch gedanklich auf die graue Fläche legen (räumliches Vorstellen) oder diese gedanklich drehen und wenden (räumliches Denken), z. B. um alternative Legemöglichkeiten zu prüfen, dann wird auch das räumliche Vorstellungsvermögen bei diesem Spiel gefördert. Kinder müssen aber bei diesem Spiel keine gedanklichen Handlungen durchführen, sondern können diese konkret durchführen. Um ein gedankliches Vorgehen anzuregen, empfiehlt sich die Variante (s. Skript ➔ OM 4.2.3.1).

Das Spiel nach den Grundregeln kann sowohl im Kindergarten als auch in der Schule gespielt werden. Es gibt aber auch eine vereinfachte Variante, *Ubongo Junior* (s. u.), die sich insbesondere für den Einsatz im Kindergarten bzw. für Spielanfänger und -anfängerinnen eignet. Günstig ist eine Gruppengröße von drei bis vier Spielerinnen und Spielern. Die Anzahl der Spielrunden und so auch die Dauer des Spiels kann durch die Reduzierung der Legetafeln verkürzt werden.

Anbieten, Beobachten und Unterstützen

In der Phase des Anbietens (➔ OM 4.2.3.1) wird das Spielmaterial vorgestellt, erste Legeerfahrungen gesammelt und die Spielregeln eingeführt: »*Das Spiel, das wir jetzt zusammen spielen, heißt ›Ubongo‹. Bei diesem Spiel gibt es verschiedene Legeteile. Schauen wir uns die Legeteile einmal an.*«

Die zwölf verschieden gefärbten Legeteile werden in die Tischmitte gelegt. Die Kinder können diese betrachten und beschreiben. Dabei gehen sie möglicherweise auf die Größe der Legeteile, auf Ähnlichkeiten und Unterschiede oder auch darauf ein, wie man sie sortieren kann.

Die Kinder können aufgefordert werden, ähnliche Legeteile zu suchen. Dies kann zu unterschiedlichen Sortierungen führen (▶ Abb. 4.61).

Weiter kann überlegt werden, welche Teile man gut zusammenlegen kann: »*Welche Teile passen zusammen? Welche Teile können wir gut aneinanderlegen? Schaffen wir es alle Teile aneinanderzulegen, so dass keine Lücke entsteht?*«

Nach diesem gemeinsamen Legen – es empfiehlt sich, dass dabei jedes Kind reihum jeweils ein Legeteil anfügt – kann jedes Kind mit seinen eigenen zwölf Legeteilen vergleichbares tun.

4.2 Spiele zur Förderung räumlicher Fähigkeiten

Abb. 4.61: Sortieren nach Farbton, Sortieren nach der Form, Sortieren nach dem Flächeninhalt

Im Weiteren wird das Auslegen einer vorgegebenen Fläche auf einer Legekarte ausprobiert. Dazu empfiehlt es sich, dass wieder nur ein Satz Legeteile in der Tischmitte liegt. *»Es gibt auch Legekarten. So sieht eine Legekarte aus. Wenn die Antilope gewürfelt wird, dann dürfen diese drei Legeteile verwendet werden, um die graue Fläche auszulegen. Wie könnte man die Legeteile legen?«* Auch hier können sich die Kinder äußern oder reihum Legehandlungen vornehmen. Im Weiteren sollte jedes Kind mindestens eine Fläche mit seinen Legeteilen auslegen.

»Jetzt beginnen wir das Spiel. Jedes Kind legt seine zwölf Legeteile vor sich. Die Legetafeln legen wird in die Tischmitte. Jedes Kind darf sich eine Legekarte nehmen und sie so vor sich legen, dass man die Seite sieht, auf der immer drei Legeteile abgebildet sind. Dann wird gewürfelt. Jedes Kind schaut auf seiner Legekarte, welche Legeteile es braucht. Dann drehen wir die Sanduhr um und alle versuchen so schnell wie möglich, die graue Fläche mit den drei Legeteilen auszulegen. Wer als erstes fertig ist, ruft Ubongo. Die anderen dürfen noch so lange weiterlegen, bis die Sanduhr durchgelaufen ist. Dann schauen wir, wer seine Karte mit den Legeteilen auslegen konnte. Jedes Kind, das es geschafft hat, darf die Legekarte behalten/bekommt einen Edelstein.«

Während des Spiels kann die pädagogische Fach- bzw. Lehrperson verschiedene Beobachtungen machen:

- Wählt das Kind die benötigten Legeteile korrekt und zielstrebig aus?

- Beginnt es sofort mit Auslegen oder betrachtet es die Legeteile und die Legekarte zunächst genau?
- Wenn das Auslegen nicht auf Anhieb gelingt: Nimmt es alle Legeteile herunter oder nur einzelne? Versucht es gezielt, Legeteile durch Drehen und auch Wenden anders anzulegen? Versucht es gezielt, ein Legeteil an verschiedene Positionen zu legen oder probiert es immer wieder dieselben Anordnungen?
- Erkennt es nicht aussichtsreiche Anordnungen (entstehen einzelne Quadrate, die nicht mehr zu belegen sind; entstehen Quadrate, die nicht zusammenhängend sind …)?
- Erkennt es, wie die Legeteile zusammenpassen, welche Legeteile zusammenpassen und welche Teile in noch freie Teile der Fläche passen?
- Gelingt dem Kind das Auslegen der Fläche mit drei (vier) Legeteilen?

Da auch bei diesem Spiel auf Zeit gespielt wird und jedes Kind an seiner eigenen Legekarte arbeitet, ist eine Unterstützung während des Spiels nur punktuell möglich. Es empfiehlt sich bei diesem Spiel als pädagogische Fach- bzw. Lehrperson nicht mitzuspielen, sondern zu beobachten, vereinzelt Impulse zu setzen und im Anschluss einzelne Spielsituationen herauszugreifen (s. Phase Moderieren).

Mögliche Impulse:

- »*Denke daran, es soll kein Kästchen der Fläche frei bleiben und die Legeteile dürfen nicht aufeinanderliegen.*«
- »*Versuche einmal, ob dieses Teil (zeigt darauf) besser passt, wenn du es drehst/ wendest.*«

Moderieren

Bei *Ubongo* arbeitet jedes Kind für sich alleine gegen die Uhr. Die Kommunikation und der Austausch sind dadurch eingeschränkt. Daher sollte die pädagogische Fach- bzw. Lehrperson das Spiel immer wieder für Zwischenreflexionen unterbrechen. Die Zwischenreflexionen dienen neben dem bewussten Wahrnehmen der räumlichen Beziehungen von

Legeteilen insbesondere der Förderung des räumlichen Vorstellungsvermögens: »*Maja hat das gelbe Z so gelegt. Wie könnte es weitergehen?*«, »*Wie könnte man die Teile noch legen?*«

Die Bilder im Onlinematerial 4.2.3.2 können im Hinblick auf diese beiden Fragen untersucht werden. Wichtig ist, dass die Kinder die Handlungen zunächst gedanklich vornehmen und erst im Nachgang diese Handlungen auch tatsächlich vollzogen werden.

Anknüpfen

Für Kinder, für die das Spiel in dieser Variante zu anspruchsvoll ist, können die Anforderungen durch Variante 1 – *Ubongo Junior* – reduziert werden. Durch Variante 2 (s. Skript ➔ OM 4.2.3.1) – Mitbringspiel – können weitere Herausforderungen geschaffen werden.

Variante: Ubongo Junior

Bei *Ubongo Junior* werden Veränderungen am Spielmaterial vorgenommen[40]:

1. Diese Variante enthält grüne Legekarten, die mit nur zwei Legeteilen (einfach) und gelbe Legekarten (mittlere Schwierigkeit), die mit drei Legeteilen ausgelegt werden müssen. Außerdem ist vorgeben, mit welchen Legeteilen die Figur auszulegen ist (▶ Abb. 4.62, links).
2. Die Anzahl der Legeteile wurde auf neun reduziert: vier Quadratfünflinge und fünf Quadratsechslinge (▶ Abb. 4.62, rechts).

---

[40] Die genauen Regeln sind nachzulesen. Die Spielanleitung findet sich auch zum Download im Netz.

Abb. 4.62: Legekarten und Legeteile *Ubongo Junior*

Das mathematische Potential des Spiels ändert sich durch die Materialvariation nicht.

Literatur

Aebli, H. (1980). Denken, das Ordnen des Tuns. Kognitive Aspekte der Handlungstheorie (Bd. 1). Stuttgart: Klett-Cotta.

Baireuther, P. (1997). Zahl und Form. Der Formzahlaspekt – ein Beitrag zur Verbindung von arithmetischen und geometrischen Erfahrungen. Mathematische Unterrichtspraxis, 18 (1), 3–16.

Beck, E., Baer, M., Guldimann, T., Bischoff, S., Brühwiler, C., Müller, P., Niedermann, R., Rogalla, M. & Vogt, F. (2008). Adaptive Lehrkompetenz. Münster: Waxmann.

Benz, C., Peter-Koop, A. & Grüßing, M. (2015). Frühe mathematische Bildung. Heidelberg: Springer Spektrum.

Besuden, H. (1999). Raumvorstellung und Geometrieverständnis – Unterrichtsbeispiele. Oldenburg: Didaktisches Zentrum.

Beutler, B. (2013). Zerlegen und Zusammensetzen. Fähigkeiten von Vorschulkindern beim Umstrukturieren von Bauwerken unter Berücksichtigung von Teil-Ganzes-Beziehungen. mathematica didacta, 13, 243–271.

Clarke, B., Clarke, D. Grüßing, M. & Peter-Koop, A. (2008). Mathematische Kompetenzen von Vorschulkindern: Ergebnisse eines Ländervergleichs zwischen Australien und Deutschland. Journal für Mathematik-Didaktik, 29 (3/4), 269–309.

Bornstein, M. H., Ferdinandsen, K. & Gross, C. G. (1981). Perception of Symmetry in Infancy. Developmental Psychology, 17 (1), 82–86.

Bornstein, M. H. & Stiles-Davis, J. (1984). Discrimination and Memory for Symmetry in Young Children. Developmental Psychology, 20 (4), 637–649.

Dehaene, S. (1999). Der ZAHLENSINN oder warum wir rechnen können. Basel: Birkhäuser.

Eichler, K.-P. (2009). Zur Sache: An Parkettierungen wachsen und lernen. Grundschule Mathematik, 22, 4–5.

Escher, D. & Messner, H. (2009). Lernen in der Schule. Ein Studienbuch. Bern: hep.

Floer, J. & Schipper, W. (1975). Kann man spielend lernen? Eine Untersuchung mit Vor- und Grundschulkindern zur Entwicklung des Zahlverständnisses. Sachunterricht und Mathematik in der Grundschule, 3, 241–252.

Franke, M. & Reinhold, S. (2016). Didaktik der Geometrie. In der Grundschule. Heidelberg, Berlin: Springer Spektrum.

Freudenthal, H. (1982). Mathematik – eine Geisteshaltung. Grundschule, 14 (4), 140–142.

Frostig, M. & Maslow, P. (1978). Lernprobleme in der Schule. Stuttgart: Hippokrates.

Fuson, K. C. (1988). Children's Counting and Concepts of Number (XIV). New York, Heidelberg: Springer.

Gasteiger, H. (2010). Elementare mathematische Bildung im Alltag der Kindertagesstätte. Grundlegung und Evaluation eines kompetenzorientierten Förderansatzes. Münster: Waxmann.

Gasteiger, H. (2012). Fostering Early Mathematical Competencies in Natural Learning Situations – Foundation and Challenges of a Competence-Oriented Concept of Mathematics Education in Kindergarten. Journal für Mathematik-Didaktik, 33 (2), 181–201.

Gasteiger, H. (2017). Frühe mathematische Bildung – sachgerecht, kindgemäß, anschlussfähig. In S. Schuler, C. Streit & G. Wittmann (Hrsg.), Perspektiven mathematischer Bildung im Übergang vom Kindergarten zur Grundschule (S. 9–26). Wiesbaden: Springer Spektrum.

Gasteiger, H. & Benz, C. (2012). Mathematiklernen im Übergang – kindgemäß, sachgemäß und anschlussfähig. In S. Pohlmann-Rother & U. Franz (Hrsg.), Kooperation von KiTa und Grundschule. Eine Herausforderung für das pädagogische Personal (S. 104–120). Köln: Carl Link.

Gasteiger, H., Obersteiner, A. & Reiss, C. (2015). Formal and Informal Learning Environments: Using Games to Support Early Numeracy. In J. Torbeyns, E. Lehtinen & J. Elen (Hrsg.), Describing and Studying Domain-Specific Serious Games (S. 231–250). Cham: Springer.

Gelman, R. & Gallistel, C. R. (1986). The Child's Understanding of Number. Harvard University Press.

Gerster, H. D. & Schultz, R. (2000). Schwierigkeiten beim Erwerb mathematischer Konzepte im Anfangsunterricht: Bericht zum Forschungsprojekt »Rechenschwäche – Erkennen, Beheben, Vorbeugen«. Freiburg: Pädagogische Hochschule. Verfügbar unter: http://www.freidok.uni-freiburg.de/volltexte/1397 [8.9.2018].

Grüßing, M. (2012). Räumliche Fähigkeiten und Mathematikleistung. Münster: Waxmann.

Hasemann, K. (2003). Anfangsunterricht Mathematik. Heidelberg, Berlin: Spektrum.

Hauser, B., Rathgeb-Schnierer, E., Stebler, R. & Vogt, F. (Hrsg.) (2015). Mehr ist mehr. Mathematische Frühförderung mit Regelspielen. Seelze: Kallmeyer.

Hauser, B., Vogt, F., Stebler, R. & Rechsteiner, K. (2014). Förderung früher mathematischer Kompetenzen. Spielintegriert oder trainingsbasiert. Frühe Bildung, 3 (3), 139–145.

Heinze, A. & Grüßing, M. (Hrsg.) (2009). Mathematiklernen vom Kindergarten bis zum Studium. Kontinuität und Kohärenz als Herausforderung für den Mathematikunterricht. Münster: Waxmann.

Hengartner, E. (2006). Lernumgebungen für Rechenschwache bis Hochbegabte: Natürliche Differenzierung im Mathematikunterricht. Zug: Klett und Balmer.

Herger, K. (2013). Spiel- und Lernbegleitung in Kindergarten und Unterstufe während offener Unterrichtssequenzen. In E. Wannack et al. (Hrsg.), 4- bis 12-Jährige – Ihre schulischen und außerschulischen Lern- und Lebenswelten (S. 172–180). Münster: Waxmann.

Hertling, D. (2020). Zahlenbegriffsentwicklung bei Kindergartenkindern. Lernentwicklung in verschiedenen Settings zur mathematischen Frühförderung. Wiesbaden: Springer Spektrum.

Hertling, D., Rechsteiner, K., Stemmer, J. & Wullschleger, A. (2015). Kriterien mathematisch gehaltvoller Regelspiele für den Elementarbereich. In B. Hauser, E. Rathgeb-Schnierer, R. Stebler & F. Vogt (Hrsg.), Mehr ist mehr. Mathematische Frühförderung mit Regelspielen (S. 56–63). Seelze: Kallmeyer.

Hess, K. (2005). Lernbegleitung im Mathematik-Unterricht: Ansprüche, Funktionen, Bedingungen und Realitäten. Journal für Mathematik-Didaktik, 26 (3/4), 224–248.

Hoenisch, N. & Niggemeyer, E. (2004). Mathe-Kings. Junge Kinder fassen Mathematik an. Weimar, Berlin: verlag das netz.

Jörns, C., Schuchardt, K., Grube, D. & Mähler, C. (2014). Spielorientierte Förderung numerischer Kompetenzen im Vorschulalter und deren Eignung zur Prävention von Entwicklungsrückständen. Empirische Sonderpädagogik, 3, 243–259.

Köppen, D. (1988). 70 Zwiebeln sind ein Beet. Mathematikmaterialien im offenen Anfangsunterricht. Weinheim, Basel: Beltz.

König, A. (2009). Interaktionsprozesse zwischen ErzieherInnen und Kindern. Eine Videostudie aus dem Alltag des Kindergartens. Wiesbaden: VS.

Krajewski, K. & Schneider, W. (2006). Mathematische Vorläuferfertigkeiten im Vorschulalter und ihre Vorhersagekraft für die Mathematikleistungen bis zum Ende der Grundschulzeit. Psychologie in Erziehung und Unterricht, 53, 246–262.

Krammer, K. (2009). Individuelle Lernunterstützung in Schülerarbeitsphasen. Münster: Waxmann.

Krammer, K. (2017). Die Bedeutung der Lernbegleitung im Kindergarten und am Anfang der Grundschule. Wie können frühe mathematische Lernprozesse unterstützt werden? In S. Schuler, C. Streit & G. Wittmann (Hrsg.), Perspektiven mathematischer Bildung im Übergang vom Kindergarten zur Grundschule (S. 107–123). Berlin: Springer.

Kreid, B. & Knoke, A. (2011). Bildung gemeinsam gestalten – Kooperation von Kitas und Grundschulen begleiten und unterstützen. In D. Kucharz, T. Irion & B. Reinhoffer (Hrsg.), Grundlegende Bildung ohne Brüche. Jahrbuch Grundschulforschung, Bd. 15 (S. 99–110). Wiesbaden: VS.

Lee, K. (2010). Kinder erfinden Mathematik. Gestaltendes Tätigsein mit gleichem Material in großer Menge. Weimar, Berlin: verlag das netz.

Leuders, T. (2008). Gespielt – gelernt – gewonnen! Produktive Übungsspiele. Praxis der Mathematik in der Schule, 50 (22), 1–7.

Lorenz, J. H. (2008). Diagnose und Förderung von Kindern in Mathematik – ein Überblick. In F. Hellmich & H. Köster (Hrsg.), Vorschulische Bildungsprozesse in Mathematik und Naturwissenschaften (S. 29–44). Heilbrunn: Klinkhardt.

Literatur

Lüken, M. (2012). Muster und Strukturen im mathematischen Anfangsunterricht. Grundlegung und empirische Forschung zum Struktursinn von Schulanfängern. Münster: Waxmann.

Maier, A. S. & Benz, C. (2014). Children's Constructions in the Domain of Geometric Competencies in Two Different Instructional Settings. In U. Kortenkamp, B. Brandt, C. Benz, G. Krummheuer, S. Ladel & R. Vogel (Hrsg.), Early Mathematics Learning. Selected Papers of the POEM 2012 Conference (S. 173–188). New York: Springer.

Maier, P. H. (1999). Räumliches Vorstellungsvermögen. Ein theoretischer Abriß des Phänomens räumliches Vorstellungsvermögen. Mit didaktischen Hinweisen für den Unterricht. Donauwörth: Auer.

Marcon, R. A. (2002). Moving up the Grades: Relationship between Preschool Model and Later School Success. Early Childhood Research & Practice, 4 (1), 1–24.

Meyer-Siever, K., Schuler, S. & Wittmann, G. (2015). Kooperation aus der Sicht von Erzieher(inne)n und Grundschullehrer(inne)n. Wie sieht die Realität aus? Die Grundschulzeitschrift, 281, 9–11.

Müller, G. N. & Wittmann, E. Ch. (2002). Das kleine Zahlenbuch. Spielen und Zählen (Bd. 1). Seelze: Kallmeyer.

Nührenbörger, M., Schwarzkopf, R. & Tubach, D. (2017). Mit Zahlen spielen. Das Zahlenbuch. Mathematik zwischen Kindergarten und Grundschule. Stuttgart: Klett.

Peucker, S. & Weißhaupt, S. (2008). Entwicklung arithmetischen Vorwissens. In A. Fritz et al. (Hrsg.), Handbuch Rechenschwäche (2. Aufl., S. 52–76). Weinheim, Basel: Beltz.

Piaget, J. & Szeminska, A. (1972). Die Entwicklung des Zahlbegriffs beim Kinde. Stuttgart: Klett-Cotta.

Ployer, F., Arnow, N. & Education Development Center (1970). Teacher's Guide for Pattern Blocks. Elementary Science Study. New York: Webster Division, McGraw-Hill.

Radatz, H. (2007). Die Geometrie nicht vernachlässigen! In J. H. Lorenz & W. Schipper (Hrsg.), Hendrik Radatz – Impulse für den Mathematikunterricht (S. 133–137). Braunschweig: Schroedel.

Radatz, H. & Rickmeyer, K. (1991). Handbuch für den Geometrieunterricht an Grundschulen. Hannover: Schroedel.

Ramani, G. B. & Siegler, R. S. (2008). Promoting Broad and Stable Improvements in Low Income Childrens's Numerical Knowledge through Playing Number Board Games. Child Development, 79 (2), 375–394.

Rathgeb-Schnierer, E. & Rechtsteiner, C. (2018). Rechnen lernen und Flexibilität entwickeln. Grundlagen – Förderung – Beispiele. Berlin: Springer Spektrum.

Resnick, L. B. (1983). A Developmental Theory of Number Understanding. In H. Ginsburg (Hrsg.), The Development of Mathematical Thinking (S. 109–151). New York: Academic Press.

Reuter, D. (2013). Muggelsteine und Spielwürfel. Eine offene Lernumgebung im Anfangsunterricht. Grundschulunterricht Mathematik, 60 (1), 28–32.

Roßbach, H.-G. (2006). Institutionelle Übergänge in der Frühpädagogik. In L. Fried & S. Roux (Hrsg.), Pädagogik der frühen Kindheit. Handbuch und Nachschlagewerk (S. 280–292). Weinheim: Beltz.

Roßbach, H.-G., Große, C., Kluczniok, K. & Freund, U. (2010). Bildungs- und Lernziele im Kindergarten und in der Grundschule. In M. Leuchter (Hrsg.): Didaktik für die ersten Bildungsjahre. Unterricht mit 4- bis 8-jährigen Kindern (S. 36–48). Zug: Klett und Balmer.

Royar, T., Schuler, S., Streit, C. & Wittmann, G. (2017). MATHElino – Mathematiklernen im Übergang vom Kindergarten in die Grundschule. In S. Schuler, C. Streit & G. Wittmann (Hrsg.), Perspektiven mathematischer Bildung im Übergang vom Kindergarten zur Grundschule (S. 91–104). Wiesbaden: Springer Spektrum.

Royar, T. & Streit, C. (2010). MATHElino. Kinder begleiten auf mathematischen Entdeckungsreisen. Seelze: Kallmeyer.

Ruwisch, S. (2013). Symmetrie – ein vielfältiger Begriff. Mathematik differenziert, 4 (3), 10–13.

Schipper, W. (2009). Handbuch für den Mathematikunterricht an Grundschulen. Braunschweig: Schroedel.

Schuler, S. (2010a).»Des sieht aus wie 'ne Fünf« – Strukturierungsprozesse bei Kindergartenkindern und Schulanfängern. Grundschulmagazin, 5, 11–14.

Schuler, S. (2010b). Das Bohnenspiel. Ein Regelspiel zur Förderung des Zahlbegriffs im Kindergarten und am Schulanfang. Grundschulunterricht Mathematik, 1, 11–16.

Schuler, S. (2010c). Ich hab' mehr Karten als du. Kartenspiele bringen Spaß und mathematische Lerngelegenheiten in die Kita. Kindergarten heute, 1, 34–36.

Schuler, S. (2013). Mathematische Bildung im Kindergarten in formal offenen Situationen. Münster: Waxmann.

Schuler, S. (2015a). Substanzielle Mathematik auch in der Kooperation. Die Grundschulzeitschrift, 281, 29–33.

Schuler, S. (2015b). Die visuelle Wahrnehmung fördern – Make ›N‹ Break spielen. Die Grundschulzeitschrift, 281, 50–53.

Schuler, S. (2017). Lernbegleitung als Voraussetzung für mathematische Lerngelegenheiten beim Spielen im Kindergarten. In S. Schuler, C. Streit & G. Wittmann (Hrsg.), Perspektiven mathematischer Bildung im Übergang vom Kindergarten in die Grundschule (S. 139–156). Wiesbaden: Springer Spektrum.

Schuler, S., Bönig, D., Thöne, B., Wenzel-Langer, D. & Wittkowski, A. (2016). Anschlussfähigkeit von Kindergarten und Grundschule. In G. Wittmannn, A. Levin & D. Bönig (Hrsg.), Anschluss. Anschlussfähigkeit mathematikdidaktischer Überzeugungen und Praktiken von ErzieherInnen und GrundschullehrerInnen (S. 19–39). Münster: Waxmann.

Schuler, S. & Sturm, N. (2019). Mathematische Aktivitäten von fünf- bis sechsjährigen Kindern beim Spielen mathematischer Spiele – Lerngelegenheiten bei direkten und indirekten Formen der Unterstützung. In D. Weltzien, H. Wadepohl, C. Schmude, H. Wedekind & A. Jegodtka (Hrsg.), Forschung in der Frühpädagogik. Interaktionen und Settings in der frühen MINT-Bildung (S. 59–86). Freiburg: FEL.

Schuler, S. & Wittmann, G. (2020). Analyse von Konzeptionen früher mathematischer Bildung. Auf dem Weg zu einem anschlussfähigen Kompetenzmodell. Zeitschrift für Mathematikdidaktik in Forschung und Praxis, 1, 1–34.

Schütte, S. (Hrsg.) (2004). Die Matheprofis 1. Schülerband und Lehrerband. München: Oldenbourg Schulbuchverlag.

Selter, Christoph (1995). Eigenproduktionen im Arithmetikunterricht. In G. N. Müller & E. Ch. Wittmann (Hrsg.), Mit Kindern rechnen. (S. 138–150). Frankfurt: Arbeitskreis Grundschule.

Senftleben, H.-G. (2011). Wege zur Kopfgeometrie. Mathematik lehren, 167, 19–24.

Siraj-Blatchford, I. (2007). Creativity, Communication and Collaboration: The Identification of Pedagogic Progression in Sustained Shared Thinking. Asia-Pacific Journal Research Early Childhood Education, 1 (2), 3–23.

Siraj-Blatchford, I. & Manni, L. (2008). »Would You Like to Tidy up now?« An Analysis of Adult Questioning in the English Foundation Stage. Early Years, 28 (1), 5–22.

Stemmer, J. (2015a). Praxiserfahrungen ausgewählter Spiele. In B. Hauser, E. Rathgeb-Schnierer, R. Stebler & F. Vogt (Hrsg.), Mehr ist mehr. Mathematische Frühförderung mit Regelspielen (S. 64–122). Seelze: Kallmeyer.

Stemmer, J. (2015b). Steine sammeln. Die Grundschulzeitschrift, 281, 38–41.

Stern, E. (1998). Die Entwicklung des mathematischen Verständnisses im Kindesalter. Lengerich: Pabst.

Stipek, D., Feiler, R., Daniels, D. & Milburn, S. (1995). Effects of Different Instructional Approaches on Young Children's Achievement and Motivation. Child Development, 66 (1), 209–223.

Streit, C. (2014). Paarweise symmetrisch. 4 bis 8 Fachzeitschrift für Kindergarten und Unterstufe, 4, 32–33.

Streit, C. (2015a). Bodenbeläge – Mathematisches Parkettieren. 4 bis 8 Fachzeitschrift für Kindergarten und Unterstufe, 7–11.

Streit, C. (2015b). Frühe mathematische Lernprozesse in Kindergarten und in der Unterstufe begleiten – das Projekt »Für einen guten Mathestart«. In L. Amberg, T. Dütsch, E. Hildebrandt, C. Müller, F. Vogt & E. Wannack (Hrsg.), Perspektiven und Potentiale in der Schuleingangsstufe (S. 207–220). Münster: Waxmann.

Streit, C. (2017a). Frühe mathematische Lernprozesse begleiten – Ergebnisse und Folgerungen aus dem Projekt Guter Mathestart. In U. Kortenkamp & A. Kuzle (Hrsg.), Beiträge zum Mathematikunterricht (S. 1249–1252). Münster: WTM.

Streit, C. (2017b). Wie Lehrpersonen Kinder in materialbasierten Settings begleiten und mathematische Lernprozesse anregen. In S. Schuler, C. Streit & G. Wittmann

(Hrsg.), Perspektiven mathematischer Bildung im Übergang vom Kindergarten zur Grundschule (S. 161–174). Berlin: Springer.

Streit, C. (2018). Mathematische Lernbegleitung in materialbasierten Settings im Übergang vom Kindergarten in die Schule. In K. Fasseing Heim, R. Lehner, T. Dütsch, U. Arnaldi, E. Hildebrandt, M. Wey Huber & B. Zumsteg (Hrsg.), Übergänge in der frühen Kindheit (S. 69–90). Münster: Waxmann.

Streit, C. & Royar, T. (2014). Lernen zwischen Instruktion und Konstruktion – wie Instruktionen konstruktive Prozesse beim frühen Lernen von Mathematik unterstützen können. In E. Hildebrandt, M. Peschel & M. Weißhaupt (Hrsg.), Lernen zwischen freiem und instruiertem Tätigsein (S. 32–42). Bad Heilbrunn: Klinkhardt.

Streit, C. & Royar, T. (2015). Mathematische Grunderfahrungen. In Bildungsraum Nordwestschweiz (Hrsg.), Orientierungspunkte Kindergarten: sprachliche und mathematische Grunderfahrungen (S. 19–28). Verfügbar unter: http://www.bildungsraum-nw.ch/programm/volksschule/orientierungspunkte [20.11.2020].

Tournier, M. (2017). Kognitiv anregende Fachkraft-Kind-Interaktionen im Elementarbereich. Münster: Waxmann.

van Hiele, P. M. (1984). A Child's Thought and Geometry. In D. Fuys, D. Geddes & R. Tischler (Hrsg.), English Translation of Selected Writings of Dina van Hiele-Geldof and Pierre van Hiele (S. 243–253). Brooklyn: Brooklyn College.

van Oers, B. (2004). Mathematisches Denken bei Vorschulkindern. In W. Fthenakis & P. Oberhuemer (Hrsg.), Frühpädagogik international (S. 313–329). Wiesbaden: VS.

van Oers, B. (2010). Emergent Mathematical Thinking in the Context of Play. Educational Studies in Mathematics, 74, 23–37.

Verboom, L. (2010). »Ich habe 3 Plättchen mehr als du«. Mathematik Grundschule, 25, 6–7.

Vogt, F. & Rechsteiner, K. (2015). Regelspiele entwickeln. In B. Hauser, E. Rathgeb-Schnierer, R. Stebler & F. Vogt (Hrsg.), Mehr ist mehr. Mathematische Frühförderung mit Regelspielen (S. 46–55). Seelze: Kallmeyer.

Vohns, A. (2007). Grundlegende Ideen und Mathematikunterricht: Entwicklung und Perspektiven einer fachdidaktischen Kategorie. Norderstedt: BoD.

Weiher, D. F. & Ruwisch, S. (2018). Kognitives Schätzen aus Sicht der Mathematikdidaktik. mathematca didactica, 41 (1), 77–103.

Wessolowski, S. (2014). Schätz mal, wie viele das sind! Schätzaufgaben als langfristiger Lerngegenstand. Mathematik differenziert, 5 (1), 16–20.

Wittmann, E. Ch. (2005). Eine Leitlinie für die Unterrichtsentwicklung vom Fach aus: (Elementar-)Mathematik als Wissenschaft von Mustern. Der Mathematikunterricht, 51 (2/3), 5–22.

Wittmann, E. Ch. & Müller, G. N. (2010). Das Zahlenbuch. Begleitband zur Frühförderung (Schweizer Ausgabe). Zug: Klett.

Wittmann, E. C. (2003). Was ist Mathematik und welche pädagogische Bedeutung hat das wohlverstandene Fach auch für den Mathematikunterricht in der

Literatur

Grundschule? In M. Baum & H. Wielpütz (Hrsg.), Mathematik in der Grundschule (S. 18–46). Seelze: Kallmeyer.

Wollring, B. (1998). Beispiele zu raumgeometrischen Eigenproduktionen in Zeichnungen von Grundschulkindern. In H. R. Becher & J. Bennack (Hrsg.), Taschenbuch Grundschule (S. 126–141). Baltmannsweiler: Schneider Hohengehren.

Wood, D., Bruner, J. S. & Ross, G. (1976). The Role of Tutoring in Problem Solving. Journal of Child Psychology and Psychiatry, 17 (2), 89–100.

Wullschleger, A. & Stebler, R. (2017). Individuelle mathematikbezogene Lernunterstützung bei Regelspielen zur Förderung früher Mengen-Zahlen-Kompetenzen im Kindergarten. In S. Schuler, C. Streit & G. Wittmann (Hrsg.), Perspektiven mathematischer Bildung im Übergang vom Kindergarten zur Grundschule (S. 175–190). Wiesbaden: Springer.

Wygotski, L. S. (1978). Mind in Society. Cambridge, Mass.: Harvard University Press.

Material- und Spieleliste

Material/Spiele	zu beziehen über
Patternblocks aus Holz	www.betzold.de www.schotte-lehrmittel.de www.lehrmittel-vertrieb.de
Muggelsteine	www.betzold.de www.backwinkel.de
Spielfiguren aus Holz	www.betzold.de
Spielwürfel aus Holz, Kantenlänge 2 cm	www.betzold.de www.wuerfel-stube.de
Holzwürfel naturfarben oder bunt, Kantenlänge 2 cm	www.betzold.de www.holzwürfel.com
Holzwürfel schwarz, Kantenlänge 4 cm	www.betzold.de
Polydron aus Kunststoff, magnetisch	www.betzold.de www.spielundlern.de
Polydron aus Holz, magnetisch	www.betzold.de
Augenwürfel (1–6) Augenwürfel (1–3) Ziffernwürfel (1–6) Ziffernwürfel (0–10, Joker/Krone)	www.betzold.de www.holzwürfel.com
Schachteln	www.timetex.de
Kartenhalter aus Holz (50 cm)	www.aktivwelt.de
Elfer raus (Zahlenkarten 1–20)	www.ravensburger.de

Material/Spiele	zu beziehen über
Dobble Dobble Kids	www.asmodee.de
Make ›n‹ Break (2004) Make ›n‹ Break (2012)	antiquarisch
Make ›n‹ Break (2017) Make ›n‹ Break Mitbringspiel, Make ›n‹ Break Junior	www.ravensburger.de
Ubongo Ubongo Junior Ubongo Mitbringspiel	www.kosmos.de